中等职业学校职业指导丛书

中国中等职业学校
毕业生就业状况分析报告
（2016年）

中等职业学校职业指导丛书编写组　编

北京理工大学出版社
BEIJING INSTITUTE OF TECHNOLOGY PRESS

版权专有 侵权必究

图书在版编目（CIP）数据

中国中等职业学校毕业生就业状况分析报告.2016年/中等职业学校职业指导丛书编写组编．—北京：北京理工大学出版社，2017.6
ISBN 978-7-5682-4253-0

Ⅰ.①中… Ⅱ.①中… Ⅲ.①中等专业学校－毕业生－就业－调查报告－中国－2016 Ⅳ.①G718.3

中国版本图书馆CIP数据核字（2017）第155649号

出版发行 / 北京理工大学出版社有限责任公司
社　　址 / 北京市海淀区中关村南大街5号
邮　　编 / 100081
电　　话 / （010）68914775（总编室）
　　　　　（010）82562903（教材售后服务热线）
　　　　　（010）68948351（其他图书服务热线）
网　　址 / http：//www.bitpress.com.cn
经　　销 / 全国各地新华书店
印　　刷 / 北京金特印刷有限责任公司
开　　本 / 710毫米×1000毫米　1/16
印　　张 / 18.5　　　　　　　　　　　责任编辑 / 李慧智
字　　数 / 365千字　　　　　　　　　　文案编辑 / 孟祥雪
版　　次 / 2017年6月第1版　2017年6月第1次印刷　责任校对 / 周瑞红
定　　价 / 55.00元　　　　　　　　　　责任印制 / 边心超

图书出现印装质量问题，请拨打售后服务热线，本社负责调换

编写组成员：（按姓氏笔画排序）

王　创	王　铨	王建利	王淑云	尹洪斌	代其平
达　娃	吕景泉	朱小杰	朱华山	朱鑫杰	任　勇
任月忠	刘景峰	孙华林	杨湘宁	吴向阳	邹文辉
张金元	张治荣	陈文辉	陈保平	范志刚	阮　风
赵玉宝	战高峰	洪　流	贾海明	徐曙光	郭为禄
郭奕珊	海萨尔·夏班拜	黄　侃	黄雄彪	解　平
窦贵君	黎德龙	潘惠丽			

前言

2016年，全国中等职业学校毕业生整体就业率达到96.72%，连续多年保持高就业率。与2015年相比，2016年呈现新的特点：一是中高职衔接有成效，就业去向多元化；二是服务业就业是主流，就业结构更合理；三是学校推荐为主渠道，就业地域多样化；四是专业分布更加优化，新能源行业对口就业率高；五是就业形势总体向好，地区差距缩小，总体上，实现了在高就业率下，就业质量的进一步提升，就业形势趋于良好。

为了深入分析和介绍中等职业学校毕业生就业状况，我们组织编写了《中国中等职业学校毕业生就业状况分析报告（2016年）》。本书分为两篇：第一篇2016年全国中等职业学校毕业生就业状况，是对全国中等职业学校毕业生总体状况的汇总分析，包括总体状况、各专业大类就业状况、各地就业状况、2016年就业特点。第二篇2016年各省（区、市）中等职业学校毕业生就业状况，是对各地中等职业学校毕业生就业状况的分析。本书所有数据均来自各地教育行政部门统计报送的数据。

本书由中等职业学校职业指导丛书编写组组织编撰，编写过程中得到了教育部职业教育与成人教育司王继平司长、周为副司长以及各省（区、市）教育行政部门、教育研究机构有关负责同志的帮助和支持。在此，我们向所有提供支持帮助的社会各界人士和单位一并致以衷心的感谢。

PREFACE

　　本书作为中等职业学校职业指导丛书之一,比较全面地反映了中等职业学校毕业生的就业状况,可能为各地各职业学校贯彻落实全国职业教育工作会议精神,把握人力资源市场需求、深化教育教学改革、强化就业指导、提升毕业生就业质量等提供一定启发;为学生、家长和行业企业等社会各界转变观念,正确认识、选择和参与职业教育提供参考;为从事职业教育管理、教学和研究工作以及所有关心职业教育的人士提供帮助。

中等职业学校职业指导丛书编写组

统计指标说明

1. 本表填报的中等职业学校数据包括：普通中等专业学校、职业高级中学和成人中等专业学校数据，不包括技工学校数据。

2. 毕业生人数：指上学年具有学籍的学生学完教学计划规定的全部课程，考试及格，取得毕业证书，实际毕业的学生人数。

3. 就业人数：包括到各类就业单位或岗位工作，升入高一级学校的毕业生人数。

4. 直接就业人数：指直接上岗就业的毕业生人数，不包括升入高一级学校的毕业生人数。

5. 就业去向中，机关和企事业单位包括到各类党政机关、事业单位、社会团体等社会组织，以及各类国有企业、民营企业、境内外资企业。

合法从事个体经营：包括以个人为主，依法经核准登记，取得经营资格，从事经营活动和回乡从事农业生产。

其他方式：包括应征入伍、境外就业等不属于上述两种情形的就业方式。

升入高一级学校：指升入境内、外高一级学校。

6. 就业产业分为：

第一产业是指农、林、牧、渔业（不含农、林、牧、渔服务业）。

第二产业是指采矿业（不含开采辅助活动），制造业（不含金属制品、机械和设备修理业），电力、热力、燃气及水生产和供应业，建筑业。

　　第三产业即服务业，是指除第一、第二产业以外的其他行业。第三产业包括批发和零售业，交通运输、仓储和邮政业，住宿和餐饮业，信息传输、软件和信息技术服务业，金融业，房地产业，租赁和商务服务业，科学研究和技术服务业，水利、环境和公共设施管理业，居民服务、修理和其他服务业，教育，卫生和社会工作，文化、体育和娱乐业，公共管理、社会保障和社会组织，国际组织，以及农、林、牧、渔业中的农、林、牧、渔服务业，采矿业中的开采辅助活动，制造业中的金属制品、机械和设备修理业

　　7. 就业地域分为：

　　本地就业：指在学生的户籍所在省（区、市）行政区内就业。

　　异地就业：指在学生的户籍所在省（区、市）行政区以外，中国境内就业。

　　境外就业：指在台湾地区、香港特别行政区、澳门特别行政区或者中华人民共和国领域以外就业。

　　8. 就业地点分为：城区、镇区和乡村三种。

　　城区：含主城区、城乡结合部。

　　镇区：含镇中心区、镇乡结合部、特殊区域。

　　乡村：含乡中心区、村庄。

　　9. 就业渠道分为：学校推荐、中介介绍和其他渠道三种。

　　学校推荐：指学校直接与企事业等用人单位联系，推荐学生就业。

　　中介介绍：指学校通过中介组织或毕业生通过中介组织联系就业。

其他渠道：指学校推荐、中介介绍以外的其他就业渠道。

10. 境外就业，在就业地点分组（四）中归入城区，在就业渠道分组（五）中归入其他渠道，在就业产业分组（二）中，按实际状况填写。

11. 重要概念及公式：

（1）就业率：指当年学校就业人数占毕业生人数的比率，保留两位小数。

（2）对口就业率：指当年学校毕业生就业的岗位或从事的工作与所学专业一致或接近的就业人数占毕业生人数的比率，保留两位小数。

（3）毕业生人数≥就业人数≥对口就业人数。

（4）直接就业人数＝机关和企事业单位就业人数＋合法从事个体经营人数＋其他方式直接就业人数＝第一产业就业人数＋第二产业就业人数＋第三产业就业人数＝本地就业人数＋异地就业人数＋境外就业人数＝城区就业人数＋镇区就业人数＋乡村就业人数＝学校推荐就业人数＋中介介绍就业人数＋其他渠道就业人数。

（5）就业人数＝直接就业人数＋升入高一级学校人数。

（6）就业合同签订状况栏总人数＝起薪状况栏总人数＝社会保险状况栏总人数＝直接就业人数。

（7）资格证书状况栏总人数＝就业满意度状况栏总人数＝毕业生人数。

（8）平均起薪：指当年学校直接就业学生刚开始工作时的月薪总和除以直接就业人数，数值取整。

12. 专业类别按《中等职业学校专业目录（2010年修订）》划分为

19个专业类别。在《中等职业学校专业目录（2010年修订）》中取消的专业就业状况按照《中等职业学校专业目录（2010年修订）》新旧专业对照表归入对应专业类别中予以统计。

13. 三险指养老保险、医疗保险、失业保险；五险指养老保险、医疗保险、工伤保险、失业保险和生育保险；一金指住房公积金。

14. 本表填报数据的截止时间为2016年9月1日。

目 录

第一篇
2016年全国中等职业学校毕业生就业状况 / 1

第二篇
2016年各省（区、市）中等职业学校毕业生就业状况 / 13

北京市中等职业学校毕业生就业状况 / 14
天津市中等职业学校毕业生就业状况 / 19
河北省中等职业学校毕业生就业状况 / 26
山西省中等职业学校毕业生就业状况 / 33
内蒙古自治区中等职业学校毕业生就业状况 / 39
辽宁省中等职业学校毕业生就业状况 / 46
吉林省中等职业学校毕业生就业状况 / 52
黑龙江省中等职业学校毕业生就业状况 / 57
上海市中等职业学校毕业生就业状况 / 64
江苏省中等职业学校毕业生就业状况 / 72
浙江省中等职业学校毕业生就业状况 / 81
安徽省中等职业学校毕业生就业状况 / 88
福建省中等职业学校毕业生就业状况 / 98
江西省中等职业学校毕业生就业状况 / 106
山东省中等职业学校毕业生就业状况 / 115
河南省中等职业学校毕业生就业状况 / 123
湖北省中等职业学校毕业生就业状况 / 130
湖南省中等职业学校毕业生就业状况 / 136
广东省中等职业学校毕业生就业状况 / 145

CONTENTS

广西壮族自治区中等职业学校毕业生就业状况 / 153
海南省中等职业学校毕业生就业状况 / 160
重庆市中等职业学校毕业生就业状况 / 166
四川省中等职业学校毕业生就业状况 / 172
贵州省中等职业学校毕业生就业状况 / 179
云南省中等职业学校毕业生就业状况 / 188
西藏自治区中等职业学校毕业生就业状况 / 196
陕西省中等职业学校毕业生就业状况 / 202
甘肃省中等职业学校毕业生就业状况 / 210
青海省中等职业学校毕业生就业状况 / 217
宁夏回族自治区中等职业学校毕业生就业状况 / 224
新疆维吾尔自治区中等职业学校毕业生就业状况 / 231
新疆生产建设兵团中等职业学校毕业生就业状况 / 238
大连市中等职业学校毕业生就业状况 / 246
青岛市中等职业学校毕业生就业状况 / 254
宁波市中等职业学校毕业生就业状况 / 262
厦门市中等职业学校毕业生就业状况 / 269
深圳市中等职业学校毕业生就业状况 / 277

后记 / 284

第一篇

2016年
全国中等职业学校毕业生就业状况

一、总体状况

2016年,全国中等职业学校毕业生总数为474.71万人,就业总数为459.15万人,就业率为96.72%。其中,普通中专、职业高中、成人中专三类学校毕业生人数为381.58万人,就业人数为368.22万人,就业率为96.50%;技工学校毕业生人数为93.13万人,就业人数为90.93万人,就业率为97.64%[①]。(以下具体分析不包括技工学校的数据,数据取至小数点后两位)

(一)就业去向

在368.22万就业的毕业生中,到国家机关和企事业单位就业的毕业生人数为167.50万人,占就业人数的45.49%;合法从事个体经营的毕业生人数为50.99万人,占就业人数的13.85%;升入高一级学校就读的为92.42万人,占就业人数的25.10%;以其他方式就业的为57.29万人,占就业人数的15.56%,如图1-1-1所示。

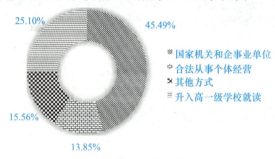

图1-1-1 全国中等职业学校毕业生就业去向

(二)产业分布

从事第一产业的毕业生人数为23.59万人,占直接就业人数的8.55%;从事第二产业的毕业生人数为86.67万人,占直接就业人数的31.43%;从事第三产业的人数为165.52万人,占直接就业人数的60.02%。

(三)就业地域

就业地域分为本地、异地和境外。本地就业的毕业生人数为185.48万人,占直接就业人数的67.26%;异地就业的毕业生人数为89.36万人,占直接就业人数的32.40%;境外就业的毕业生人数为0.94万人,占直接就业人数的0.34%。

---

①技工学校毕业生数据由人力资源社会保障部协助提供,特此致谢。

(四) 就业地点

在城区就业的毕业生人数为194.98万人,占直接就业人数的70.70%;在城镇就业的毕业生人数为61.10万人,占直接就业人数的22.16%;在乡村就业的毕业生人数为19.70万人,占直接就业人数的7.14%。

(五) 就业渠道

通过学校推荐就业的毕业生人数为194.90万人,占直接就业人数的70.67%;通过中介介绍就业的毕业生人数为17.83万人,占6.47%;通过其他渠道就业的毕业生人数为63.05万人,占22.86%。

(六) 就业合同

未签订合同的毕业生人数为31.23万人,占直接就业人数的11.32%;签订1年及以内合同的毕业生人数为112.43万人,占40.77%;签订1~2年合同的毕业生人数为80.94万人,占29.35%;签订2~3年合同的毕业生人数为35.38万人,占12.83%;签订3年以上合同的毕业生人数为15.80万人,占5.73%,如图1-1-2所示。

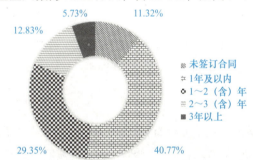

图1-1-2 全国中等职业学校毕业生就业合同签订状况

(七) 就业起薪

月起薪1 000元及以下的毕业生人数为8.21万人,占直接就业人数的2.98%;月起薪1 001~1 500元的毕业生人数为38.31万人,占13.89%;月起薪1 501~2 000元的毕业生人数为81.81万人,占29.67%;月起薪2 001~3 000元的人数为103.97万人,占37.70%;月起薪3 000元以上的人数为43.48万人,占15.76%,如图1-1-3所示。

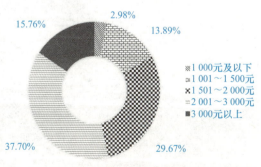

图1-1-3 全国中等职业学校毕业生就业起薪状况

(八) 社会保障

没有社会保险的毕业生人数为42.45万人，占直接就业人数的15.39%；享有三险的毕业生人数为87.04万人，占31.56%；享有五险的毕业生人数为61.75万人，占22.39%；享有三险一金的毕业生人数为40.82万人，占14.80%；享有五险一金的毕业生人数为43.72万人，占15.86%，如图1-1-4所示。

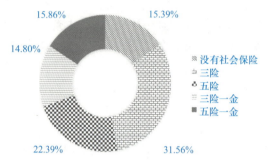

图1-1-4　全国中等职业学校毕业生社会保险状况

(九) 资格证书

毕业时取得资格证书的毕业生人数为293.52万人，占毕业生总数的76.92%；未取得资格证书的毕业生人数为88.06万人，占23.08%。

(十) 就业满意度

对就业表示不满意的毕业生人数为12.89万人，占毕业生总数的3.38%；表示比较满意的毕业生人数为106.75万人，占27.98%；表示满意的毕业生人数为146.05万人，占38.28%；表示非常满意的毕业生人数为66.71万人，占17.48%；无法评估的毕业生人数为49.18万人，占12.88%，如图1-1-5所示。

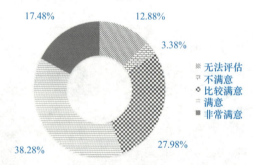

图1-1-5　全国中等职业学校毕业生就业满意度

二、各专业大类就业状况

根据《中等职业学校专业目录》确定的19个专业类别，其就业状况如图1-1-6、图1-1-7、图1-1-8、图1-1-9和表1-1-1所示。

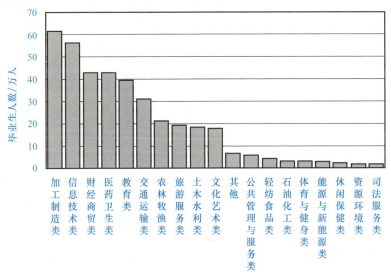

图1-1-6 全国中等职业学校各专业大类毕业生人数

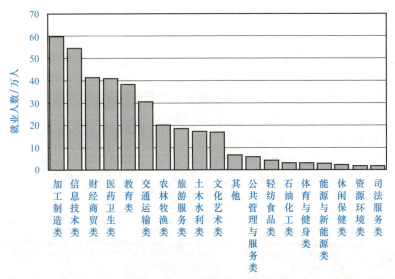

图1-1-7 全国中等职业学校各专业大类毕业生就业人数

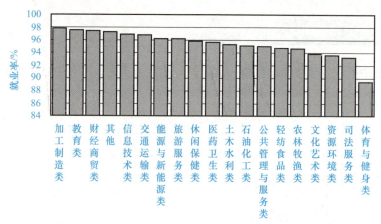

图1-1-8 全国中等职业学校各专业大类毕业生就业率

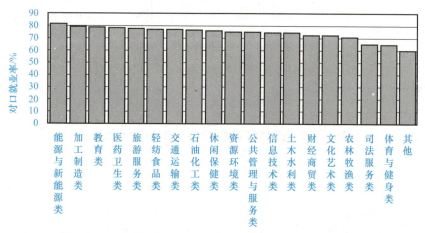

图1-1-9 全国中等职业学校各专业大类毕业生对口就业率

从毕业生人数看,加工制造类专业毕业生人数最多,为611 887人,占毕业生总数的16.04%;其次是信息技术类专业,为563 854人,占14.78%;司法服务类毕业生人数最少,为16 633人,占0.43%。

从就业人数看,加工制造类专业就业人数最多,为598 642人,占就业学生总数的16.26%;其次是信息技术类专业,为546 200人,占14.83%;司法服务类就业人数最少,为15 519人,占比为0.42%。

从就业率看,就业状况最好的专业是加工制造类,达到97.84%;其次是教育类,达到97.56%;财经商贸类、其他、信息技术类、交通运输类的就业率都在平均就业率96.50%以上。

从对口就业率看,平均对口就业率为75.60%;能源与新能源类专业对口就业率最高,达到81.60%;其次是加工制造类,达到79.11%;教育类、医药卫生类、旅游服务类、轻纺食品类、交通运输类、石油化工类、休闲保健类的对口就业率都在平均对口就业率75.60%以上。

表1-1-1 全国中等职业学校各专业大类毕业生状况

专业类别	毕业生人数/人	就业人数/人	就业率/%	对口就业人数/人	对口就业率/%
加工制造类	611 887	598 642	97.84	484 062	79.11
教育类	392 837	383 249	97.56	308 556	78.55
财经商贸类	425 977	415 315	97.50	309 010	72.54
其他	66 763	64 928	97.25	40 109	60.08
信息技术类	563 854	546 200	96.87	419 081	74.32
交通运输类	313 829	303 864	96.82	241 559	76.97
能源与新能源类	28 521	27 446	96.23	23 273	81.60
旅游服务类	190 308	183 114	96.22	147 336	77.42
休闲保健类	22 579	21 640	95.84	17 154	75.97
医药卫生类	425 858	407 717	95.74	333 134	78.23
土木水利类	181 914	173 349	95.29	135 021	74.22
石油化工类	31 889	30 344	95.16	24 439	76.64
公共管理与服务类	61 213	58 177	95.04	45 812	74.84
轻纺食品类	42 759	40 509	94.74	32 924	77.00
农林牧渔类	210 213	199 058	94.69	148 808	70.79
文化艺术类	178 721	167 623	93.79	129 341	72.37
资源环境类	16 642	15 583	93.64	12 479	74.98
司法服务类	16 633	15 519	93.30	10 843	65.19
体育与健身类	33 428	29 883	89.40	21 661	64.80
合计	3 815 825	3 682 160	96.50（平均值）	2 884 602	75.60（平均值）

三、各地就业状况

各地毕业生人数、就业人数、就业率、对口就业率和毕业生状况，如图1-1-10、图1-1-11、图1-1-12、图1-1-13和表1-1-2所示。其中，大连、青岛、宁波、厦门和深圳是计划单列市（图中的城市名称加"*"，新疆生产建设兵团简称为"兵团"）。

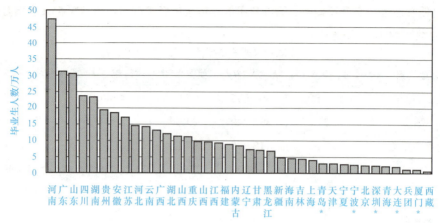

图1-1-10　各地区中等职业学校毕业生人数

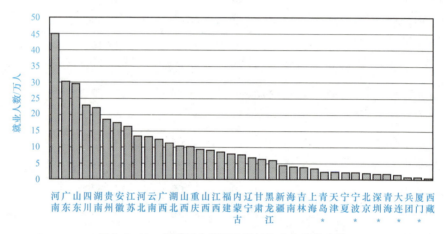

图1-1-11　各地区中等职业学校毕业生就业人数

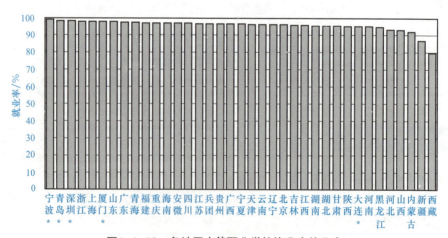

图1-1-12　各地区中等职业学校毕业生就业率

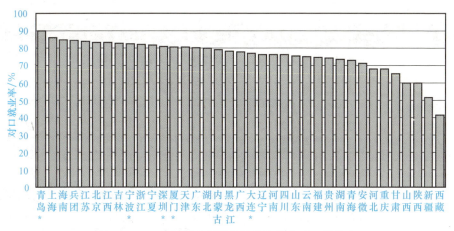

图1-1-13 各地区中等职业学校毕业生对口就业率

表1-1-2 各地区中等职业学校毕业生状况

地区	毕业生人数/人	就业人数/人	就业率/%	对口就业人数/人	对口就业率/%
宁波	21 053	20 897	99.26	17 376	82.53
青岛	24 859	24 547	98.74	22 394	90.08
深圳	18 880	18 589	98.46	15 281	80.94
浙江	137 536	135 314	98.38	112 821	82.03
上海	33 444	32 862	98.26	28 829	86.20
厦门	8 151	8 006	98.22	6 576	80.68
山东	301 969	296 399	98.16	228 583	75.70
广东	308 566	302 533	98.04	247 786	80.30
青海	17 688	17 319	97.91	12 971	73.33
福建	81 199	79 249	97.60	60 694	74.75
重庆	95 324	93 025	97.59	64 962	68.15
海南	40 191	39 178	97.48	34 040	84.70
安徽	181 447	176 821	97.45	129 187	71.20
四川	234 517	228 358	97.37	178 680	76.19
江苏	167 917	163 110	97.14	141 336	84.17
兵团	9 102	8 833	97.04	7 680	84.38
贵州	191 238	185 539	97.02	142 129	74.32
广西	115 767	112 300	97.01	90 300	78.00
宁夏	23 117	22 412	96.95	18 946	81.96

续表

地区	毕业生人数/人	就业人数/人	就业率/%	对口就业人数/人	对口就业率/%
天津	24 482	23 723	96.90	19 742	80.64
云南	127 967	123 737	96.69	96 065	75.07
辽宁	68 775	66 464	96.64	52 633	76.53
北京	21 024	20 296	96.54	17 556	83.50
吉林	38 514	37 130	96.41	32 017	83.13
江西	88 689	85 387	96.28	74 020	83.46
湖南	230 425	221 455	96.11	169 954	73.76
湖北	107 015	102 841	96.10	85 387	79.79
甘肃	65 038	62 391	95.93	42 507	65.36
陕西	95 522	91 434	95.72	57 219	59.90
大连	15 223	14 567	95.69	11 740	77.12
河南	471 995	450 952	95.54	361 045	76.49
黑龙江	63 308	60 169	95.04	49 448	78.11
河北	141 337	132 641	93.85	96 502	68.28
山西	107 470	100 051	93.10	64 750	60.25
内蒙古	83 852	77 452	92.37	66 304	79.07
新疆	49 092	42 867	87.32	25 419	51.78
西藏	4 132	3 312	80.15	1 723	41.70
合计	3 815 825	3 682 160	96.50（平均值）	2 884 602	75.60（平均值）

从毕业生就业率来看，宁波的就业率最高，达到99.26%；青岛、深圳、浙江、上海、厦门、山东、广东7个地方的就业率在98.00%以上，其中，青岛为98.74%、深圳为98.46%、浙江为98.38%、上海为98.26%、厦门为98.22%、山东为98.16%、广东为98.04%。除了以上8个地方外，青海、福建、重庆、海南、安徽、四川、江苏、兵团、贵州、广西、宁夏、天津、云南、辽宁、北京15个地方的就业率高于平均就业率96.50%，其中，青海为97.91%、福建为97.60%、重庆为97.59%、海南为97.48%、安徽为97.45%、四川为97.37%、江苏为97.14%、兵团为97.04%、贵州为97.02%、广西为97.01%、宁夏为96.95%、天津为96.90%、云南为96.69%、辽宁为96.64%、北京为96.54%。吉林、江西、湖南、湖北、甘肃、陕西、大连、河南、黑龙江9个地方的就业率与全国平均水平大致相当，其中，吉林为96.41%、江西为96.28%、湖南为96.11%、湖北为96.10%、甘肃为95.93%、陕西为95.72%、大连为95.69%、河南为95.54%、黑龙江为95.04%。河北、山

西、内蒙古、新疆、西藏5个地方的就业率与全国平均水平有一定的差距，其中，河北为93.85%、山西为93.10%、内蒙古为92.37%、新疆为87.32%、西藏为80.15%。

从对口就业率看，青岛最高，达到90.08%；其次是上海，为86.20%。海南、兵团、江苏、北京、江西、吉林、宁波、浙江、宁夏、深圳、厦门、天津、广东、湖北、内蒙古、黑龙江、广西、大连、辽宁、河南、四川、山东22个地方的对口就业率高于平均对口就业率75.60%。云南、福建、贵州、湖南、青海、安徽、河北、重庆、甘肃、山西、陕西、新疆、西藏13个地方的对口就业率低于平均对口就业率。

四、2016年就业特点

与2015年相比，2016年中等职业学校毕业生就业状况呈现出以下特点：

1. 中高职衔接有成效，就业去向多元化

在368.22万就业的毕业生中，92.42万人升入高一级学校就读，占比为25.10%，与2015年相比上升约5%，表明2016年中高职衔接工作得到了充分推进，取得了较好的成效，增加了中等职业学生接受高等教育的机会；167.50万人到国家机关、企事业单位工作，占就业人数的45.49%，与2015年相比下降6.55%；50.99万人合法从事个体经营，占比为13.85%。与2015年的就业去向相比，2016年中等职业学校毕业生的就业去向更加多元化。

2. 服务业就业是主流，就业结构更合理

伴随着产业结构的进一步调整，2016年中等职业学校毕业生就业的产业分布更加合理。其中，从事第一产业的毕业生人数为23.59万人，占直接就业人数的8.55%；从事第二产业的毕业生人数为86.67万人，占31.43%；值得关注的是，有165.52万人从事第三产业，占直接就业人数的60.02%，比2015年上升约4%，表明服务产业成为中职毕业生就业去向的主流，并且这种趋势在加强。

3. 学校推荐为主渠道，就业地域多样化

通过学校推荐就业的毕业生人数为194.90万人，占直接就业人数的70.67%；通过中介介绍就业的毕业生人数为17.83万人，占6.47%；通过其他渠道就业的毕业生人数为63.05万人，占22.86%，表明学校推荐仍然是中职毕业生就业的最主要渠道。此外，2016年的中职毕业生中，本地就业的毕业生人数为185.48万人，占直接就业人数的67.26%；境外就业的毕业生人数为0.94万人，占0.34%；异地就业的毕业生人数为89.36万人，占32.40%，比2015年上升约3.5%，表明中职毕业生逐渐开始有意愿到异地参加工作，就业地域的多样化有提高。

4. 专业分布更加优化，新能源行业对口率高

根据《中等职业学校专业目录》确定的19个专业类别，加工制造类专业毕业生人数最多，为611 887人，占毕业生总数的16.04%；其次是信息技术类专业，为563 854人，占14.78%。就业人数也有类似的特征，加工制造类专业就业人数最多，为598 642人，

占就业学生总人数的16.26%；其次是信息技术类专业，为546 200人，占14.83%。就业状况最好的专业是加工制造类，就业率达到97.84%；财经商贸类、其他、信息技术类、交通运输类的就业率都在平均就业率96.50%以上。教育类、医药卫生类、旅游服务类、轻纺食品类、交通运输类、石油化工类、休闲保健类的对口就业率都在平均对口就业率75.60%以上。值得注意的是，能源与新能源类专业对口就业率最高，达到81.60%，表明能源与新能源专业的就业质量有提升。

5．就业形势总体向好，地区差距在缩小

宁波、青岛、深圳、浙江、上海、厦门、山东、广东的就业率在98.00%以上。青海、福建、重庆、海南、安徽、四川、江苏、兵团、贵州、广西、宁夏、天津、云南、辽宁、北京15个地方的就业率高于平均就业率96.50%。吉林、江西、湖南、湖北、甘肃、陕西、大连、河南、黑龙江9个地方的就业率与全国平均水平大致相当。从整体来看，2016年基本与2015年持平，保持了较好的就业趋势。此外，通过对比2016年各地区统计的中等职业学校的就业状况，我们发现，各地区的就业差距整体呈缩小的趋势，并且整体状况和未来趋势好于往年。

第二篇

2016年
各省（区、市）中等职业学校
毕业生就业状况

北京市中等职业学校毕业生就业状况

2016年，北京市中等职业学校毕业生总数为21 024人，就业学生总数为20 296人，就业率为96.54%。与2015年相比，2016年毕业生总数略微减少，就业率略有下降（见表2-1-1）。

表2-1-1　北京市中等职业学校毕业生就业总体状况

项目	2015年	2016年
毕业生总数/人	22 267	21 024
就业学生总数/人	21 615	20 296
就业率/%	97.07	96.54

一、总体状况

（一）就业去向

北京市20 296名就业学生中，到国家机关和企事业单位的有9 900人，占就业学生总数的49%；合法从事个体经营的有945人，占5%；以其他方式参加就业的有872人，占4%；升入高一级学校就读的有8 579人，占42%（见图2-1-1）。

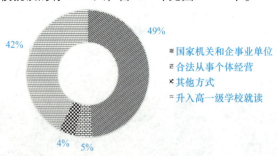

图2-1-1　北京市中等职业学校毕业生就业去向

（二）产业分布

从事第一产业的毕业生人数为260人，占直接就业人数的2.22%；从事第二产业的毕业生人数为1 660人，占14.17%；从事第三产业的毕业生人数为9 797人，占

83.61%。与2015年相比，从事第一产业和第三产业的毕业生人数的比例有所下降，而从事第二产业的毕业生人数的比例有明显上升（见表2-1-2）。

表2-1-2　北京市中等职业学校毕业生就业产业分布

产业分布	2015年		2016年	
	就业人数/人	占直接就业人数比例/%	就业人数/人	占直接就业人数比例/%
第一产业	348	2.59	260	2.22
第二产业	1 469	10.95	1 660	14.17
第三产业	11 603	86.46	9 797	83.61

（三）就业地域

就业地域分为本地、异地和境外。本地就业的毕业生人数为10 204人，占直接就业人数的87.09%；异地就业的毕业生人数为1 495人，占12.76%；境外就业的毕业生人数为18人，占0.15%。与2015年相比，2016年境外就业比例略有上升（见表2-1-3）。

表2-1-3　北京市中等职业学校毕业生就业地域

就业地域	2015年		2016年	
	就业人数/人	占直接就业人数比例/%	就业人数/人	占直接就业人数比例/%
本地	10 909	84.81	10 204	87.09
异地	1 950	15.16	1 495	12.76
境外	4	0.03	18	0.15

（四）就业渠道

通过学校推荐就业的毕业生人数为9 801人，占直接就业人数的84%；通过中介介绍就业的人数为127人，占1%；通过其他渠道就业的人数为17 89人，占15%（见图2-1-2）。

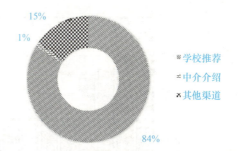

图2-1-2　北京市中等职业学校毕业生就业渠道

与2015年相比，2016年北京市中等职业学校毕业生就业呈现出以下特点：

一是毕业生总数明显减少，升入高一级学校就读的比例有所提高。2016年的毕业生人数比2015年减少1 243人。2016年升入高一级学校人数的比例占就业学生总数的42%，比2015年上升了4%。北京市中高等职业教育衔接有效，为更多的中职学校毕业生提供了继续学习深造的机会。

二是从事第一产业和第三产业的毕业生人数的比例略有下降，而从事第二产业的毕业生人数的比例有明显上升。第三产业仍然是中职毕业生就业的主要领域。中高职有效衔接后，中等职业学校毕业生有了更多的发展途径，除了在三大产业中就业，还有更多的机会选择继续教育。

三是本地就业比例变化不大，但境外就业比例略有上升。2016年境外就业比例比2015年上升0.12%，这表明更多的中职学校毕业生有意愿在境外参与工作。

二、各专业大类就业状况

根据《中等职业学校专业目录》确定的19个专业类别，其就业状况如图2-1-3、图2-1-4、图2-1-5、图2-1-6和表2-1-4所示。

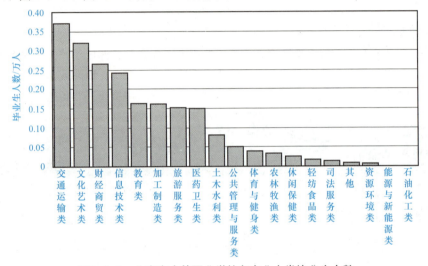

图2-1-3　北京市中等职业学校各专业大类毕业生人数

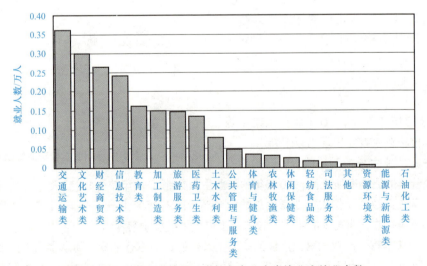

图2-1-4　北京市中等职业学校各专业大类毕业生就业人数

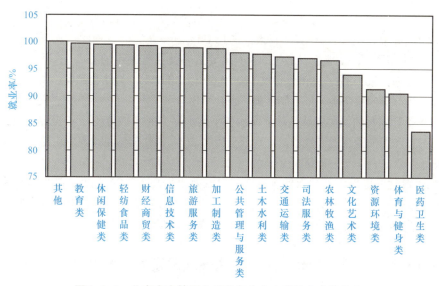

图2-1-5 北京市中等职业学校各专业大类毕业生就业率

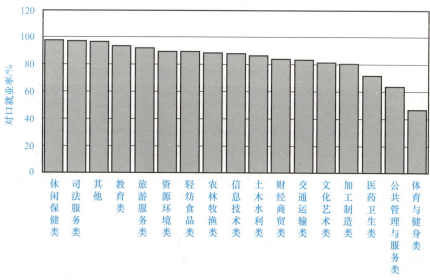

图2-1-6 北京市中等职业学校各专业大类毕业生对口就业率

从毕业生人数看，交通运输类专业毕业生人数最多，为3 707人，占毕业生总数的17.63%；其次是文化艺术类专业，毕业生人数为3 202人，占15.23%；位居第三的是财经商贸类专业，毕业生人数为2 664人，占12.67%。毕业生人数最少的是能源与新能源类和石油化工类专业，为0人；其次是资源环境类、其他和司法服务类专业，毕业生人数分别为69人、88人和133人。

从就业人数看，交通运输类专业毕业生就业人数最多，为3 608人，占就业学生总数的17.78%；其次是文化艺术类专业，就业人数为3 011人，占14.84%；位居第三的是财经商贸类专业，就业人数为2 647人，占13.04%。

从专业分类看，就业状况最好的是其他专业，就业率达到100.00%；其次是教育类专业，就业率为99.63%，休闲保健类专业就业率为99.61%。轻纺食品类、财经商贸类、信息技术类、旅游服务类、加工制造类、公共管理与服务类、土木水利类、交通运输类、司法服务类和农林牧渔类专业的就业率均在平均水平（96.54%）之上；资源环境类、体育与健身类和医药卫生类专业的就业率分别为91.30%、90.54%和83.50%，在各专业中处于较低水平。

从对口就业率看，休闲保健类专业对口就业率最高，为97.64；其次是司法服务类专业，为96.99。相反，医药卫生类、公共管理与服务类、体育与健身类专业的对口就业率分别为72.02%、64.00%和46.80%，处于较低水平。

表2-1-4　北京市中等职业学校各专业大类毕业生状况

专业类别	毕业生人数/人	就业人数/人	就业率/%	对口就业人数/人	对口就业率/%
其他	88	88	100.00	85	96.59
教育类	1 629	1 623	99.63	1 530	93.92
休闲保健类	254	253	99.61	248	97.64
轻纺食品类	163	162	99.39	146	89.57
财经商贸类	2 664	2 647	99.36	2 235	83.90
信息技术类	2 435	2 409	98.93	2 144	88.05
旅游服务类	1 510	1 493	98.87	1 395	92.38
加工制造类	1 523	1 505	98.82	1 224	80.37
公共管理与服务类	500	490	98.00	320	64.00
土木水利类	812	794	97.78	701	86.33
交通运输类	3 707	3 608	97.33	3 095	83.49
司法服务类	133	129	96.99	129	96.99
农林牧渔类	332	321	96.69	294	88.55
文化艺术类	3 202	3 011	94.03	2 604	81.32
资源环境类	69	63	91.30	62	89.86
体育与健身类	391	354	90.54	183	46.80
医药卫生类	1 612	1 346	83.50	1 161	72.02
能源与新能源类	0	0	—	0	—
石油化工类	0	0	—	0	—

天津市中等职业学校毕业生就业状况

2016年，天津市中等职业学校毕业生总数为24 482人，就业学生总数为23 723人，就业率为96.90%。与2015年相比，2016年毕业生总数略微减少，就业率略有下降（见表2-2-1）。

表2-2-1　天津市中等职业学校毕业生就业总体状况

项目	2015年	2016年
毕业生总数/人	24 833	24 482
就业学生总数/人	24 201	23 723
就业率/%	97.45	96.90

一、总体状况

（一）就业去向

天津市23 723名就业学生中，到国家机关和企事业单位的有8 288人，占就业学生总数的35%；合法从事个体经营的有436人，占2%；以其他方式就业的人数为1 908人，占8%；升入高一级学校就读的有13 091人，占55%（见图2-2-1）。

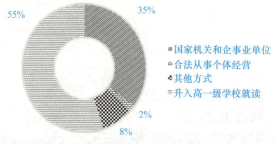

图2-2-1　天津市中等职业学校毕业生就业去向

（二）产业分布

从事第一产业的毕业生人数为129人，占直接就业人数的1.21%；从事第二产业的毕业生人数为3 127人，占29.41%；从事第三产业的毕业生人数为7 376人，占

69.38%。与2015年相比，2016年从事第一产业和第二产业的毕业生人数的比例有所上升，而从事第三产业的毕业生人数的比例有明显下降（见表2-2-2）。

表2-2-2　天津市中等职业学校毕业生就业产业分布

产业分布	2015年		2016年	
	就业人数/人	占直接就业人数比例/%	就业人数/人	占直接就业人数比例/%
第一产业	68	0.28	129	1.21
第二产业	3 773	15.59	3 127	29.41
第三产业	20 360	84.13	7 376	69.38

（三）就业地域

就业地域分为本地、异地和境外。本地就业的毕业生人数为8 118人，占直接就业人数的76.35%；异地就业的毕业生人数为2 512人，占23.63%；境外就业的毕业生人数为2人，占0.02%。与2015年相比，2016年境外就业比例有了突破（见表2-2-3）。

表2-2-3　天津市中等职业学校毕业生就业地域

就业地域	2015年		2016年	
	就业人数/人	占直接就业人数比例/%	就业人数/人	占直接就业人数比例/%
本地	10 048	76.72	8 118	76.35
异地	3 049	23.28	2 512	23.63
境外	0	0	2	0.02

（四）就业渠道

通过学校推荐就业的毕业生人数为8 714人，占直接就业人数的82%；通过中介介绍就业的毕业生人数为138人，占1%；通过其他渠道就业的毕业生人数为1 780人，占17%（见图2-2-2）。

与2015年相比，2016年天津市中等职业学校毕业生就业呈现出以下特点：

一是毕业生总数有所减少。2016年的毕业生总数比2015年减少351人，就业学生总数减少478人，就业率下降0.55%。

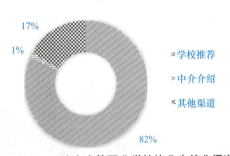

图2-2-2　天津市中等职业学校毕业生就业渠道

二是从事第一产业和第二产业的毕业生人数的比例有所提高，与2015年相比，2016年分别上升0.93%和13.82%。从事第三产业的毕业生人数的比例下降14.75%。

三是境外就业兴起。与2015年相比，2016年境外就业有了突破，占直接就业人数的0.02%；本地就业的毕业生人数比例下降0.37%。

二、各专业大类就业状况

根据《中等职业学校专业目录》确定的19个专业类别,其就业状况如图2-2-3、图2-2-4、图2-2-5、图2-2-6和表2-2-4所示。

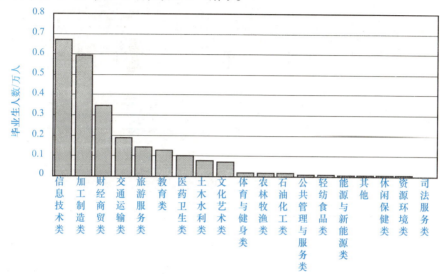

图2-2-3　天津市中等职业学校各专业大类毕业生人数

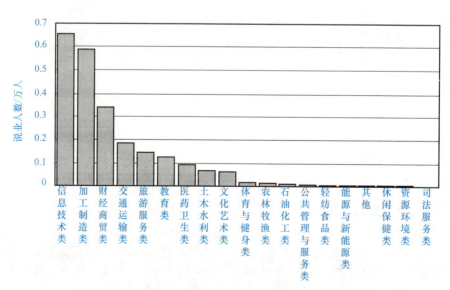

图2-2-4　天津市中等职业学校各专业大类毕业生就业人数

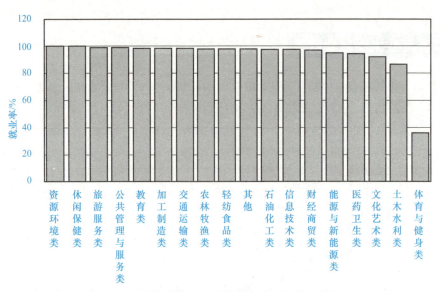

图2-2-5　天津市中等职业学校各专业大类毕业生就业率

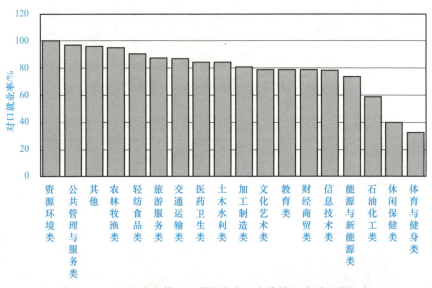

图2-2-6　天津市中等职业学校各专业大类毕业生对口就业率

从毕业生人数看，信息技术类专业毕业生人数最多，为6 726人，占毕业生总数的27.47%；其次是加工制造类专业，毕业生人数为5 958人，占24.34%；位居第三的是财经商贸类专业，毕业生人数为3 498人，占14.29%。毕业生人数最少的是司法服务类专业，为0人；其次是资源环境类、休闲保健类和其他专业，毕业生人数分别为25人、30人和52人。

从就业人数看，信息技术类专业毕业生就业人数最多，为6 568人，占就业学生总数的27.69%；其次是加工制造类专业，就业人数为5 887人，占24.82%；位居第三的是财经商贸类专业，就业人数为3 397人，占14.32%。

从专业分类看，就业状况最好的是资源环境类和休闲保健类专业，就业率达到100.00%；其次是旅游服务类专业和公共管理与服务类专业，就业率为99.26%。教育类、加工制造类、交通运输类、农林牧渔类、纺织食品类、其他、石油化工类、信息技术类和财经商贸类专业的就业率均在平均水平（96.90%）之上；文化艺术类、土木水利类和体育与健身类专业就业率分别为92.19%、86.69%和35.96%，处于各专业中较低水平。

从对口就业率看，资源环境类专业对口就业率最高，为100.00%；其次是公共管理与服务类专业，对口就业率为97.04%。相反，石油化工类、休闲保健类和体育与健身类专业的对口就业率分别为58.51%、40.00%和32.46%，处于较低水平。

表2-2-4　天津市中等职业学校各专业大类毕业生状况

专业类别	毕业生人数/人	就业人数/人	就业率/%	对口就业人数/人	对口就业率/%
资源环境类	25	25	100.00	25	100.00
休闲保健类	30	30	100.00	12	40.00
旅游服务类	1 487	1 476	99.26	1 301	87.49
公共管理与服务类	135	134	99.26	131	97.04
教育类	1 294	1 280	98.92	1 024	79.13
加工制造类	5 958	5 887	98.81	4 831	81.08
交通运输类	1 893	1 867	98.63	1 652	87.27
农林牧渔类	193	190	98.45	184	95.34
轻纺食品类	127	125	98.43	115	90.55
其他	52	51	98.08	50	96.15
石油化工类	188	184	97.87	110	58.51
信息技术类	6 726	6 568	97.65	5 275	78.43
财经商贸类	3 498	3 397	97.11	2 768	79.13
能源与新能源类	85	81	95.29	63	74.12
医药卫生类	1 029	976	94.85	870	84.55
文化艺术类	730	673	92.19	578	79.18
土木水利类	804	697	86.69	679	84.45
体育与健身类	228	82	35.96	74	32.46
司法服务类	0	0	—	0	—

三、工作举措

（一）注重德育教育，培养学生树立正确的就业观

各中职学校扎实推进德育教育工作，在注重学生知识和技能积累的同时，通过开展职业理想教育，培养学生良好的意志品质；使学生树立正确的职业价值观和就业观；加强学生综合素质的培养；强化其职业生涯的人规划意识和能力；鼓励学生在校期间，积极参加各类社会实践活动，利用课余时间多接触社会，积累丰富的实践经验，加深对社会的认识，有针对性地做好适岗准备。

中职学校以职业教育活动周为契机，增强学生的职业意识，形成"崇尚一技之长、不唯学历凭能力"的良好氛围。2016年天津职业教育活动周期间，天津市安排了7大主体开放空间，6个主题活动版块，48项大项主题活动；各院校同期开展了相关活动1 000余项；14所院校承办了75个大项中的25个大项全国比赛。

（二）加强多元培养，拓宽学生就业渠道

中职学校从学生需要、人才市场的需求出发，因材施教，多元化学生培养。依托职教集团，以中高职衔接为纽带，开展中高职五年一贯制衔接、"3+2"对接，在面向"三校生"春季高考，提升就业实力的同时，拓宽学生就业选择。2016年就业学生中有55%的学生升入高一级的学校，可见，升学已经成为中职毕业生重要的就业渠道之一。

（三）推进产教融合，提高人才培养质量

在坚持行业企业办学的基础上，进一步加强政府统筹力度，市教委与市商务委成立了商务行业职业教育教学指导委员会、与渤海化工集团成立了石油和化工行业职业教育教学指导委员会。天津市现已组建19个中高职教学相衔接、学历教育与职工培训相结合的"集约化、规模化"行业职教集团，每个职教集团的在校生规模都达到万人以上。2016年市财政投入9 600万元专项资金，支持27所职业院校开展优质专业群对接优势产业群，有力地支撑了天津经济社会升级转型发展。中职学校在推进产教深度融合的过程中，为学生的操作训练、顶岗实践、毕业实习等创造了良好的条件。在职业教育教学委员会和职教集团的带领和指导下，中职学校结合自身优势，在人才培养模式上，力求专业设置与产业需求、课程内容与职业标准、教学过程与生产环节"三对接"，不断提高人才培养质量，为就业奠定良好基础。

（四）加强就业指导，提高学生职业素养

中等职业学校注重提高学生的职业素养，将学生的就业培训与指导贯穿于整个学校

教育，突出学生职业生涯规划设计能力的培养。学生在对自己职业生涯思考规划的过程中，通过了解专业增加学习兴趣，通过对职业能力的认知了解岗位需求，通过了解自己的个性特质着重培养自己的能力，从而提高综合职业素养。中职学校不断提高就业服务质量，做好学生就业前的准备工作，包括就业组织服务、学生就业前心理辅导等；做好毕业生的跟踪工作，及时了解学生的工作状况和心理状态，并提供一定的帮助，建立毕业生就业跟踪档案。

四、发展趋势预测

（1）按照天津市"十三五"规划纲要中"瞄准世界先进水平，对接《中国制造2025》，引导制造业朝着分工细化、协作紧密方向发展，建设全国先进制造研发基地"的发展思路，第二、第三产业的劳动力需求将进一步加快，中职学校毕业生服务于本市第二、第三产业的数量将有所增加。

（2）2016年中职校毕业生数量小幅下降，产业分布、就业地域、就业地点等方面较2015年变动不大，但在就业去向中升入高一级学校的比例上升9.3%，这表明中职学生对进一步提升知识水平和技术技能水平有更高的需求，因此，中高职衔接培养高素质技能人才工作需要将继续推进。

（3）为主动服务和适应我市经济和市场需求变化，中职学校将科学地设置和调整专业，毕业生就业对口率将持续增长。

河北省中等职业学校毕业生就业状况

2016年，河北省中等职业学校毕业生总数为141 337人，就业学生总数为132 641人，就业率为93.85%。与2015年相比，2016年毕业生总数有所减少，就业率略有下降（见表2-3-1）。

表2-3-1 河北省中等职业学校毕业生就业总体状况

项目	2015年	2016年
毕业生总数/人	181 813	141 337
就业学生总数/人	170 882	132 641
就业率/%	93.99	93.85

一、总体状况

（一）就业去向

河北省132 641名就业学生中，到国家机关和企事业单位的有51 242人，占就业学生总数的39%；合法从事个体经营的有35 078人，占26%；以其他方式就业的有30 010人，占23%；升入高一级学校就读的有16 311人，占12%（见图2-3-1）。

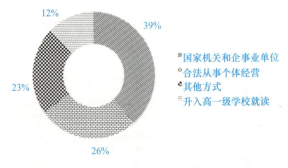

图2-3-1 河北省中等职业学校毕业生就业去向

（二）产业分布

从事第一产业的毕业生人数为10 469人，占直接就业人数的9.00%；从事第二产业的毕业生人数为43 570人，占37.45%；从事第三产业的毕业生人数为62 291人，占

53.55%。与2015年相比，2016年从事第二产业和第三产业的毕业生人数的比例有所上升，而从事第一产业的毕业生人数的比例有明显下降（见表2-3-2）。

表2-3-2　河北省中等职业学校毕业生就业产业分布

产业分布	2015年		2016年	
	就业人数/人	占直接就业人数比例/%	就业人数/人	占直接就业人数比例/%
第一产业	32 281	22.59	10 469	9.00
第二产业	43 455	30.41	43 570	37.45
第三产业	67 154	47.00	62 291	53.55

（三）就业地域

就业地域分为本地、异地和境外。本地就业的毕业生人数为88 748人，占直接就业人数的76.29%；异地就业的毕业生人数为27 280人，占23.45%；境外就业的毕业生人数为302人，占0.26%。与2015年相比，2016年境外就业比例明显提升（见表2-3-3）。

表2-3-3　河北省中等职业学校毕业生就业地域

就业地域	2015年		2016年	
	就业人数/人	占直接就业人数比例/%	就业人数/人	占直接就业人数比例/%
本地	100 339	70.23	88 748	76.29
异地	42 516	29.75	27 280	23.45
境外	35	0.02	302	0.26

（四）就业渠道

通过学校推荐就业的毕业生人数为73 105人，占直接就业人数的63%；通过中介介绍就业的毕业生人数为9 258人，占8%；通过其他渠道就业的毕业生人数为33 967人，占29%（见图2-3-2）。

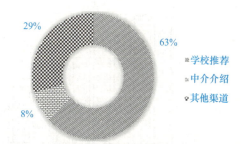

图2-3-2　河北省中等职业学校毕业生就业渠道

与2015年相比，2016年河北省中等职业学校毕业生就业呈现出以下特点：

一是就业率基本持平，毕业生总数有所减少。2016年的毕业生总数比2015年减少40 476人，就业学生总数减少38 241人。

二是从事第二产业和第三产业的毕业生人数的比例有所提高，与2015年相比，分别上升7.04%和6.55%。从事第一产业的毕业生人数的比例明显下降，下降近13%。

三是境外就业兴起。与2015年相比，2016年境外就业的毕业生人数的比例有显著提高，上升0.24%。此外，本地就业的毕业生人数的比例上升6.06%，异地就业的毕业生人数的比例下降6.30%。

二、各专业大类就业状况

根据《中等职业学校专业目录》确定的19个专业类别，其就业状况如图2-3-3、图2-3-4、图2-3-5、图2-3-6和表2-3-4所示。

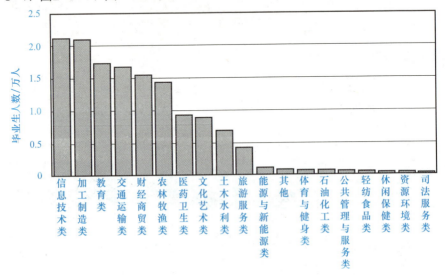

图2-3-3　河北省中等职业学校各专业大类毕业生人数

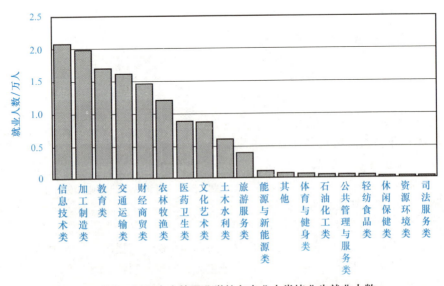

图2-3-4　河北省中等职业学校各专业大类毕业生就业人数

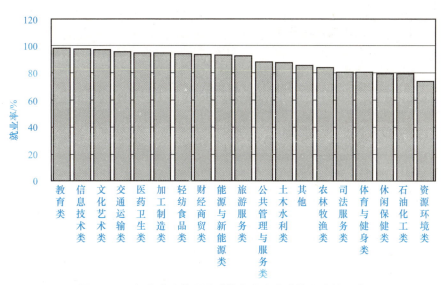

图2-3-5　河北省中等职业学校各专业大类毕业生就业率

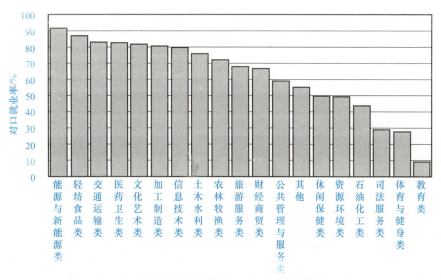

图2-3-6　河北省中等职业学校各专业大类毕业生对口就业率

从毕业生人数看，信息技术类专业毕业生人数最多，为21 250人，占毕业生总数的15.03%；其次是加工制造类专业，毕业生人数为20 994人，占14.85%；位居第三的是教育类专业，毕业生人数为17 318人，占12.25%。毕业生人数最少的是司法服务类专业，为363人；其次是资源环境类、休闲保健类和轻纺食品类专业，毕业生人数分别为428人、458人和546人。

从就业人数看，信息技术类专业毕业生就业人数最多，为20 803人，占就业学生总数的15.68%；其次是加工制造类专业，就业人数为19 843人，占14.96%；位居第三的是教育类专业，就业人数为16 991人，占12.81%。

从专业分类看，就业状况最好的是教育类专业，就业率达到98.11%；其次是信息技术类专业，就业率为97.90%；文化艺术类专业就业率为97.23%。交通运输类、医药卫生类、加工制造类和轻纺食品类专业的就业率均在平均水平（93.85%）之上；休闲保健类、石油化工类和资源环境类专业就业率分别为79.48%、79.42%和73.83%，在各专业中处于较低水平。

从对口就业率看，能源与新能源类专业对口就业率最高，为91.67%；其次是轻纺食品类专业，对口就业率为86.81%。相反，司法服务类、体育与健身类和教育类专业的对口就业率分别为29.20%、27.94%和9.13%，处于较低水平。

表2-3-4　河北省中等职业学校各专业大类毕业生状况

专业类别	毕业生人数/人	就业人数/人	就业率/%	对口就业人数/人	对口就业率/%
教育类	17 318	16 991	98.11	1 581	9.13
信息技术类	21 250	20 803	97.90	16 976	79.89
文化艺术类	8 849	8 604	97.23	7 240	81.82
交通运输类	16 820	16 126	95.87	13 958	82.98
医药卫生类	9 281	8 804	94.86	7 658	82.51
加工制造类	20 994	19 843	94.52	16 884	80.42
轻纺食品类	546	514	94.14	474	86.81
财经商贸类	15 526	14 546	93.69	10 340	66.60
能源与新能源类	1 177	1 096	93.12	1 079	91.67
旅游服务类	4 178	3 867	92.56	2 843	68.05
公共管理与服务类	614	541	88.11	363	59.12
土木水利类	6 906	6 034	87.37	5 255	76.09
其他	823	704	85.54	454	55.16
农林牧渔类	14 336	12 021	83.85	10 325	72.02
司法服务类	363	293	80.72	106	29.20
体育与健身类	741	595	80.30	207	27.94
休闲保健类	458	364	79.48	228	49.78
石油化工类	729	579	79.42	319	43.76
资源环境类	428	316	73.83	212	49.53

三、工作举措

（一）统一思想，提高认识，形成人才培养和毕业生就业合力

认真落实就业工作"一把手工程"，切实把就业工作摆在突出位置。明确将创新作为未来经济发展的新动力，统筹各市形成合力，汇聚各类资源，切实做好创新型人才培养工作。

（二）抓住京津冀协同发展机遇，努力拓宽中职毕业生就业渠道

2015年国家公布的《京津冀协同发展规划纲要》为河北省社会发展进程提供了前所未有的历史机遇。河北各级政府及学校将紧紧抓住这一难得的历史机遇，谋划好人才培养、创新创业就业对接京津这盘大棋，主动参与到产业转移对接、人才一体化合作、产业园区建设、科学研究协作与推广等重大协作发展项目中去，实现自身事业在协同中发展、在合作中提升目标，为毕业生就业创业开辟更广阔的空间。

（三）加强就业指导工作，鼓励毕业生到民营企业及中小微企业就业

省有关部门和学校将围绕树立正确的择业观这个核心，扎实做好毕业生就业指导工作，鼓励毕业生到基层、到能够建功立业的地方就业。针对毕业生到民营企业就业动力不足的问题，认真做好调查研究工作，对症下药，找到切实可行的解决办法。逐步加大对特殊群体特别是女性毕业生的就业指导与帮扶工作，帮助她们树立就业信心，为她们提供更完备、更细致的就业指导服务。

（四）以河北省中职教育质量提升工程项目为引领，提升办学质量和水平

2015年以来，我省陆续出台了《河北省财政厅河北教育厅河北省人力资源和社会保障厅关于组织实施职业教育质量提升工程——改善中等职业学校办学条件的通知》《河北省中职教育质量提升工程项目学校遴选评审办法》《河北省中等职业教育质量提升工程动态管理办法》。其主要内容包括：突出重点，在全省中职学校遴选出120所项目建设校，并从中确定20所精品学校、90所名牌学校、10所特色学校，3年内在经费分配使用等政策方面给予重点支持。通过创新职业教育发展思路，集中力量重点扶持120所中等职业教育学校，以此带动引领全省中职教育质量提升、优质发展，为中职毕业生就业奠定坚实基础。

（五）搭建创新创业实践平台，鼓励学生积极参与大众创业、万众创新活动

政府部门主动谋划建设好众创空间、创新创业孵化基地、创新创业园等实践平台并

制定各项优惠政策，鼓励、吸引学生利用平台开展创新创业活动。引导各学校把创新创业实践活动与创新创业人才教育紧密结合起来，积极搭建自己的创新创业实践平台，全面做好创新创业实践帮扶活动，使更多学生和毕业生投入到大众创业、万众创新这一广泛的群众活动中来，让以创业带动就业的良好社会局面早日形成。

山西省中等职业学校毕业生就业状况

2016年，山西省中等职业学校毕业生总数为107 470人，就业学生总数为100 051人，就业率为93.10%。与2015年相比，2016年毕业生总数有所减少，就业率有所下降（见表2-4-1）。

表2-4-1　山西省中等职业学校毕业生就业总体状况

项目	2015年	2016年
毕业生总数/人	147 958	107 470
就业学生总数/人	143 978	100 051
就业率/%	97.31	93.10

一、总体状况

（一）就业去向

山西省100 051名就业学生中，到国家机关和企事业单位的有26 220人，占就业学生总数的26%；合法从事个体经营的有9 943人，占10%；以其他方式就业的有17 241人，占17%；升入高一级学校就读的有46 647人，占47%（见图2-4-1）。

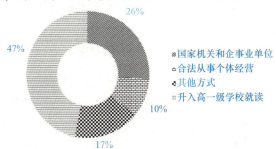

图2-4-1　山西省中等职业学校毕业生就业去向

（二）产业分布

从事第一产业的毕业生人数为3 272人，占直接就业人数的6.13%；从事第二产业的毕业生人数为13 072人，占24.47%；从事第三产业的毕业生人数为37 060人，占

69.40%。与2015年相比,2016年从事第一产业和第二产业的毕业生人数的比例有所下降,而从事第三产业的毕业生人数的比例有所上升(见表2-4-2)。

表2-4-2　山西省中等职业学校毕业生就业产业分布

产业分布	2015年		2016年	
	就业人数/人	占直接就业人数比例/%	就业人数/人	占直接就业人数比例/%
第一产业	8 569	6.79	3 272	6.13
第二产业	61 856	48.98	13 072	24.47
第三产业	55 857	44.23	37 060	69.40

(三) 就业地域

就业地域分为本地、异地和境外。本地就业的毕业生人数为32 899人,占直接就业人数的61.60%;异地就业的毕业生人数为20 501人,占38.39%;境外就业的毕业生人数为4人,占0.01%。与2015年相比,2016年境外就业比例有了突破(见表2-4-3)。

表2-4-3　山西省中等职业学校毕业生就业地域

就业地域	2015年		2016年	
	就业人数/人	占直接就业人数比例/%	就业人数/人	占直接就业人数比例/%
本地	78 769	62.38	32 899	61.60
异地	47 513	37.62	20 501	38.39
境外	0	0	4	0.01

(四) 就业渠道

通过学校推荐就业的毕业生人数为34 970人,占直接就业人数的66%;通过中介介绍就业的毕业生人数为3 898人,占7%;通过其他渠道就业的毕业生人数为14 536人,占27%(见图2-4-2)。

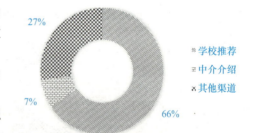

图2-4-2　山西省中等职业学校毕业生就业渠道

与2015年相比,2016年山西省中等职业学校毕业生就业呈现出以下特点:

一是毕业生总数有所减少。2016年的毕业生总数比2015年减少40 488人,就业学生总数减少43 927人,就业率下降约4%。

二是从事第一产业和第二产业的毕业生人数的比例有所下降,与2015年相比,分别下降0.66%和24.51%。从事第三产业的毕业生人数的比例约上升25%。

三是境外就业有所突破。与2015年相比,2016年境外就业比例有了突破,境外就业的毕业生人数占直接就业人数的比例为0.01%。本地就业的毕业生人数的比例下降0.78%,异地就业的毕业生人数的比例上升0.77%。

二、各专业大类就业状况

根据《中等职业学校专业目录》确定的19个专业类别，其就业状况如图2-4-3、图2-4-4、图2-4-5、图2-4-6和表2-4-4所示。

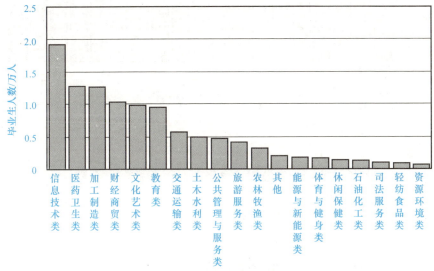

图2-4-3 山西省中等职业学校各专业大类毕业生人数

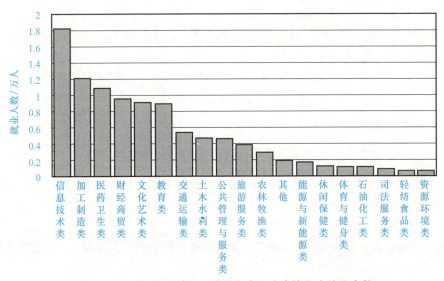

图2-4-4 山西省中等职业学校各专业大类毕业生就业人数

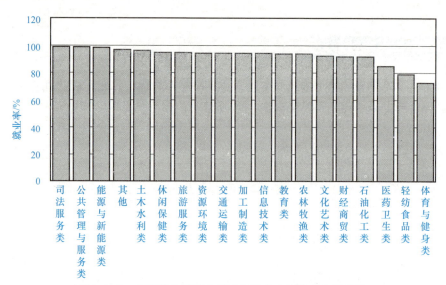

图2-4-5 山西省中等职业学校各专业大类毕业生就业率

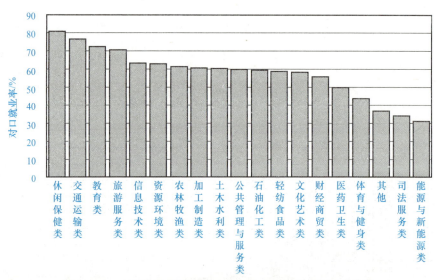

图2-4-6 山西省中等职业学校各专业大类毕业生对口就业率

从毕业生人数看,信息技术类专业毕业生人数最多,为19 251人,占毕业生总数的17.91%;其次是医药卫生类专业,毕业生人数为12 804人,占11.91%;位居第三的是加工制造类专业,毕业生人数为12 710人,占11.83%。毕业生人数最少的是资源环境类专业,为667人;其次是轻纺食品类、司法服务类和石油化工类专业,毕业生人数分别为891人、928人和1 298人。

从就业人数看,信息技术类专业毕业生就业人数最多,为18 235人,占就业学生总数的18.23%；其次是加工制造类专业，就业人数为12 045人，占12.04%；位居第三的是医药卫生类专业，就业人数为10 902人，占10.90%。

从专业分类看，就业状况最好的是司法服务类专业，就业率达到99.46%；其次是公共管理与服务类专业，就业率为99.38%；位居第三的是能源与新能源类专业，就业率为98.51%。其他、土木水利类、休闲保健类、旅游服务类、资源环境类、交通运输类、加工制造类、信息技术类、教育类和农林牧渔类专业的就业率均在平均水平93.10%之上；医药卫生类、轻纺食品类和体育与健身类专业就业率分别为85.15%、79.12%和72.81%，处于各专业中较低水平。

从对口就业率看，休闲保健类专业对口就业率最高，为80.86%；其次是交通运输类专业，为76.76%。相反，其他、司法服务类和能源与新能源类专业的对口就业率分别为36.67%、34.05%和30.99%，处于较低水平。

表2-4-4 山西省中等职业学校各专业大类毕业生状况

专业类别	毕业生人数/人	就业人数/人	就业率/%	对口就业人数/人	对口就业率/%
司法服务类	928	923	99.46	316	34.05
公共管理与服务类	4 709	4 680	99.38	2 825	59.99
能源与新能源类	1 817	1 790	98.51	563	30.99
其他	1 966	1 908	97.05	721	36.67
土木水利类	4 886	4 725	96.70	2 947	60.32
休闲保健类	1 327	1 266	95.40	1 073	80.86
旅游服务类	4 131	3 923	94.96	2 919	70.66
资源环境类	667	633	94.90	421	63.12
交通运输类	5 662	5 366	94.77	4 346	76.76
加工制造类	12 710	12 045	94.77	7 738	60.88
信息技术类	19 251	18 235	94.72	12 186	63.30
教育类	9 443	8 915	94.41	6 837	72.40
农林牧渔类	3 181	2 989	93.96	1 951	61.33
文化艺术类	9 805	9 105	92.86	5 737	58.51
财经商贸类	10 350	9 548	92.25	5 773	55.78
石油化工类	1 298	1 196	92.14	772	59.48
医药卫生类	12 804	10 902	85.15	6 378	49.81
轻纺食品类	891	705	79.12	526	59.03
体育与健身类	1 644	1 197	72.81	721	43.86

三、工作举措

（一）加快发展现代职业教育，全面深化校企合作

2015年，我省出台了《山西省人民政府关于贯彻落实〈国务院关于加快发展现代职业教育的决定〉的实施意见》（晋政发〔2015〕22号）、《山西省人民政府办公厅关于印发山西省职业教育校企合作促进办法（试行）的通知》（晋政办发〔2015〕74号）和《山西省教育厅关于进一步深入实施职业教育"百校千企"工程的通知》（晋教职函〔2015〕59号）等一系列文件，全面贯彻落实全国职教工作会议和《国务院关于加快发展现代职业教育的决定》精神，促进企业与职业院校深度合作，充分发挥行业企业重要办学主体作用，培养大批适应我省转型发展所需要的技术技能人才，增强职业教育服务经济社会发展的能力，大大促进了中职学校毕业生的就业。

（二）深入推进集团化办学

我省各有关部门、行业、企业和职业院校密切配合，先后组建成立了煤炭、冶金、电力、旅游、建筑、金融、装备制造、材料与信息技术、农业九大职业教育集团，共吸纳成员单位720个，其中政府部门3个、职业院校和培训机构127所、企业502家、行业协会31个、科研院所57个，通过集团化运作，实现了各成员单位资源共享、优势互补、相互协作，促进了中等职业教育人才培养质量的提升和就业竞争力的加强。

（三）不断完善职业院校技能大赛制度

2016年，省教育厅、省人社厅、省工会联合举办了全省第十届职业院校技能大赛，组织4 600多名师生参加了省级决赛，比赛项目达到了319个专业大项，84个工种，参加省、市、校三级比赛的师生总人数达20多万人次。组织技能大赛和技能展示活动，对引导职业学校进一步突出技能训练，强化实践教学，提高技能人才培养质量，促进毕业生就业，都有很大的作用。

四、发展趋势预测

一是随着经济的不断发展，技术技能人才会受到更多的重视，今后中职学校毕业生的就业环境将会进一步改善，工资及其他待遇也会得到进一步提升；二是随着招生考试制度改革的深化和职业教育向高端发展路径的打通，未来中职毕业生的成长渠道会更加多样化。

内蒙古自治区中等职业学校毕业生就业状况

2016年，内蒙古自治区中等职业学校毕业生总数为83 852人，就业学生总数为77 452人，就业率为92.37%。与2015年相比，2016年毕业生总数略微上升，就业率有所增加（见表2-5-1）。

表2-5-1 内蒙古自治区中等职业学校毕业生就业总体状况

项目	2015年	2016年
毕业生总数/人	82 938	83 852
就业学生总数/人	72 525	77 452
就业率/%	87.44	92.37

一、总体状况

（一）就业去向

内蒙古自治区77 452名就业学生中，到国家机关和企事业单位的有41 137人，占就业学生总数的53%；合法从事个体经营的有9 769人，占13%；以其他方式就业的有5 762人，占7%；升入高一级学校就读的有20 784人，占27%（见图2-5-1）。

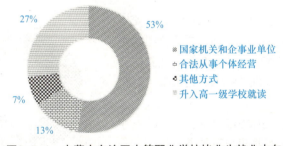

图2-5-1 内蒙古自治区中等职业学校毕业生就业去向

（二）产业分布

从事第一产业的毕业生人数为12 151人，占直接就业人数的21.44%；从事第二产业的毕业生人数为14 039人，占24.78%；从事第三产业的毕业生人数为30 478人，占

53.78%。与2015年相比,2016年从事第一产业和第二产业的毕业生人数的比例有所上升,而从事第三产业的毕业生人数的比例有所下降(见表2-5-2)。

表2-5-2　内蒙古自治区中等职业学校毕业生就业产业分布

产业分布	2015年		2016年	
	就业人数/人	占直接就业人数比例/%	就业人数/人	占直接就业人数比例/%
第一产业	9 067	19.26	12 151	21.44
第二产业	9 619	20.44	14 039	24.78
第三产业	28 383	60.30	30 478	53.78

(三) 就业地域

就业地域分为本地、异地和境外。本地就业的毕业生人数为38 635人,占直接就业人数的68.18%;异地就业的毕业生人数为17 906人,占31.60%;境外就业的毕业生人数为127人,占0.22%。与2015年相比,2016年境外就业人数增加20人,但境外就业比例略有下降(见表2-5-3)。

表2-5-3　内蒙古自治区中等职业学校毕业生就业地域

就业地域	2015年		2016年	
	就业人数/人	占直接就业人数比例/%	就业人数/人	占直接就业人数比例/%
本地	33 456	71.08	38 635	68.18
异地	13 506	28.69	17 906	31.60
境外	107	0.23	127	0.22

(四) 就业渠道

通过学校推荐就业的毕业生人数为19 470人,占直接就业人数的34%;通过中介介绍就业的毕业生人数为10 302人,占18%;通过其他渠道就业的毕业生人数为26 896人,占48%(见图2-5-2)。

与2015年相比,2016年内蒙古自治区中等职业学校毕业生就业呈现出以下特点:

一是毕业生总人数有所增加。2016年的毕业生总数比2015年增加914人,就业学生总数增加4 927人,就业率增加约5%。

二是从事第一产业和第二产业的毕业生人数的比例有所提高,与2015年相比,分别上升2.18%和4.34%。从事第三产业的毕业生人数的比例下降6.52%。

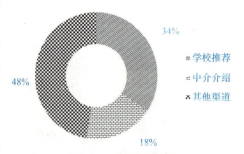

图2-5-2　内蒙古自治区中等职业学校毕业生就业渠道

三是异地就业兴起。与2015年相比，2016年异地就业的毕业生人数的比例上升2.91%。相应地，本地就业和境外就业的毕业生人数的比例分别下降2.9%和0.01%。

二、各专业大类就业状况

根据《中等职业学校专业目录》确定的19个专业类别，其就业状况如图2-5-3、图2-5-4、图2-5-5、图2-5-6和表2-5-4所示。

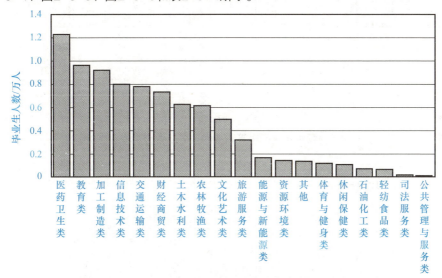

图2-5-3　内蒙古自治区中等职业学校各专业大类毕业生人数

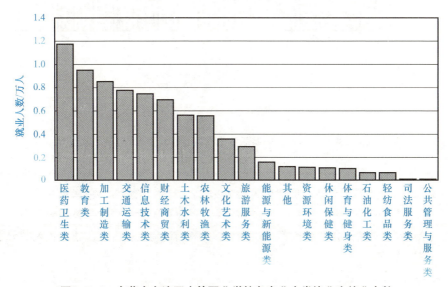

图2-5-4　内蒙古自治区中等职业学校各专业大类毕业生就业人数

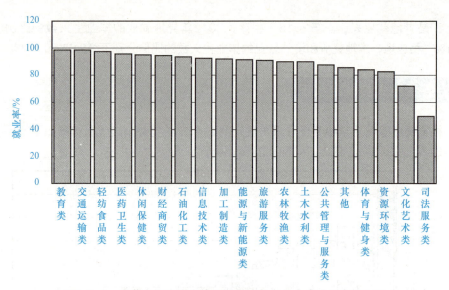

图2-5-5 内蒙古自治区中等职业学校各专业大类毕业生就业率

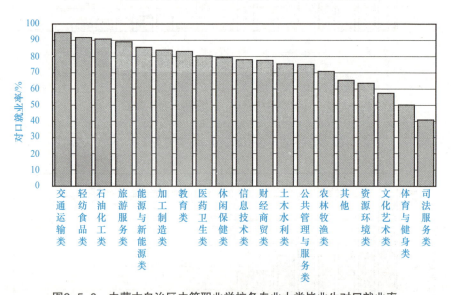

图2-5-6 内蒙古自治区中等职业学校各专业大类毕业生对口就业率

从毕业生人数看,医药卫生类专业毕业生人数最多,为12 312人,占毕业生总数的14.68%;其次是教育类专业,毕业生人数为9 662人,占11.52%;位居第三的是加工制造类专业,毕业生人数为9 222人,占11.00%。毕业生人数最少的是公共管理与服务类专业,为56人;其次是司法服务类、轻纺食品类和石油化工类专业,毕业生人数分别为213人、717人和750人。

从就业人数看,医药卫生类专业毕业生就业人数最多,为11 765人,占就业学生总数的15.19%；其次是教育类专业，就业人数为9 551人，占12.33%；位居第三的是加工制造类专业，就业人数为8 519人，占11.00%。

从专业分类看，就业状况最好的是教育类专业，就业率达到98.85%；其次是交通运输类专业，就业率为98.65%；位居第三的是轻纺食品类专业，就业率为97.63%。医药卫生类、休闲保健类、财经商贸类、石油化工类、信息技术类和加工制造类专业的就业率均在平均水平（92.37%）之上；资源环境类、文化艺术类和司法服务类专业的就业率分别为82.37%、72.02%和49.77%，处于各专业中较低水平。

从对口就业率看，交通运输类专业对口就业率最高，为95.02%；其次是轻纺食品类专业，对口就业率为91.63%。相反，文化艺术类、体育与健身类和司法服务类专业的对口就业率分别为57.47%、50.36%和40.85%，处于较低水平。

表2-5-4　内蒙古自治区中等职业学校各专业大类毕业生状况

专业类别	毕业生人数/人	就业人数/人	就业率/%	对口就业人数/人	对口就业率/%
教育类	9 662	9 551	98.85	8 040	83.21
交通运输类	7 849	7 743	98.65	7 458	95.02
轻纺食品类	717	700	97.63	657	91.63
医药卫生类	12 312	11 765	95.56	9 859	80.08
休闲保健类	1 138	1 083	95.17	902	79.26
财经商贸类	7 334	6 949	94.75	5 707	77.82
石油化工类	750	701	93.47	680	90.67
信息技术类	8 039	7 448	92.65	6 285	78.18
加工制造类	9 222	8 519	92.38	7 748	84.02
能源与新能源类	1 731	1 589	91.80	1 481	85.56
旅游服务类	3 230	2 949	91.30	2 873	88.95
农林牧渔类	6 191	5 584	90.20	4 387	70.86
土木水利类	6 291	5 660	89.97	4 741	75.36
公共管理与服务类	56	49	87.50	42	75.00
其他	1 416	1 209	85.38	928	65.54
体育与健身类	1 245	1 048	84.18	627	50.36
资源环境类	1 446	1 191	82.37	923	63.83
文化艺术类	5 010	3 608	72.02	2 879	57.47
司法服务类	213	106	49.77	87	40.85

三、工作举措

内蒙古自治区高度重视中等职业学校毕业生就业工作，坚持采取有效措施服务和推动就业工作，提升中等职业学校毕业生的就业率和对口就业率，提高毕业生就业质量，增强就业稳定性。

（一）注重加强组织领导

内蒙古自治区把中职毕业生就业工作作为加快发展现代职业教育的重要环节，积极协调、主动作为。各级政府和教育行政部门积极出台政策，深入落实"三个联动，六个结合"，并与行业企业建立联系，密切协作，共同组织开展毕业生就业服务工作。各学校把毕业生就业工作列入"一把手工程"，做到校长亲自抓、负总责，并成立就业指导科（处），制定详尽的就业指导工作方案，明确就业工作程序、就业要求、预期目标、方法措施，全面细致地做好就业指导工作。

（二）注重能力培养锻造

内蒙古自治区结合实际统筹整合职业教育资源，加强办学指导，调控专业设置，提升中等职业教育质量。各盟市结合地区经济发展实际，规划本地区职业教育，促进职业教育与地区经济发展紧密结合。各中等职业学校大力推进教育教学改革，积极创新人才培养模式，提高学生的综合素养和动手能力，培养适销对路的应用型技术技能人才。结合构建现代职业教育体系，广泛开展"工学交替""订单式培养""现代学徒制""引企入校、引校入企"等多种形式的校企合作，推进产教深度融合，提升毕业生的岗位适应能力，增强毕业生的就业竞争力。

（三）注重开展活动促进

坚持把中等职业教育改革发展示范学校建设、中等职业学校学生技能大赛和推行"双证书"制作为促进学生技能提升抓手。内蒙古自治区落实国家项目任务，分三批建设了21所中等职业教育改革发展示范学校，起到了较好的示范引领作用。坚持每年举办全区中等职业学校学生技能大赛和各类师生作品成果展，通过竞赛和评比加强校际间的交流，集中展示和检验学生的专业技能，从而扩大中职教育的影响力，辐射带动全区职业教育发展。按照要求协调人力资源和社会保障等相关部门，在中等职业学校推行"双证书"制，增加毕业生优质优酬就业的砝码。据统计，现在全区中等职业学校80%以上的毕业学生都能考取一个以上的专业资格证书。

（四）注重具体就业指导

各职业学校采用多种形式把企业文化和企业专家引入校园，实现校企文化接轨和融合，广泛开展毕业生就业意向调查，建立毕业生信息库。学校举办创业就业讲座、成功人士报告会和典型现身说法等活动，为毕业生就业提供实例借鉴；发放《毕业生就业指导手册》，广泛搜集就业信息，并及时把就业信息发布给毕业生，畅通毕业生就业信息渠道；广泛开展问卷调查、就业企业回访、就业学生访谈等活动，及时了解学生就业过程中存在的问题，积极与企业沟通，帮助学生解决实践困难。

四、发展趋势预测

根据当前职业教育发展定位，特别是结合内蒙古自治区具体实际，未来中职学校毕业生就业可能会呈现出如下趋势。

一是毕业生升学人数会有所增加。随着现代职业教育体系的构建，中职—高职—应用技术本科通道逐步打开，"3＋2""3＋3""3＋4"等办学模式逐步实施，中等职业学校毕业生将有更多升学的机会。

二是毕业生就业更加多元。随着现代职业教育体系的构建，校企合作、产教融合以及普职融通、中高职衔接，将使就业渠道和形式更加多样。

三是稳定就业率将有所提升。随着人才培养质量的提升，校企合作和职教集团的建设发展，中等职业学校在专业设置、招生计划、培养方向等方面会更加科学合理，在提升就业率的同时，也会提升就业稳定性。

四是更加重视就业指导工作。职业指导和就业服务工作将得到进一步完善。

辽宁省中等职业学校毕业生就业状况

2016年，辽宁省中等职业学校毕业生总数为68 775人，就业学生总数为66 464人，就业率为96.64%。与2015年相比，2016年毕业生总数明显减少，就业率有所上升（见表2-6-1）。

表2-6-1　辽宁省中等职业学校毕业生就业总体状况

项目	2015年	2016年
毕业生总数/人	80 297	68 775
就业学生总数/人	76 976	66 464
就业率/%	95.86	96.64

一、总体状况

（一）就业去向

辽宁省66 464名就业学生中，到国家机关和企事业单位的有30 327人，占就业学生总数的46%；合法从事个体经营的有8 982人，占13%；以其他方式就业的有9 021人，占14%；升入高一级学校就读的有18 134人，占27%（见图2-6-1）。

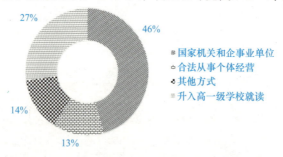

图2-6-1　辽宁省中等职业学校毕业生就业去向

（二）产业分布

从事第一产业的毕业生人数为2 452人，占直接就业人数的5.07%；从事第二产业的为14 190人，占29.36%；从事第三产业的为31 688人，占65.57%。与2015年相比，

2016年从事第一产业和第二产业的毕业生人数的比例分别下降3.50%和2.36%，从事第三产业的毕业生人数的比例上升约6%（见表2-6-2）。

表2-6-2　辽宁省中等职业学校毕业生就业产业分布

产业分布	2015年		2016年	
	就业人数/人	占直接就业人数比例/%	就业人数/人	占直接就业人数比例/%
第一产业	5 454	8.57	2 452	5.07
第二产业	20 195	31.72	14 190	29.36
第三产业	38 021	59.71	31 688	65.57

（三）就业地域

就业地域分为本地、异地和境外。本地就业的毕业生人数为33 271人，占直接就业人数的68.84%；异地就业的为14 998人，占31.03%；境外就业的为61人，占0.13%。与2015年相比，2016年境外就业比例有微弱的上升（表2-6-3）。

表2-6-3　辽宁省中等职业学校毕业生就业地域

就业地域	2015年		2016年	
	就业人数/人	占直接就业人数比例/%	就业人数/人	占直接就业人数比例/%
本地	43 888	68.93	33 271	68.84
异地	19 718	30.97	14 998	31.03
境外	64	0.10	61	0.13

（四）就业渠道

通过学校推荐就业的毕业生人数为38 645人，占直接就业人数的80%；通过中介介绍就业的为1 012人，占2%；通过其他渠道就业的为8 673人，占18%（见图2-6-2）。

与2015年相比，2016年辽宁省中等职业学校毕业生就业呈现出以下特点：

一是毕业生总数有所减少，就业率有所提高。2016年的毕业生总数比2015年减少11 522人，就业学生总数减少10 512人，就业率提高0.78%。

二是从事第一、第二产业的毕业生人数的比例有所降低，与2015年相比，分别下降3.50%和2.36%；从事从第三产业的毕业生人数的比例上升约6%。

三是境外就业比例略微提升，本地就业比例明显下降。与2015年相比，2016年境外就业人数占直接就业人数的比例上升0.03%，本地就业人数比例下降0.09%，异地就业人数比例上升0.06%。

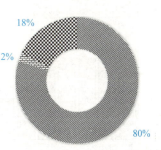

图2-6-2　辽宁省中等职业学校毕业生就业渠道

二、各专业大类就业状况

根据《中等职业学校专业目录》确定的19个专业类别，其就业状况如图2-6-3、图2-6-4、图2-6-5、图2-6-6和表2-6-4所示。

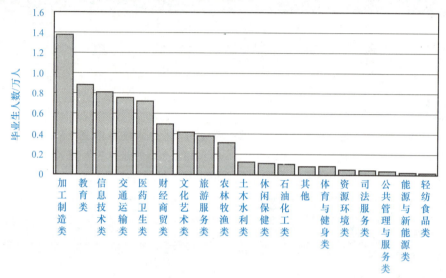

图2-6-3　辽宁省中等职业学校各专业大类毕业生人数

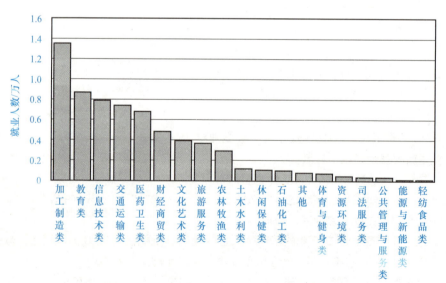

图2-6-4　辽宁省中等职业学校各专业大类毕业生就业人数

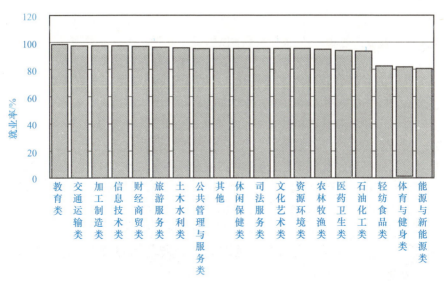

图2-6-5　辽宁省中等职业学校各专业大类毕业生就业率

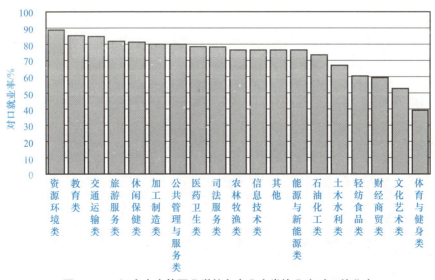

图2-6-6　辽宁省中等职业学校各专业大类毕业生对口就业率

从毕业生人数看，加工制造类专业毕业生人数最多，为13 793人，占毕业生总数的20.06%；其次是教育类专业，毕业生人数为8 837人，占12.85%；位居第三的是信息技术类专业，毕业生人数为8 135人，占11.83%。毕业生人数最少的是轻纺食品类专业，为181人；其次是能源与新能源类专业、公共管理与服务类和司法服务类专业，毕业生人数分别为202人、422人和445人。

从就业人数看，加工制造类专业毕业生就业人数最多，为13 473人，占就业学生总数的20.27%；其次是教育类专业，就业人数为8 723人，占13.12%；位居第三的是信息技术类专业，就业人数为7 932人，占11.93%。

从专业分类看，就业状况最好的是教育类专业，就业率达到98.71%；其次是交通运输类专业，就业率为97.69%；位居第三的是加工制造类专业，就业率为97.68%。信息技术类、财经商贸类和旅游服务类专业的就业率均在平均水平（96.64%）之上；轻纺食品类、体育与健身类和能源与新能源类专业就业率分别为82.32%、81.82%和80.69%，处于各专业中较低水平。

从对口就业率看，资源环境类专业对口就业率最高，为88.43%；其次是教育类专业，对口就业率为85.07%。相反，财经商贸类、文化艺术类和体育与健身类专业的对口就业率分别为59.60%、52.74%和39.20%，处于较低水平。

表2-6-4 辽宁省中等职业学校各专业大类毕业生状况

专业类别	毕业生人数/人	就业人数/人	就业率/%	对口就业人数/人	对口就业率/%
教育类	8 837	8 723	98.71	7 518	85.07
交通运输类	7 571	7 396	97.69	6 419	84.78
加工制造类	13 793	13 473	97.68	11 073	80.28
信息技术类	8 135	7 932	97.50	6 217	76.42
财经商贸类	4 983	4 851	97.35	2 970	59.60
旅游服务类	3 858	3 738	96.89	3 144	81.49
土木水利类	1 284	1 236	96.26	861	67.06
公共管理与服务类	422	404	95.73	336	79.62
其他	863	825	95.60	659	76.36
休闲保健类	1 155	1 104	95.58	936	81.04
司法服务类	445	425	95.51	349	78.43
文化艺术类	4 196	4 007	95.50	2 213	52.74
资源环境类	510	487	95.49	451	88.43
农林牧渔类	3 144	2 997	95.32	2 405	76.49
医药卫生类	7 221	6 810	94.31	5 673	78.56
石油化工类	1 095	1 024	93.52	802	73.24
轻纺食品类	181	149	82.32	109	60.22
体育与健身类	880	720	81.82	345	39.20
能源与新能源类	202	163	80.69	153	75.74

三、工作举措

（一）进一步调整布局结构，优化资源配置，巩固中等职业教育的基础地位

在积极争取国家支持的同时，我省不断加大职业教育基础能力建设投入，促使职业院校办学条件显著改善。我省建设国家中等职业教育基础能力建设规划项目学校100余所；建成国家级职业教育实训基地149个，省级创新型实训基地340个。我省中职学校设置专业214个，涵盖19个专业大类，分布3 978个专业点，对接产业集群重点建设国家级专业能力提升项目70个、省级示范专业群308个，基本覆盖了我省基础产业、优势产业、地方特色产业和战略性新兴产业。其中，加工制造类专业在校生占中职学校在校生总数的16.8%，这与我省老工业基地产业优势高度吻合。初步形成了以示范专业为引领，对接我省产业集群建设与发展需求的专业结构布局。继续推进县级职业教育中心转型发展，重点面向农业、农村和农民开展学历教育、技术推广、扶贫开发、劳动力转移培训和社会生活教育。

（二）完善现代职业教育体系建设，搭建人才成长"立交桥"

强化职普协调发展，保持普通高中和中等职业学校招生规模大体相当，全省各地按此原则科学确定普职招生比例。2015年10月，我省编制完成并出版发行了《辽宁省中、高等职业教育专业一体化人才培养方案和课程标准》。目前，我省正在研究制定与现代职教体系建设相适应的职业教育考试招生制度。

（三）深化教育教学模式改革，提高人才培养质量

坚持以立德树人为根本，加强中等职业学校德育工作，积极培育和践行社会主义核心价值观，提高思想政治教育工作的针对性和实效性。

四、发展趋势预测

一是初中学校毕业生逐年减少，再加上学生家长受传统观念影响，导致中等职业学校的招生十分艰难。

二是中等职业学校毕业生升入高一级学校的愿望仍然比较强烈。

三是就业将仍以第二、第三产业为主，第三产业的比例将逐年增加。

吉林省中等职业学校毕业生就业状况

2016年，吉林省中等职业学校毕业生总数为38 514人，就业学生总数为37 130人，就业率为96.41%。与2015年相比，2016年毕业生总数有所下降，就业率略有提升（见表2-7-1）。

表2-7-1 吉林省中等职业学校毕业生就业总体状况

项目	2015年	2016年
毕业生总数/人	40 666	38 514
就业学生总数/人	38 751	37 130
就业率/%	95.29	96.41

一、总体状况

（一）就业去向

吉林省37 130名就业学生中，到国家机关和企事业单位的有21 497人，占就业学生总数的58%；合法从事个体经营的有2 658人，占7%；以其他方式就业的有4 930人，占13%；升入高一级学校就读的有8 045人，占22%（见图2-7-1）。

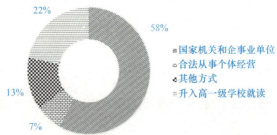

图2-7-1 吉林省中等职业学校毕业生就业去向

（二）产业分布

从事第一产业的毕业生人数为3 997人，占直接就业人数的13.74%；从事第二产业的为7 828人，占26.92%；从事第三产业的为17 260人，占59.34%。与2015年相比，

2016年从事第一产业和第三产业的毕业生人数的比例有所下降，而从事第二产的毕业生业人数的比例略有上升（见表2-7-2）。

表2-7-2　吉林省中等职业学校毕业生就业产业分布

产业分布	2015年		2016年	
	就业人数/人	占直接就业人数比例/%	就业人数/人	占直接就业人数比例/%
第一产业	5 767	15.74	3 997	13.74
第二产业	8 350	22.78	7 828	26.92
第三产业	22 531	61.48	17 260	59.34

（三）就业地域

就业地域分为本地、异地和境外。本地就业的毕业生人数为21 153人，占直接就业人数的72.73%；异地就业的为7 718人，占26.54%；境外就业的为214人，占0.74%。与2015年相比，2016年本地就业人数比例有所提高（见表2-7-3）。

表2-7-3　吉林省中等职业学校毕业生就业地域

就业地域	2015年		2016年	
	就业人数/人	占直接就业人数比例/%	就业人数/人	占直接就业人数比例/%
本地	25 668	70.04	21 153	72.73
异地	10 364	28.28	7 718	26.53
境外	616	1.68	214	0.74

（四）就业渠道

通过学校推荐就业的毕业生人数为22 040人，占直接就业人数的76%；通过中介介绍就业的为419人，占1%；通过其他渠道就业的为6 626人，占23%（见图2-7-2）。

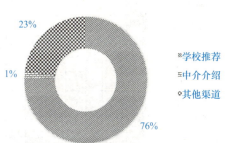

图2-7-2　吉林省中等职业学校毕业生就业渠道

与2015年相比，2016年吉林省中等职业学校毕业生就业呈现出以下特点：

一是毕业生总数有所减少，就业率上升。2016年的毕业生总数比2015年减少2 152人，就业总数减少1 621人，就业率上升1.12%。

二是从事第一产业和第三产业的毕业生人数的比例略微下降，与2015年相比，分别下降2.00%和2.14%。从事第二产业的毕业生人数的比例略微上升，上升幅度为4.14%。

三是本地就业人数的比例上升。与2015年相比，2016年本地就业人数的比例上升2.69%，而异地就业和境外就业人数的比例分别下降1.75%和0.94%。

二、各专业大类就业状况

根据《中等职业学校专业目录》确定的19个专业类别，其就业状况如图2-7-3、图2-7-4、图2-7-5、图2-7-6和表2-7-4所示。

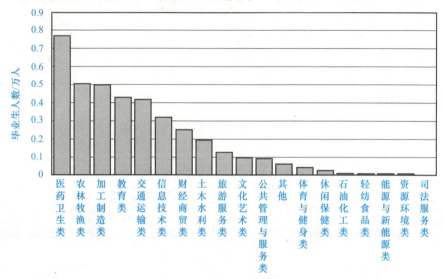

图2-7-3　吉林省中等职业学校各专业大类毕业生人数

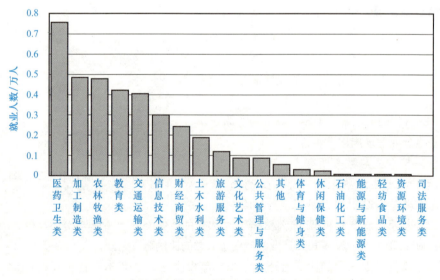

图2-7-4　吉林省中等职业学校各专业大类毕业生就业人数

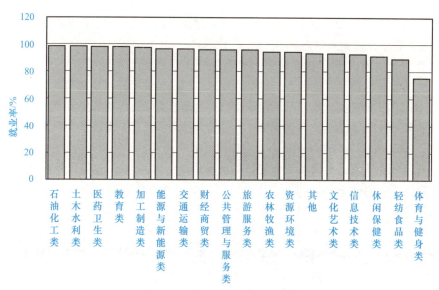

图2-7-5 吉林省中等职业学校各专业大类毕业生就业率

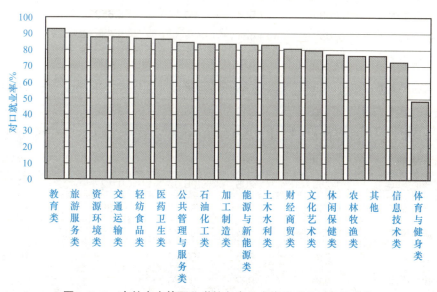

图2-7-6 吉林省中等职业学校各专业大类毕业生对口就业率

从毕业生人数看,医药卫生类专业毕业生人数最多,为7 699人,占毕业生总数的19.99%;其次是农林牧渔类专业,毕业生人数为5 046人,占13.10%;位居第三的是加工制造类专业,毕业生人数为4 986人,占12.95%。司法服务类专业无毕业生;毕业生人数较少的是资源环境类、能源与新能源类和轻纺食品类专业,毕业生人数分别为57人、65人和68人。

从就业人数看,医药卫生类专业毕业生就业人数最多,为7 554人,占就业学生总数的20.34%；其次是加工制造类专业，就业人数为4 870人，占13.12%；位居第三的是农林牧渔类专业，就业人数为4 787人，占12.89%。

从专业分类看，就业状况最好的是石油化工类和土木水利类专业，就业率达到98.75%；其次是医药卫生类专业，就业率为98.12%；位居第三的是教育类专业，就业率为98.06%。加工制造类、能源与新能源类、交通运输类和财经商贸类专业的就业率均在平均水平（96.41%）之上；休闲保健类、轻纺食品类和体育与健身类专业就业率分别为91.70%、89.71%和75.36%，处于各专业中较低水平。

从对口就业率看，教育类专业对口就业率最高，为92.84%；其次是旅游服务类专业，对口就业率为89.80%。相反，其他、信息技术类和体育与健身类专业的对口就业率分别为76.35%、72.48%和48.58%，处于较低水平。

表2-7-4 吉林省中等职业学校各专业大类毕业生状况

专业类别	毕业生人数/人	就业人数/人	就业率/%	对口就业人数/人	对口就业率/%
石油化工类	80	79	98.75	67	83.75
土木水利类	1 918	1 894	98.75	1 592	83.00
医药卫生类	7 699	7 554	98.12	6 653	86.41
教育类	4 289	4 206	98.06	3 982	92.84
加工制造类	4 986	4 870	97.67	4 166	83.55
能源与新能源类	65	63	96.92	54	83.08
交通运输类	4 178	4 043	96.77	3 658	87.55
财经商贸类	2 504	2 415	96.45	2 022	80.75
公共管理与服务类	918	885	96.41	773	84.20
旅游服务类	1 255	1 205	96.02	1 127	89.80
农林牧渔类	5 046	4 787	94.87	3 860	76.50
资源环境类	57	54	94.74	50	87.72
其他	613	575	93.80	468	76.35
文化艺术类	946	887	93.76	753	79.60
信息技术类	3 205	2 991	93.32	2 323	72.48
休闲保健类	265	243	91.70	205	77.36
轻纺食品类	68	61	89.71	59	86.76
体育与健身类	422	318	75.36	205	48.58
司法服务类	0	0	—	0	—

黑龙江省中等职业学校毕业生就业状况

2016年，黑龙江省中等职业学校毕业生总数为63 308人，就业学生总数为60 169人，就业率为95.04%。与2015年相比，2016年毕业生总数有所减少，就业率略有下降（见表2-8-1）。

表2-8-1　黑龙江省中等职业学校毕业生就业总体状况

项目	2015年	2016年
毕业生总数/人	78 176	63 308
就业学生总数/人	74 524	60 169
就业率/%	95.33	95.04

一、总体状况

（一）就业去向

黑龙江省60 169名就业学生中，到国家机关和企事业单位的有29 041人，占就业学生总数的48%；合法从事个体经营的有13 599人，占23%；以其他方式就业的有9 681人，占16%；升入高一级学校就读的有7 848人，占13%（见图2-8-1）。

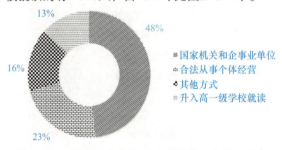

图2-8-1　黑龙江省中等职业学校毕业生就业去向

（二）产业分布

从事第一产业的毕业生人数为6 662人，占直接就业人数的12.73%；从事第二产业的为9 849人，占18.83%；从事第三产业的为35 810人，占68.44%。与2015年相比，

2016年从事第一产业和第二产业的毕业生人数的比例有所上升，而从事第三产业的毕业生人数的比例有所下降（见表2-8-2）。

表2-8-2　黑龙江省中等职业学校毕业生就业产业分布

产业分布	2015年		2016年	
	就业人数/人	占直接就业人数比例/%	就业人数/人	占直接就业人数比例/%
第一产业	7 847	12.05	6 662	12.73
第二产业	9 807	15.07	9 849	18.83
第三产业	47 435	72.88	35 810	68.44

（三）就业地域

就业地域分为本地、异地和境外。本地就业的毕业生人数为33 469人，占直接就业人数的63.96%；异地就业的为18 729人，占35.80%；境外就业的为123人，占0.24%。与2015年相比，2016年就业地域状况持平（见表2-8-3）。

表2-8-3　黑龙江省中等职业学校毕业生就业地域

就业地域	2015年		2016年	
	就业人数/人	占直接就业人数比例/%	就业人数/人	占直接就业人数比例/%
本地	42 051	64.60	33 469	63.96
异地	22 889	35.17	18 729	35.80
境外	149	0.23	123	0.24

（四）就业渠道

通过学校推荐就业的毕业生人数为38 948人，占直接就业人数的74%；通过中介介绍就业的为1 615人，占3%；通过其他渠道就业的为11 758人，占23%（见图2-8-2）。

与2015年相比，2016年黑龙江省中等职业学校毕业生就业呈现出以下特点：

一是毕业生总数有所减少。2016年的毕业生总数比2015年减少14 868人，就业学生总数减少14 355人，就业率下降0.29%。

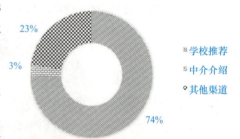

图2-8-2　黑龙江省中等职业学校毕业生就业渠道

二是从事第一产业和第二产业的毕业生人数的比例有所提高，与2015年相比，分别上升0.68%和3.76%。从事第三产业人数的比例下降4.44%。

三是就业地域状况与2015年基本持平。与2015年相比，2016年本地就业人数的比例下降0.64%，异地就业和境外就业人数的比例分别上升0.63%和0.01%。

二、各专业大类就业状况

根据《中等职业学校专业目录》确定的19个专业类别,其就业状况如图2-8-3、图2-8-4、图2-8-5、图2-8-6和表2-8-4所示。

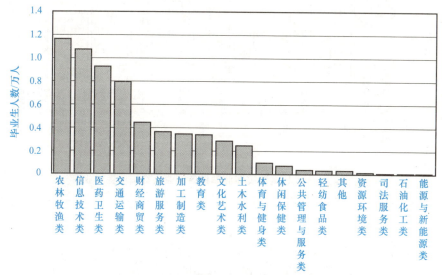

图2-8-3 黑龙江省中等职业学校各专业大类毕业生人数

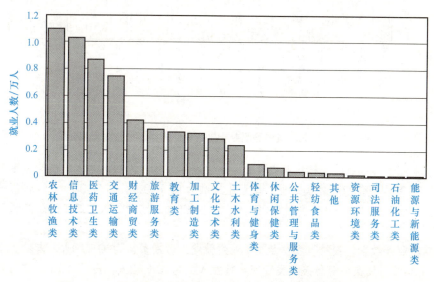

图2-8-4 黑龙江省中等职业学校各专业大类毕业生就业人数

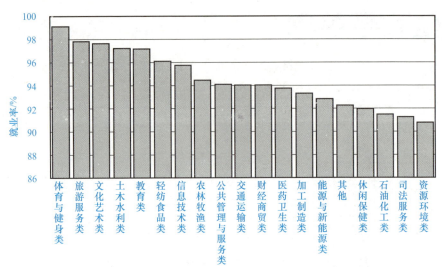

图2-8-5 黑龙江省中等职业学校各专业大类毕业生就业率

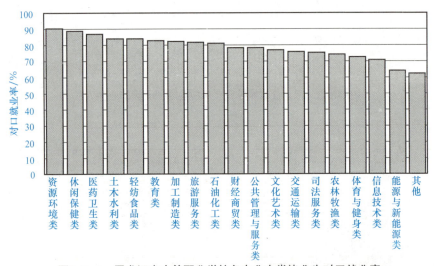

图2-8-6 黑龙江省中等职业学校各专业大类毕业生对口就业率

从毕业生人数看,农林牧渔类专业毕业生人数最多,为11 621人,占毕业生总数的18.36%;其次是信息技术类专业,毕业生人数为10 779人,占17.03%;位居第三的是医药卫生类专业,毕业生人数为9 291人,占14.68%。毕业生人数最少的是能源与新能源类专业,为14人。

从就业人数看,农林牧渔类专业毕业生就业人数最多,为10 976人,占就业学生总数的18.24%;其次是信息技术类专业,就业人数为10 322人,占17.16%;位居第三的是医药卫生类专业,就业人数为8 708人,占14.47%。

从专业分类看,就业状况最好的是体育与健身类专业,就业率达到99.10%;其次是旅游服务类专业，就业率为97.81%；位居第三的是文化艺术类专业，就业率为97.62%。土木水利类、教育类、轻纺食品类和信息技术类专业的就业率均在平均水平（95.04%）之上；石油化工类、司法服务类和资源环境类专业就业率分别为91.49%、91.23%和90.81%，处于各专业中较低水平。

从对口就业率看，资源环境类专业对口就业率最高，为90.27%；其次是休闲保健类专业，对口就业率为88.69%。相反，信息技术类、能源与新能源类和其他专业的对口就业率分别为70.72%、64.29%和62.64%，处于较低水平。

表2-8-4　黑龙江省中等职业学校各专业大类毕业生状况

专业类别	毕业生人数/人	就业人数/人	就业率/%	对口就业人数/人	对口就业率/%
体育与健身类	998	989	99.10	725	72.65
旅游服务类	3 653	3 573	97.81	2 993	81.93
文化艺术类	2 898	2 829	97.62	2 231	76.98
土木水利类	2 469	2 400	97.21	2 074	84.00
教育类	3 423	3 326	97.17	2 840	82.97
轻纺食品类	386	371	96.11	324	83.94
信息技术类	10 779	10 322	95.76	7 623	70.72
农林牧渔类	11 621	10 976	94.45	8 639	74.34
公共管理与服务类	456	429	94.08	357	78.29
交通运输类	7 957	7 484	94.06	6 043	75.95
财经商贸类	4 480	4 213	94.04	3 513	78.42
医药卫生类	9 291	8 708	93.73	8 067	86.83
加工制造类	3 477	3 245	93.33	2 862	82.31
能源与新能源类	14	13	92.86	9	64.29
其他	348	321	92.24	218	62.64
休闲保健类	769	707	91.94	682	88.69
石油化工类	47	43	91.49	38	80.85
司法服务类	57	52	91.23	43	75.44
资源环境类	185	168	90.81	167	90.27

三、工作举措

（一）优化学校和专业布局

黑龙江省从根本上优化了中等职业教育资源配置，提高了办学质量和整体效益，加快推进了各市（地）中等职业教育资源整合力度，通过撤销、合并、转型、停办等方式，优化了中等职业教育布局，基本形成了一个县（区）建一所职教中心的办学格局。中职学校已由361所减至242所。中等职业教育主动适应经济社会发展需要，紧紧围绕五大发展规划和十大重点产业实施，为更好地服务经济建设和社会发展奠定基础。建立专业设置动态调整机制，不断优化专业结构。撤销或停办供大于求、就业不理想的专业点，新增服务中国制造2025、互联网+、对俄经贸和公共服务等重大战略的专业点。齐齐哈尔市突出以服务产业发展为目标，突出办好1~2个对接地方主导产业的专业群，努力形成"一县一品、一校一特色"的专业格局。

（二）开展有针对性的就业指导服务

学校对学生进行专门的就业创业指导，开好职业指导课，帮助学生学习规划未来的职业生涯，为学生提供个人职业生涯发展规划辅导。改变职业指导课程的教学方式，采取讨论式、参与式、探究式的方式进行教学，让学生对职业前景有一个切实的了解，准确认识自己在就业市场中的位置。对希望自主创业的学生给予重点扶持和引导，请创业成功者来校作报告，并邀请有关行业专家对其进行诊断，把职业指导工作渗透至教育教学的各个环节。平时教育学生要调整好求职和就业的心态，树立正确的成才观。通过职业生涯规划设计大赛和创业大赛，提高职业学校职业指导能力。通过网络问卷的形式对已毕业学生进行就业质量调查，根据调查结果提高就业指导质量。

（三）搭建就业信息平台

建立了就业信息网，为学生就业搭建平台，服务学生。县（市）职业学校成立了就业协作体。组织协调中职学校"网络大招聘""创业助我行"等活动；落实中等职业学校技能竞赛制度，坚持每年举行一次，用大赛拉动招生就业，展示职业教育发展成果，吸引社会各界的关注与支持。各中职学校成立了招生就业服务中心，努力开发就业市场，广泛联系企业，帮助学生就业。召开校园招聘会，为企业开展校内宣传提供便利，扩大就业途径。同时，坚持走出去的工作思路，积极参加组织的各种供需见面会，主动为用人单位和毕业生提供全方位服务，做好桥梁工作。一些县级政府组织人员主动寻求与市场的"对接点"，建立了联合办学和对口就业关系，结果是有的学生还没毕业就与企业签订了聘用合同。

（四）深化产教融合，提升人才培养质量

省政府通过政策引导、设立专项资金、支付学生实习报酬和办理保险等一系列举措，进一步提升行业指导与企业参与度。实施的《黑龙江省科学技术进步条例》鼓励企业与职业学校联合建立实习、实训基地，建立职工继续教育制度，使企业职工教育经费支出按照国家有关规定享受税收优惠。建成"校中厂"和"厂中校"，深化产教融合，

构建了"现代学徒制""校企双主体""多元订单"等各具特色的校企协同育人机制，提高了人才培养的针对性和先进性。推行工学结合、半工半读弹性学制办学模式。支持企业建设兼具生产与教学功能的公共实训基地，提供学生实习和教师实践的岗位，引进企业技术人员，入校参与教学工作、指导专业实训等，合作培养高质量技术技能人才，重点建设产业急需的高技能人才培训基地和技能大师工作室。

（五）加强重点专业建设

重点专业建设优化了中等职业教育专业设置和结构布局，增强了专业对接产业结构调整、人才服务区域经济社会发展的能力。职业教育主动适应经济社会发展需要，紧紧围绕五大发展规划和十大重点产业实施，建立专业设置动态调整机制，不断优化专业结构。加强产业对接，撤销或停办供大于求、就业不理想的专业点，新增对俄经贸、现代智能农机装备技术、老年服务与管理等专业点。黑龙江省中职学校有省级重点专业49个、148个专业点。绥芬河职教中心的经贸俄语、电子商务专业对接"龙江丝路带"和对俄贸易，繁荣了当地外贸经济发展；齐齐哈尔铁道工程学校专业设置对接产业需求，主动服务高铁建设，输送铁路建设高技能人才。课程内容与职业标准对接，培养了大批接地气、留得住的高素质劳动者。

（六）拓宽中职学生升学渠道

进行职业学校招生制度改革，扩大高职院校对中职学校学生单独招生的数量；扩大"2+3"（2年中职，3年高职）模式中高职衔接试点，推动中等和高等职业教育协调发展，系统培养适应经济社会发展需要的技能型特别是高端技能型人才。齐齐哈尔市实行定向招生、"订单式培养"；在农村初中开展中职预备班，实行春、秋两季招生，通过以上举措，为初中毕业生进入中职学校学习开辟了绿色通道。

四、发展趋势预测

一是毕业生数量将进一步减少。初中生源逐年减少，高等教育毛入学率不断提高，预示着中职学生的数量也将随着减少。随着现代职教体系的构建，中职学生升入高校的机会增多，升学学生会有一定幅度增加，毕业生升学率会进一步升高。

二是外地就业人数将增加。受各地就业政策的影响，由于省域经济发展和人民收入水平较低限制，越来越多的中职学校毕业生会到经济发达地区就业，外地就业人数将进一步增加。

上海市中等职业学校毕业生就业状况

2016年，上海市中等职业学校毕业生总数为33 444人，就业学生总数为32 862人，就业率为98.26%。与2015年相比，2016年毕业生总数略微减少，就业率略有上升（见表2-9-1）。

表2-9-1　上海市中等职业学校毕业生就业总体状况

项目	2015年	2016年
毕业生总数/人	35 688	33 444
就业学生总数/人	35 021	32 862
就业率/%	98.13	98.26

一、总体状况

（一）就业去向

上海市32 862名就业学生中，到国家机关和企事业单位的有13 914人，占就业学生总数的42.34%；合法从事个体经营的有1 880人，占5.73%；以其他方式就业的有1 341人，占4.08%；升入高一级学校就读的有15 727人，占47.85%（见图2-9-1）。

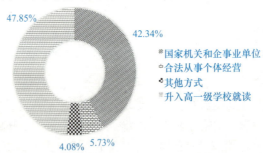

图2-9-1　上海市中等职业学校毕业生就业去向

（二）产业分布

从事第一产业的毕业生人数为64人，占直接就业人数的0.37%；从事第二产业的为5 605人，占32.71%；从事第三产业的为11 466人，占66.92%。与2015年相比，2016年从事第一产业和第二产业的毕业生人数的比例有所上升，而从事第三产业的毕业生人数的比例略微下降（见表2-9-2）。

表2-9-2　上海市中等职业学校毕业生就业产业分布

产业分布	2015年		2016年	
	就业人数/人	占直接就业人数比例/%	就业人数/人	占直接就业人数比例/%
第一产业	28	0.14	64	0.37
第二产业	6 321	31.53	5 605	32.71
第三产业	13 696	68.33	11 466	66.92

（三）就业地域

就业地域分为本地、异地和境外。本地就业的毕业生人数为14 885人，占直接就业人数的86.87%；异地就业的为1 953人，占11.40%；境外就业的为297人，占1.73%。与2015年相比，2016年本地就业人数的比例基本持平，异地就业人数的比例略微下降，境外就业人数的比例有所上升（见表2-9-3）。

表2-9-3　上海市中等职业学校毕业生就业地域

就业地域	2015年		2016年	
	就业人数/人	占直接就业人数比例/%	就业人数/人	占直接就业人数比例/%
本地	17 307	86.34	14 885	86.87
异地	2 510	12.52	1 953	11.40
境外	228	1.14	297	1.73

（四）就业渠道

通过学校推荐就业的毕业生人数为12 316人，占直接就业人数的72%；通过中介介绍就业的为108人，占1%；通过其他渠道就业的为4 711人，占27%（见图2-9-2）。

与2015年相比，2016年上海市中等职业学校毕业生就业呈现出以下特点：

一是毕业生总数有所减少，就业率略微上升。2016年的毕业生总数比2015年减少2 244人，就业学生总数减少2 159，就业率上升0.13%。

二是从事第一产业和第二产业的毕业生人数的比例有所提高，与2015年相比，分别上升0.23%和1.18%。从事第三产业的毕业生人数的比例下降1.41%。

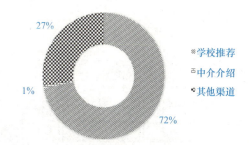

图2-9-2　上海市中等职业学校毕业生就业渠道

三是异地就业人数的比例有所下降。与2015年相比，2016年异地就业人数的比例下降1.12%，而本地就业和境外就业人数的比例分别上升0.53%和0.59%。

二、各专业大类就业状况

根据《中等职业学校专业目录》确定的19个专业类别，其就业状况如图2-9-3、图2-9-4、图2-9-5、图2-9-6和表2-9-4所示。

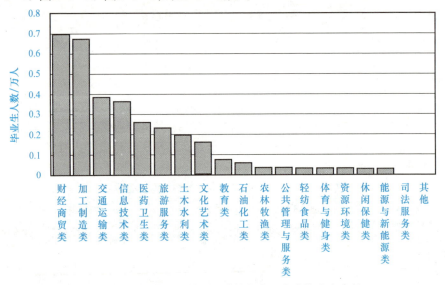

图2-9-3　上海市中等职业学校各专业大类毕业生人数

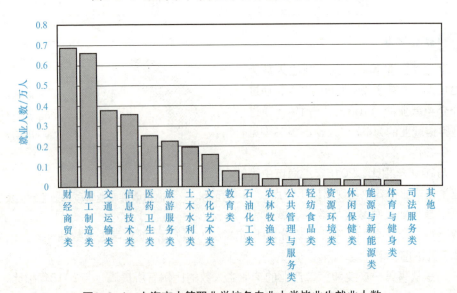

图2-9-4　上海市中等职业学校各专业大类毕业生就业人数

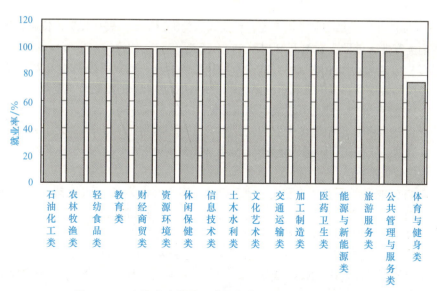

图2-9-5 上海市中等职业学校各专业大类毕业生就业率

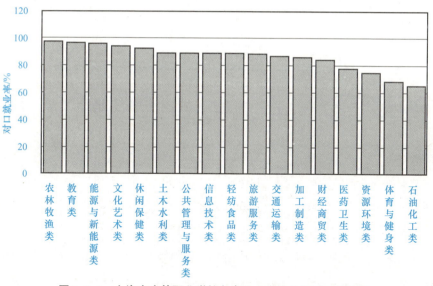

图2-9-6 上海市中等职业学校各专业大类毕业生对口就业率

从毕业生人数看,财经商贸类专业毕业生人数最多,为6 962人,占毕业生总数的20.82%;其次是加工制造类专业,毕业生人数为6 728人,占20.12%;位居第三的是交通运输类专业,毕业生人数为3 861人,占11.54%。毕业生人数最少的是其他和司法服务类专业,为0人;其次是能源与新能源类、休闲保健类、资源环境类专业,毕业生人数分别为300人、306人和325人。

从就业人数看,财经商贸类专业毕业生就业人数最多,为6 888人,占就业学生总数的20.96%；其次是加工制造类专业，就业人数为6 613人，占20.12%；位居第三的是交通运输类专业，就业人数为3 796人，占11.55%。

从专业分类看，就业状况最好的是石油化工类专业，就业率达到99.84%；其次是农林牧渔类和轻纺食品类专业，就业率为99.72%；位居第三的是教育类专业，就业率为98.99%。财经商贸类、资源环境类、休闲保健类、信息技术类、土木水利类、文化艺术类、交通运输类和加工制造类专业的就业率均在平均水平（98.26%）之上；旅游服务类、公共管理与服务类、体育与健身类专业就业率分别为97.64%、97.51%和74.71%，处于各专业中较低水平。

从对口就业率看，农林牧渔类专业对口就业率最高，为96.97%；其次是教育类专业，对口就业率为96.59%。相反，资源环境类、体育与健身类、石油化工类专业的对口就业率分别为75.08%、68.53%和65.07%，处于较低水平。

表2-9-4 上海市中等职业学校各专业大类毕业生状况表

专业类别	毕业生人数/人	就业人数/人	就业率/%	对口就业人数/人	对口就业率/%
石油化工类	607	606	99.84	395	65.07
农林牧渔类	363	362	99.72	352	96.97
轻纺食品类	351	350	99.72	312	88.89
教育类	792	784	98.99	765	96.59
财经商贸类	6 962	6 888	98.94	5 873	84.36
资源环境类	325	321	98.77	244	75.08
休闲保健类	306	302	98.69	284	92.81
信息技术类	3 630	3 580	98.62	3 231	89.01
土木水利类	1 999	1 971	98.60	1 784	89.24
文化艺术类	1 609	1 585	98.51	1 512	93.97
交通运输类	3 861	3 796	98.32	3 372	87.33
加工制造类	6 728	6 613	98.29	5 786	86.00
医药卫生类	2 584	2 534	98.07	2 020	78.17
能源与新能源类	300	293	97.67	288	96.00
旅游服务类	2 326	2 271	97.64	2 056	88.39
公共管理与服务类	361	352	97.51	322	89.20
体育与健身类	340	254	74.71	233	68.53
司法服务类	0	0	—	0	—
其他	0	0	—	0	—

三、工作举措

（一）总结回顾"十二五"期间中职毕业生就业状况

"十二五"期间，上海中等职业教育以服务发展为宗旨，努力构建毕业生跟踪调查、评价和服务体系，确保人才培养符合经济社会发展，取得了明显成效。

（1）培养了20.66万中职毕业生，为社会各行各业输送12.15万技能人才，为高校输送8.09万技术型生源，毕业生就业率保持在97%以上。

（2）坚持促进就业为导向，毕业生就读专业与产业需求分布合理，主要集中在第二和第三产业。"十二五"期间，上海中职校毕业生进入国有企业和事业单位就业人数3.2万人，进入合资独资企业3.1万人，进入私营企业2.87万人，进入其他类型单位0.51万人。毕业生就读专业所对应的产业主要集中在第二、第三产业，近几年逐步趋于平稳，与上海总体劳动力结构基本相适应，同时与毕业生毕业产业流向状况基本一致。"十二五"期间，上海中职校毕业生就业单位所属产业的第一、第二、第三产业毕业生总数流向比例为1∶18∶81。

（3）现代职教体系建设初见成效，升学通道进一步拓宽。"十二五"期间，上海试点了中高职贯通和中本贯通培养模式，中职毕业生的升学率逐年上升，5年来平均升学率为39.17%。中职校学生学历成长的"上升通道"趋于稳定，为本市经济转型产业升级提供了更多的高素质技术技能人才，适应了上海经济结构调整、产业转型升级对高素质技术技能人才的需求。

（4）各专业大类毕业生直接就业与升学状况。"十二五"期间，本市中职教育共有18个专业大类，其中培养中职毕业生人数位列前三位的专业大类是财经商贸类、加工制造类和交通运输类（分别达到了5.09万人、3.85万人和2.42万人），休闲保健类和司法服务类专业培养的毕业生人数最少（均低于1 000人）。从直接就业状况看，能源与新能源类、石油化工类专业的直接就业率居前，均在80%以上，其次是加工制造类、轻纺食品类和旅游服务类专业，均超过70%；直接就业率较低的是体育与健身类、教育类和农林牧渔类专业，均低于30%。从升学状况看，农林牧渔类和教育类专业毕业生主要以升学为主，升学率均超过了70%。司法服务类和文化艺术类专业的升学率也超过了60%。升学率较低的是休闲保健类、旅游服务类、轻纺食品类、加工制造类、石油化工类、能源与新能源类专业，均低于30%。

（二）联合人社部门，依托职教集团，发布技术技能人才需求

根据《上海市人民政府关于加快发展现代职业教育的决定》（沪府发〔2015〕9号）现代职业教育需要不断"调整完善职业院校的专业设置，建立健全专业随产业发展的动态调整机制，使职业院校的专业布局与上海城市发展和产业需求更加匹配。"文件

精神。一是抓宏观信息，联合上海市人力资源与社会保障局下属就业促进中心定期发布技术技能人才需求状况；二是抓板块信息，依托24个行业和区域职教集团实施上海市技术技能人才需求动态发布工作。技术技能人才需求发布工作是加快发展现代职业教育的重要基础和保障，也是推动职教集团资源整合、依托行业区域优势、探索建立专业随产业发展动态调整机制的重要举措。

（三）加大师资队伍培训，推动中职校创新创业联盟建设

2016年组织了为期10天的首期上海中职校创业指导师（三级）培训，共有来自31所中职校的63名从事学生创新创业教育的一线工作教师参加，培训结束后通过技能鉴定的将获得职业证书，这些学员将进一步充实中职校创新创业教育的师资队伍。2016年上半年"上海中职校创新创业联盟"正式挂牌成立，依托首期18个"学生创业基地"，定期组织信息交流、成果分享、经验总结，为上海现代职业教育事业发展具有引领作用的中职校学生健全了中职校创新创业服务体系，提升了中职校学生创新创业能力。

（四）建立毕业生职后发展反馈中职教育改革机制，继续引入第三方机构开展人才培养与就业质量调查工作

继续委托上海市统计局社情民意调查中心进行专业电话回访，主要从三个方面入手，一是对2010—2014届毕业生的职后发展状况进行追踪；二是对技能大赛获奖毕业生的职后发展状况进行回访；三是对用人单位对中职毕业生的使用状况进行回访。通过对目前从事工作的薪资、社会保障、专业对口、职业流动、专业技能使用、满意度等多角度的电话调查，获取第一手资料，用以反馈中职教育的成果；同时，也对中职教育教学改革提供重要的评价反馈信息，在确保高就业率的同时更加关注高质量的就业和中职毕业生可持续的职业发展。

初步调查结果表明：一是直接就业的中职校毕业生离校后就业单位呈现由国有企业事业单位、外资企业流向民营私营企业的特点，这表明小微企业对成熟技术技能人才的需求更加迫切，为中职校毕业生提供了更大的职业发展空间。二是直接就业的中职校毕业生离校后月工资（税后）水平呈上升趋势，分布比例为：低于3 000元的占21.74%（比2015年调查的22.38%略有下降），3 000~5 000元的占54.66%（比2015年调查的56.54%下降约2%），5 000元以上的占21.95%（比2015年调查时的19.99%上升约2%）。技术技能较强专业的收入水平相对较高，通用性较强的专业收入水平则相对较低。三是毕业生积极参加在职学习，以提升学历与技能，毕业1~2年的学习意愿最强烈。四是直接就业的毕业生对目前工作的总体满意度为93.43%。

四、发展趋势预测

2016年,上海中等职业学校毕业生就业工作以党的十八大和十八届三中、四中全会精神为指引,深入贯彻落实国家和上海市中长期教育改革和发展规划纲要,加快落实《国务院关于加快发展现代职业教育的决定》及《上海市人民政府关于加快发展现代职业教育的决定》(沪府发〔2015〕9号)文件的精神,积极实施《上海现代职业教育体系建设规划(2015—2030年)》的相关内容,推进本市中职校毕业生就业工作,健全中职校创新创业服务体系。从总体状况上看,2017年上海中职校毕业生规模预计将比2016年下降2 000人左右。

从就业去向上看,随着上海市中高职贯通、中职—应用本科教育贯通培养模式的深化和招生规模的扩大,2017年继续升学的比例将持续增加,职业教育学生成长的"上升渠道"将得到稳定拓宽。

从产业分布上看,第三产业仍将是中职毕业生的主要就业领域,这表明随着上海逐渐转型为开放型、国际型、服务功能齐备的经济中心城市,上海中等职业教育将培养一批适应上海经济社会发展的高素质技能型人才,为上海经济社会的成功转型做出重要的贡献。

从就业地域上看,选择上海本地就业仍是中职毕业生的主流选择。中职毕业生仍将成为继续推动上海本地经济发展的重要力量。同时,我们看到出境工作与深造也逐步成为中职毕业生就业的重要选择。

从就业渠道上看,学校推荐预计仍是就业主渠道,但通过其他渠道就业的人数及比例预计也会增加,中职校毕业生的就业渠道将进一步拓宽。

江苏省中等职业学校毕业生就业状况

2016年，江苏省中等职业学校毕业生总数为167 917人，就业学生总数为163 110人，就业率为97.14%。与2015年相比，2016年毕业生总数明显增加，就业率略微上升（见表2-10-1）。

表2-10-1　江苏省中等职业学校毕业生就业总体状况

项目	2015年	2016年
毕业生总数/人	148 542	167 917
就业学生总数/人	142 960	163 110
就业率/%	96.24	97.14

一、总体状况

（一）就业去向

江苏省163 110名就业学生中，到国家机关和企事业单位的有71 607人，占就业学生总数的44%；合法从事个体经营的有7 309人，占4%；以其他方式就业的有7 915人，占5%；升入高一级学校就读的有76 279人，占47%（见图2-10-1）。

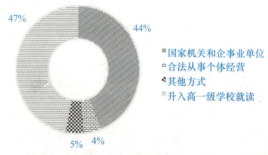

图2-10-1　江苏省中等职业学校毕业生就业去向

（二）产业分布

从事第一产业的毕业生人数为3 632人，占直接就业人数的4.18%；从事第二产业的为32 499人，占37.43%；从事第三产业的为50 700人，占58.39%。与2015年相比，2016年从事第一产业和第二产业的毕业生人数的比例有所下降，而从事第三产业的毕业生人数的比例略微上升（见表2-10-2）。

表2-10-2 江苏省中等职业学校毕业生就业产业分布

产业分布	2015年		2016年	
	就业人数/人	占直接就业人数比例/%	就业人数/人	占直接就业人数比例/%
第一产业	6 969	7.59	3 632	4.18
第二产业	35 315	38.49	32 499	37.43
第三产业	49 474	53.92	50 700	58.39

（三）就业地域

就业地域分为本地、异地和境外。本地就业的毕业生人数为69 103人，占直接就业人数的79.58%；异地就业的为17 354人，占19.99%；境外就业的为374人，占0.43%。与2015年相比，2016年境外就业比例有了突破（见表2-10-3）。

表2-10-3 江苏省中等职业学校毕业生就业地域

就业地域	2015年		2016年	
	就业人数/人	占直接就业人数比例/%	就业人数/人	占直接就业人数比例/%
本地	73 499	80.10	69 103	79.58
异地	18 100	19.73	17 354	19.99
境外	159	0.17	374	0.43

（四）就业渠道

通过学校推荐就业的毕业生人数为67 633人，占直接就业人数的78%；通过中介介绍就业的为2 613人，占3%；通过其他渠道就业的为16 585人，占19%（见图2-10-2）。

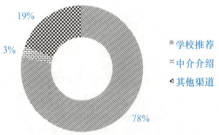

图2-10-2 江苏省中等职业学校毕业生就业渠道

与2015年相比，2016年江苏省中等职业学校毕业生就业呈现出以下特点：

一是毕业生总数明显上升，就业率有所提高。2016年的毕业生总数比2015年增加19 375人，就业学生总数增加20 150人，就业率上升0.90%。

二是从事第一产业和第二产业的毕业生人数的比例有所下降，与2015年相比，分别降低3.41%和1.06%。从事第三产业的毕业生人数的比例上升4.47%。

三是本地就业人数的比例略微下降，境外就业有所增加。与2015年相比，2016年本地就业人数的比例下降0.52%，异地就业和境外就业人数的比例均上升0.26%。

二、各专业大类就业状况

根据《中等职业学校专业目录》确定的19个专业类别，其就业状况如图2-10-3、图2-10-4、图2-10-5、图2-10-6和表2-10-4所示。

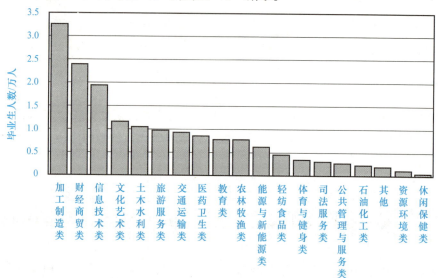

图2-10-3　江苏省中等职业学校各专业大类毕业生人数

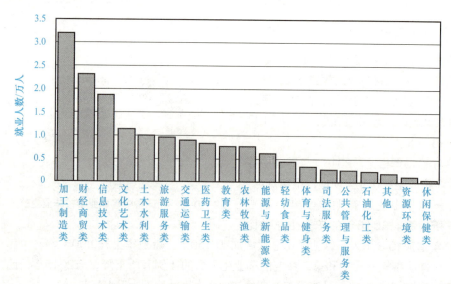

图2-10-4　江苏省中等职业学校各专业大类毕业生就业人数

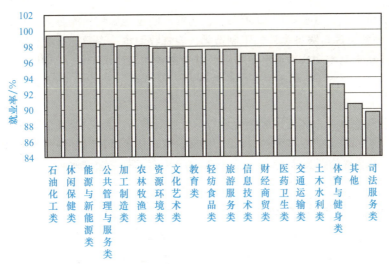

图2-10-5 江苏省中等职业学校各专业大类毕业生就业率

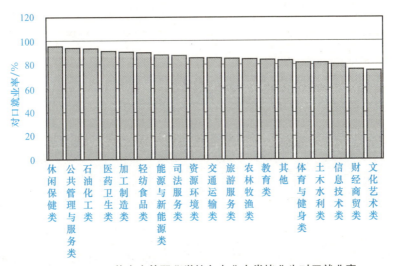

图2-10-6 江苏省中等职业学校各专业大类毕业生对口就业率

从毕业生人数看,加工制造类专业毕业生人数最多,为32 653人,占毕业生总数的19.45%;其次是财经商贸类专业,毕业生人数为23 863人,占14.21%;位居第三的是信息技术类专业,毕业生人数为19 371人,占11.54%。毕业生人数最少的是休闲保健类专业,为664人,占0.40%。

从就业人数看,加工制造类专业毕业生就业人数最多,为32 036人,占就业学生总数的19.64%;其次是财经商贸类专业,就业人数为23 147人,占14.19%;位居第三的是信息技术类专业,就业人数为18 807人,占11.53%。

从专业分类看,就业状况最好的是石油化工类专业,就业率达到99.41%;其次是休闲保健类专业，就业率为99.25%；位居第三的是能源与新能源类专业，就业率为98.42%。公共管理与服务类、加工制造类、农林牧渔类、资源环境类、文化艺术类、教育类、轻纺食品类和旅游服务类专业的就业率均在平均水平（97.14%）之上；体育与健身类、其他和司法服务类专业就业率分别为93.15%、90.63%和89.61%，处于各专业中较低水平。

从对口就业率看，休闲保健类专业对口就业率最高，为95.48%；其次是公共管理与服务类专业，对口就业率为94.14%。相反，信息技术类、财经商贸类和文化艺术类专业的对口就业率分别为80.54%、75.85%和75.16%，处于较低水平。

表2-10-4 江苏省中等职业学校各专业大类毕业生状况

专业类别	毕业生人数/人	就业人数/人	就业率/%	对口就业人数/人	对口就业率/%
石油化工类	2 371	2 357	99.41	2 225	93.84
休闲保健类	664	659	99.25	634	95.48
能源与新能源类	6 258	6 159	98.42	5 527	88.32
公共管理与服务类	2 746	2 700	98.32	2 585	94.14
加工制造类	32 653	32 036	98.11	29 589	90.62
农林牧渔类	7 832	7 683	98.10	6 609	84.38
资源环境类	1 136	1 111	97.80	973	85.65
文化艺术类	11 684	11 426	97.79	8 782	75.16
教育类	7 879	7 692	97.63	6 635	84.21
轻纺食品类	4 587	4 477	97.60	4 137	90.19
旅游服务类	9 814	9 577	97.59	8 324	84.82
信息技术类	19 371	18 807	97.09	15 601	80.54
财经商贸类	23 863	23 147	97.00	18 099	75.85
医药卫生类	8 539	8 280	96.97	7 761	90.89
交通运输类	9 354	9 002	96.24	8 006	85.59
土木水利类	10 441	10 030	96.06	8 506	81.47
体育与健身类	3 605	3 358	93.15	2 942	81.61
其他	2 049	1 857	90.63	1 711	83.50
司法服务类	3 071	2 752	89.61	2 690	87.59

三、工作举措

（一）思想高度重视，齐抓共管，形成工作合力

各级党委政府高度重视职业教育，加大职业教育投入，着力提升职业教育人才培养质量，将推进职业院校毕业生就业工作当作惠民工程来抓，统筹有关部门通过政策制定、平台搭建、渠道拓宽、信息指导等方面，优化就业环境、完善就业服务，促进毕业生充分就业和高质量就业。教育行政部门把毕业生就业质量作为衡量职业学校办学水平的重要标志，作为专业建设水平评估的考核指标，作为提升职业教育吸引力的核心内涵，积极谋划新思路、新举措，努力以"出口旺"拉动"入口畅"。各职业学校充分发挥现有资源，不断拓宽就业渠道，创新工作方法，全面推进就业工作。进一步加大宣传力度，呼吁用人单位、社会各界从维护社会稳定、帮扶贫困家庭的高度出发，共同为毕业生充分就业想办法、做贡献，特别是鼓励规模以上企业切实担负起社会责任，为职业学校毕业生就业提供便利。

（二）注重培养质量，提升学生就业能力

人才培养质量是毕业生就业的生命线，是学生高质量就业的重要保障。

1. 对接产业优化升级，加强职业教育专业建设

适应江苏建设以现代服务业为主体、以战略性新兴产业和先进制造业为支撑、以现代农业为基础的现代产业体系要求，加快调整职业学校专业结构。省教育厅联合省发改委开展职业学校专业结构与产业结构吻合度调研，组织编写出版了《江苏省中等职业教育专业结构与产业结构吻合状况预警报告》，推动各地各校根据地方经济发展需求和产业升级状况，进一步调整专业设置、增设紧缺专业、优化专业结构。支持职业学校面向市场自主开发专业，特别是贴近战略性新兴产业、区域特色产业，创建606个中职和五年制高职品牌特色专业，推动所有中等职业教育专业达到合格水平，不断提升专业内涵建设和人才培养质量，从"根"上解决学生就业问题。

2. 创新校企合作机制，优化人才培养模式

进一步完善政府主导、行业指导、企业参与、学校主动的校企合作运行机制，落实工学结合、顶岗实习制度，充分拓展校外实习基地的毕业生吸纳能力，以校企合作的零距离推动实现学生毕业与就业的零距离。全省建立1 200个由行业企业专家和学校专业教师组成的专业建设指导委员会，依据企业需求设置专业，按照企业"订单"组织招生培养，吸引企业参与职业教育全过程，每年"订单"培养规模占招生总量的25%左右。全省建立29个省级职业教育集团，联结400多家职业院校、1 000多家行业企业，形成校企合作战略联盟，协作开展技术技能型人才培养。常州、南通等市政府出台了关于进一步加强职业教育校企合作的意见。南京、无锡、苏州等市遴选确定了一批职业学校学生实

习定点企业，推动校企一体办学、共同发展。职业学校每年都组织校企洽谈会，组织联系优质企业进校园招聘，把就业市场引进学校，让学生不出校门就可以与企业通过双向选择签订就业协议，实现就业。

3. 深化课程改革，提高学生实践技能和职业素养

一是对接生产服务现场，优化实践教学环境。我省紧跟经济结构调整与产业升级，依据课程改革及实施需要，加快建设融教学培训、技能鉴定、生产与技术服务于一体的实训基地，推动实训基地覆盖所有专业，全省职业学校生人均教学仪器设备值达5 000元。实施三轮省级实训基地建设计划，省财政累计投入9亿元，引导地方和职业学校共同建设高水平示范性实训基地，模拟生产服务真实场景，营造现代企业文化，开发和运营"实习产品"，推进学生实训与企业生产紧密结合。全省建成国家级中等职业教育实训基地118个、省级实训基地317个，高水平示范性实训基地专业覆盖面达25%以上。二是以技能大赛为引导，提升学生专业技能水平。普遍建立技能大赛制度，技能大赛已经成为各职业学校体现办学能力、展现学生风采的重要窗口。一方面通过扎实开展技能大赛项目课程改革，进一步优化人才培养模式，不断提升人才培养质量；另一方面通过技能大赛平台，扩大技能型人才培养的社会影响力，为用人单位提供很好的观摩平台和招聘渠道。三是积极组织学生参加科技创新大赛、文明风采大赛等活动，大力培养学生的职业素养。自2006年起，省教育厅、省科技厅、省科协等部门已联合举办七届职业教育创新大赛，不断激发职业学校学生的科技创新激情，提升其科技创新能力。自2004年全国中等职业学校文明风采竞赛活动启动以来，我省积极组织省级复赛，参赛学校和学生逐年增多，参赛作品质量稳步提升。江苏省复赛组委会连续多年获得优秀组织贡献奖并获全国中等职业学校"文明风采"竞赛十年成就奖。

(三) 加强就业指导，努力拓宽就业渠道

1. 系统开展就业指导服务工作

我省职业学校普遍开设就业指导课程，将就业教育贯穿学生入学到毕业的全过程。新生入学教育时，开展"爱学校、爱专业"的主题教育活动，同时在德育与技能课程中全面融入就业与创业教育。通过邀请职业培训师和用人单位负责人进校开设职业指导讲座，优秀毕业生回校现身宣讲，指导学生认清就业形势，促使学生树立正确的就业观，做好职业生涯规划与自我发展定位。同时积极宣传我省现代职业教育体系建设有关政策，鼓励学有余力的学生继续接受高等职业教育。

2. 加大学校推荐就业工作力度

各职业学校普遍设立招生与就业部门，专门负责联系人才市场和用人单位，建立就业推荐网络，多渠道发布毕业生源信息和用人单位信息，做好毕业生推荐就业工作。各职业学校已形成大型招聘会与专场招聘会相结合的校内就业市场体系。各职业学校通过举办校内招聘会，广泛宣传动员，邀请有关企业到学校招聘人才，使校内招聘会成为了

学生就业的主要渠道。南京市教育局成立了负责全市职业学校实习管理与就业指导工作的专门机构——南京市职业教育就业指导工作办公室，连续十年举办"中等职业技术人才交流会"，为职业学校毕业生就业搭建平台。泰州市不断加大联合办学力度，每所职业学校都有各自的校外实习实训基地，多家重点骨干企业与职业学校举办冠名班，实行"订单式培养"。扬州市教育局成立职业学校就业与创业指导中心，指导职业学校开展就业推荐工作。

3. 全面深化创业教育

2006年我省启动实施职业教育创业行动计划，鼓励、扶持在校生创业，推进创业知识教育向创业实践转变。我省与北京光华慈善基金会合作，引进美国国家创业指导基金会（NFTE）创业课程，每年举办NFTE创业教育师资培训班，培养创业教育认证教师，组织学生通过创业课程学习获得结业证书，提高其创业能力。全省职业学校普遍开设创业教育课程，积极推进创业教育实践，建设创业基地与创业园区，扶持一批学生开展创业，已呈现零起步的生活性创业、立足专业的经营性创业和走向社会的市场性创业三种形式，通过在校创业实现自身的高质量就业，带动全社会的充分就业。

4. 注重就业工作信息化

各地各校通过完善学校就业信息网站和管理系统、开通毕业生就业工作和企业招聘QQ群、设置专职就业信息员等多种渠道，畅通毕业生与用人单位之间的信息渠道，提供快捷、便利、高效的就业信息服务。省教育厅在前期充分调研的基础上，组织开发职业学校顶岗实习及就业跟踪管理系统，以进一步加强学生实习与就业的有效衔接及服务。

（四）健全就业工作保障机制

1. 健全毕业生就业指导机构

为了加强校外实习生的管理和毕业生的就业指导工作，各校建立以校领导作组长、相关职能部门参与的毕业生就业工作领导小组，并均单独设立招生就业处（办），具体负责学生的就业指导工作，形成了由招生就业处（办）、专业系部和班主任组成的三级管理网络，在此基础上形成了学校三级负责的就业指导责任机制。

2. 强化人员培训和经费保障

主管就业工作的同志一般都有指导毕业生实习的工作经验，和企业有着广泛的联系，对各行业企业用人需求较为了解。各市也联合"市发改""人社"等部门积极面向全市职业学校的分管校长和部门主任开展职业规划指导专项培训。各职业学校每年均调拨专项经费，以保障就业工作的正常开展。常州市教育局设立专项就业指导保障经费及就业奖励经费。

3. 强化就业状况跟踪和反馈

建立职业学校毕业生就业工作的跟踪调查制度，及时组织对调研结果进行多角度分析，反馈改进专业建设和课程教学，不断提高人才培养质量。各市教育局每年抽取全市所有骨干职业学校毕业生,电话跟踪回访其就业状况,掌握毕业生就业一手的真实资料;调研内容包括毕业生的就业率、就业渠道、对口就业、月收入、用工性质、就业满意度等。

4. 健全系部二级管理和考评激励机制

各职业学校进一步下放管理权限,突出专业系部的自主管理职能,将毕业生工作常规化、制度化,确保毕业生各项工作的整体有序。各学校建立学生就业工作考评激励机制,将就业质量纳入系部、专业负责人及班主任年度考核指标。

四、发展趋势预测

一是随着现代职业教育体系的逐步完善,升入高一级学校就读的学生比例将继续上升。

二是由于江苏经济保持旺盛的发展态势及江苏职业学校主动适应产业结构调整优化专业结构,因此本地就业比例将继续保持增长势头。

三是加快发展先进制造业和现代服务业的产业前景,导致第三产业将仍是江苏中职毕业生就业的主要领域。

浙江省中等职业学校毕业生就业状况

2016年，浙江省中等职业学校毕业生总数为137 536人，就业学生总数为135 314人，就业率为98.38%。与2015年相比，2016年毕业生人数略微上升，就业率有所提高（见表2-11-1）。

表2-11-1 浙江省中等职业学校毕业生就业总体状况

项目	2015年	2016年
毕业生总数/人	137 481	137 536
就业学生总数/人	134 894	135 314
就业率/%	98.12	98.38

一、总体状况

（一）就业去向

浙江省135 314名就业学生中，到国家机关和企事业单位就业的有50 066人，占就业学生总数的37%；合法从事个体经营的有12 178人，占9%；以其他方式就业的有9 472人，占7%；升入高一级学校就读的有63 598人，占47%，比2015年的高出了约7%。（见图2-11-1）。

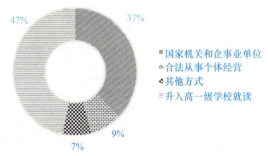

图2-11-1 浙江省中等职业学校毕业生就业去向

（二）产业分布

直接就业学生中，从事第一产业的毕业生人数为2 369人，占直接就业学生的

3.28%；从事第二产业的为21 018人，占29.13%；从事第三产业的为48 763人，占67.59%。与2015年相比，2016年从事第一、第三产业的毕业生人数的比例有所下降，从事第二产业的毕业生人数的比例有所上升（见表2-11-2）。

表2-11-2　浙江省中等职业学校毕业生就业产业分布

产业分布	2015年		2016年	
	就业人数/人	占直接就业人数比例/%	就业人数/人	占直接就业人数比例/%
第一产业	3 519	4.32	2 369	3.28
第二产业	22 697	27.90	21 018	29.13
第三产业	55 153	67.78	48 763	67.59

（三）就业地域

就业地域分为本地、异地和境外。直接就业学生中，本地就业人数为61 669人，占直接就业学生的85.47%；异地就业的为10 357人，占14.36%；境外就业的为124人，占0.17%。与2015年相比，2016年本地就业比例有所提升，异地就业和境外就业比例略有下降（见表2-11-3）。

表2-11-3　浙江省中等职业学校毕业生就业地域

就业地域	2015年		2016年	
	就业人数/人	占直接就业人数比例/%	就业人数/人	占直接就业人数比例/%
本地	68 888	84.66	61 669	85.47
异地	12 235	15.04	10 357	14.36
境外	246	0.30	124	0.17

（四）就业渠道

通过学校推荐就业的毕业生人数为46 496人，占直接就业人数的65%；通过中介介绍就业的为2 300人，占3%；通过其他渠道就业的为23 354人，占32%（见图2-11-2）。

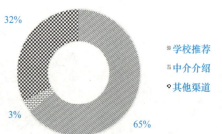

图2-11-2　浙江省中等职业学校毕业生就业渠道

与2015年相比，2016年浙江省中等职业学校毕业生就业呈现出以下特点：

一是毕业生人数平稳，就业与升学两旺。2016年我省中职毕业学生总数137 536人，与2015年的137 481人基本相近，直接就业人数占就业学生总数的53%。近年，浙江省进一步加快中高职一体化人才培养，不断拓展学生成长"上升渠道"，伴随着经济增长，民众对享受更多更长时间的教育期望不断提高，2016年升入高职院校的人数为63 254人，占就业人数的47%，比

2015年提高了约7%，最高的舟山市中职升学比例已超过60%。

二是毕业生就业与我省产业发展基本吻合。从事第三产业的为48 763人，占直接就业人数的67.59%；就业于第二产业的有21 018人，占29.13%；从事第一产业的毕业生人数为2 369人，占直接就业学生的3.28%。第三产业是毕业生就业的主要领域，中职毕业生已成为第三产业的主力军；从专业来看，我省财经商贸类、加工制造类与信息技术类专业毕业生占总毕业生的50%以上，与我省中小型企业众多、加工企业发达的经济特点相吻合。

三是就业渠道多样，服务当地为主。在直接就业学生中，选择本地就业的人数为61 669人，占直接就业人数的85.47%，可见中职学生以服务当地经济为主。在就业渠道中，学校推荐就业的学生人数为46 496人，占直接就业学生的65%，中职生因阅历、年龄等因素影响，学校推荐仍是就业主渠道；通过其他渠道就业的为23 354人，占32%；中介介绍的占3%，占比略有下降。

四是就业质量良好，对口率不断提升。2016年，浙江省中职毕业生就业率为98.38%，持续走高。根据《中等职业学校专业目录（2010年修订）》确定的19个专业类别，仅有文化艺术类、资源环境类、其他、体育与健身类4个专业类别的就业率在92%～97%，其余15个专业类别全部在97%以上，我省中职学生就业状况较理想。全省的对口就业率为83.38%；就业学生平均起薪为2 339元。

二、各专业大类就业状况

根据《中等职业学校专业目录》确定的19个专业类别，其就业状况如图2-11-3、图2-11-4、图2-11-5、图2-11-6和表2-11-4所示。

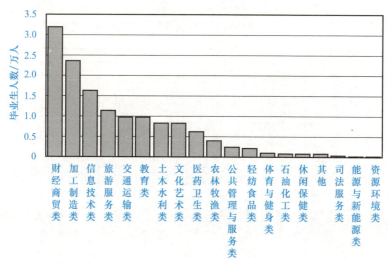

图2-11-3 浙江省中等职业学校各专业大类毕业生人数

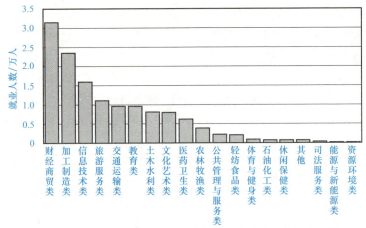

图2-11-4　浙江省中等职业学校各专业大类毕业生就业人数

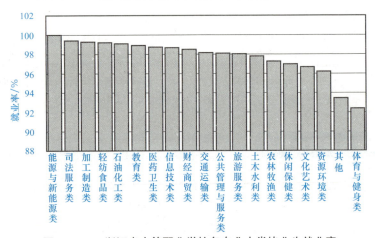

图2-11-5　浙江省中等职业学校各专业大类毕业生就业率

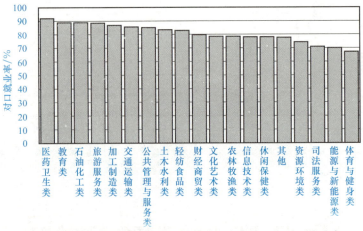

图2-11-6　浙江省中等职业学校各专业大类毕业生对口就业率

从毕业生人数看，财经商贸类专业毕业生人数最多，为31 891人，占毕业生总数的23.19%；其次是加工制造类专业，毕业生人数为23 675人，占17.21%；第三位是信息技术类专业，毕业人数为16 218人，占比11.79%，前三类专业的毕业生人数占整个毕业生人数的52.19%。毕业生人数最少的三个专业为资源环境类、能源与新能源类、司法服务类，分别为158人、194人和345人。

从专业类别看，就业率达到100.00%的专业为能源和新能源类。司法服务类、加工制造类、轻纺食品类、石油化工类、教育类、医药卫生类、信息技术类、财经商贸类、交通运输类、公共管理与服务类、旅游服务类、土木水利类、农林牧渔类、休闲保健类专业的就业率均保持在97.00%以上。体育与健身类专业就业率相对较低，只有92.36%。

从对口就业率分析来看，医药卫生类、教育类、石油化工类专业分别以92.12%、89.08%、89.02%的对口就业率居于前三位，土木水利类、加工制造类等9类专业对口就业率高于80.00%。

表2-11-4　浙江省中等职业学校各专业大类毕业生状况

专业类别	毕业生人数/人	就业人数/人	就业率/%	对口就业人数/人	对口就业率/%
能源与新能源类	194	194	100.00	136	70.10
司法服务类	345	343	99.42	243	70.85
加工制造类	23 675	23 510	99.30	20 426	86.88
轻纺食品类	2 084	2 068	99.23	1 717	83.03
石油化工类	689	683	99.13	608	89.02
教育类	9 682	9 576	98.91	8 530	89.08
医药卫生类	6 260	6 181	98.74	5 694	92.12
信息技术类	16 218	16 006	98.69	12 528	78.27
财经商贸类	31 891	31 412	98.50	25 091	79.88
交通运输类	9 791	9 610	98.15	8 212	85.45
公共管理与服务类	2 318	2 274	98.10	1 939	85.27
旅游服务类	11 299	11 078	98.04	9 811	88.56
土木水利类	8 337	8 156	97.83	6 818	83.59
农林牧渔类	3 943	3 835	97.26	3 014	78.59
休闲保健类	699	678	97.00	529	78.02
文化艺术类	8 284	8 009	96.68	6 301	78.67
资源环境类	158	152	96.20	113	74.34
其他	714	667	93.42	518	77.66
体育与健身类	955	882	92.36	593	67.23

三、工作举措

近年来，浙江省中职学校毕业生一次就业率始终保持在97.00%以上，并持续保持上升的趋势，就业对口率达到80.00%以上，主要采取了以下几项措施：

（一）深化课程改革，提高教学质量

我省大力推进选择性课程改革，建立学生多次选择机制，优化选择性课程体系，按照"核心课程模块＋自选课程模块"构建中职课程新模式，创新教学组织形式，打造丰富多样的选修课程体系，建立健全与选择性课程体系相适应的教学评价体系，唤醒学生学习欲望，努力提高教学质量，让学生更好地掌握求职和工作中需要的知识和技能。

（二）深化校企合作，实施现代学徒制

我省依托良好的校企合作基础，大力推进现代学徒试点工作，深化专业设置与产业需求对接、课程内容与职业标准对接、教学过程与生产过程对接，大力加强与企业的深度合作，努力实现培养具有高素质的、受企业欢迎的技术技能型人才。

（三）优化专业布局，增强培养针对性

按照"扶强、扶特、扶优、扶专"的思路，突出重点，分类发展，要求各地根据区域经济特点，合理规划校园布局和专业设置，促进中职教育基础能力和内涵建设，推动中职学校整体办学水平的提高，从而提升职教办学吸引力，提高生源质量，保障中职学生高就业率。

（四）强化就业指导，提升择业科学性

各地各校严格按照要求开设"职业道德与职业指导""职业生涯规划"等就业指导课程以及创新创业课程，帮助毕业生树立正确的就业观、择业观，强化学生的职业能力培养。

（五）拓宽升学渠道，构筑成长"立交桥"

近年来，浙江省致力于拓展职业教育人才培养渠道，推进"中高职一体化培养模式"，扩大职业教育"3＋2"、五年一贯制和单考单招规模，推进"体制机制创新、办学层次合理、中高职衔接贯通"的现代职业教育体系建设，构建起纵向中职、高职与本科教育相衔接、横向与普通教育相融通的职业教育框架，使中职毕业生升入高一级学校的比例不断提高，学生成长"上升渠道"更加通畅。

四、发展趋势预测

（一）毕业生人数趋于稳定

根据2015年和目前在校生人数预测，我省的毕业生人数将在未来几年内基本稳定。随着职业教育吸引力不断提升，以及各地对"普职比大体相当"的把控，同时进一步扩大中职学生的招生范围，中职毕业生人数将稳定在一定的规模。

（二）中职生升学比例将进一步上升

随着中高职一体化教育的推广，"3+2"、五年一贯制培养和应用型本科院校直接面向中职的本科招生的完善，中职生升学渠道越来越通畅，家长和学生对于受教育年限期望不断延长，升学比例还将进一步提高。

（三）毕业生质量有望进一步提高

随着我省"十三五"期间"质量提升计划"的实施，各中职学校办学基础设施将进一步完善、办学内涵将进一步提升。"名校、名师、名专业"三名工程和学生核心素养工程，将推进我省中职教育品牌化发展，提升中职教育的吸引力；"均衡发展工程"将为薄弱地区和薄弱学校提供发展契机，办学质量有望进一步提升；"产教融合工程"将使校企协同育人模式更加完善，实现校企对接，毕业生将更好地满足用人单位要求。

安徽省中等职业学校毕业生就业状况

2016年，安徽省中等职业学校毕业生总数为181 447人，就业学生总数为176 821人，就业率为97.45%。与2015年相比，2016年毕业生总数明显下降，就业率继续提升（见表2-12-1）。

表2-12-1　安徽省中等职业学校毕业生就业总体状况

项目	2015年	2016年
毕业生总数/人	210 562	181 447
就业学生总数/人	204 310	176 821
就业率/%	97.03	97.45

一、总体状况

（一）就业去向

安徽省176 821名就业学生中，到国家机关和企事业单位的有54 480人，占就业学生总数的30.8%；合法从事个体经营的有20 814人，占11.8%；以其他方式就业的学生有52 222人，占29.5%；升入高一级学校就读的有49 305人，占27.9%。到国家机关和企事业单位就业的毕业生比例下降6.6%，升学比例上升7.2%（见图2-12-1）。

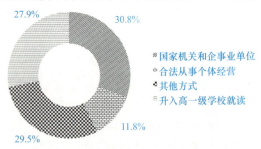

图2-12-1　安徽省中等职业学校毕业生就业去向

（二）产业分布

从事第一产业的毕业生人数为15 395人，占直接就业学生的12.1%；从事第二产业的毕业生人数为49 186人，占直接就业学生的38.6%；从事第三产业的毕业生人数为62 935人，占直接就业学生的49.3%。与2015年相比，2016年从事第一产业和第二产业的毕业生人数的比例均有所上升（见表2-12-2）。

表2-12-2 安徽省中等职业学校毕业生就业产业分布

产业分布	2015年		2016年	
	就业人数/人	占直接就业人数比例/%	就业人数/人	占直接就业人数比例/%
第一产业	18 086	11.0	15 395	12.1
第二产业	61 613	37.7	49 186	38.6
第三产业	83 803	51.3	62 935	49.3

（三）就业地域

就业地域分为本地、异地和境外。本地就业的毕业生人数为74 841人，占直接就业学生的58.7%；异地就业的为52 460人，占41.1%；境外就业的为215人，占0.2%。与2015年相比，2016年本地就业比例有所上升，异地就业比例有所下降（见表2-12-3）。

表2-12-3 安徽省中等职业学校毕业生就业地域

就业地域	2015年		2016年	
	就业人数/人	占直接就业人数比例/%	就业人数/人	占直接就业人数比例/%
本地	92 772	56.7	74 841	58.7
异地	70 272	43.0	52 460	41.1
境外	458	0.3	215	0.2

（四）就业渠道

通过学校推荐就业的毕业生人数为84 353人，占直接就业学生的66.2%；通过中介介绍就业的为8 927人，占7.0%；通过其他渠道就业的为34 236人，占26.8%。学校推荐为毕业生就业的主渠道（见图2-12-2）。

图2-12-2 安徽省中等职业学校毕业生就业渠道

与2015年相比，2016年安徽省中等职业学校毕业生就业呈现出以下特点：

一是毕业生明显减少。2016年的毕业生总数为181 447人,较2015年减少了13.8%。到国家机关和企事业单位就业的毕业生比例减少;升入高一级学校就读的毕业生比例继续提高,占就业学生总数的27.9%,比2015年增加了7.2%。

二是就业于第一、第二产业的毕业生比例呈增长趋势。第三产业仍是中职毕业生就业的主要领域。

三是服务本地区域经济依然是就业学生的主体。本地就业比例占全部就业学生的58.7%,较上年增长了2.0%。

四是专业对口率较高。平均就业对口率达71.2%,最低也有32.49%(石油化工类专业),有11个专业大类就业率超过平均数。

五是学生就业有保障。90.9%的中职毕业生签订了劳动合同,其中,签订了3年以及上劳动合同的有11 356人,占签约人数的8.9%。3 000元以上月起薪的有21 268人,占直接就业人数的16.7%;购买三险(五险)的人数达全部就业学生的89.1%;购买三险(五险)一金的人数较上年增长了约2%(4%)。

六是就业质量明显提升。毕业生的职业资格证书获取率为83.7%,较上年提高了约10.0%。59.5%的毕业生对就业表示"满意"或"非常满意",30.1%的毕业生对就业表示"比较满意"。

二、各专业大类就业状况

根据《中等职业学校专业目录》确定的19个专业类别,其就业状况如图2-12-3、图2-12-4、图2-12-5、图2-12-6和表2-12-4所示。

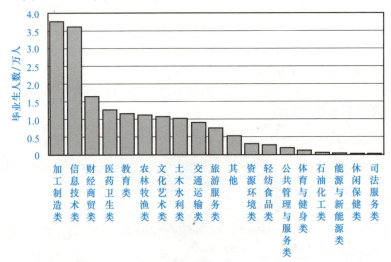

图2-12-3 安徽省中等职业学校各专业大类毕业生人数

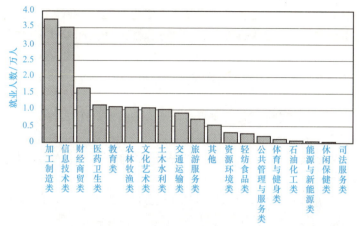

图2-12-4　安徽省中等职业学校各专业大类毕业生就业人数

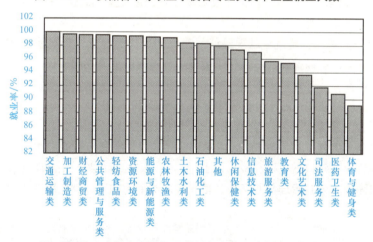

图2-12-5　安徽省中等职业学校各专业大类毕业生就业率

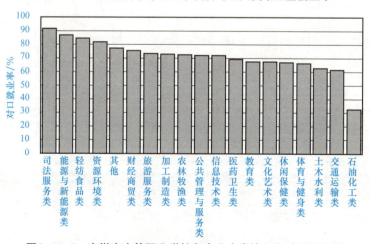

图2-12-6　安徽省中等职业学校各专业大类毕业生对口就业率

91

从毕业生人数看，加工制造类和信息技术类专业毕业生人数最多，分别为37 617人和36 133人，共计占毕业生总数的40.6%；其次是财经商贸和医药卫生类专业，毕业生人数分别为16 648人和12 660人，占毕业生总数的16.2%。毕业生人数最少的是司法服务类和休闲保健类专业，共474人；其次是能源与新能源类专业，毕业生人数为647人，占毕业生总数的0.4%。

从就业人数看，加工制造类专业毕业生就业人数最多，为37 493人，占就业学生总数的21.2%；其次是信息技术类专业，就业人数为35 070人，占19.8%。毕业生就业人数最少的是司法服务类专业，为89人；其次是休闲保健类专业，就业人数为367人，占就业学生总数0.2%。

从就业率（直接就业与升学的人数占毕业生数的比例）看，交通运输类专业就业率最高，为99.99%；其次是加工制造、财经商贸类、公共管理与服务类、轻纺食品类、资源环境类、能源与新能源类和农林牧渔类专业，就业率均超过99.00%；就业率最低的是体育与健身类专业，为89.19%。

从专业分类看，直接就业状况最好的是休闲保健类专业，直接就业率超过96%；其次是轻纺食品、交通运输、石油化工类专业，直接就业率在91%以上；能源与新能源类、资源环境类专业直接就业率超过85%；加工制造类、土木水利类、旅游服务类、农林牧渔类专业的就业率也处于全省平均水平（70.3%）以上。

从对口就业率看，就业（含直接就业与对口升学）的毕业生中，就业对口率最高的是司法服务类专业，就业对口率达91.75%；其次是能源与新能源类、轻纺食品类、资源环境类专业，对口就业率在82%以上；其他、财经商贸类、旅游服务类、加工制造类、农林牧渔类、公共管理与服务类、信息技术类专业的对口就业率处于全省平均水平（71.2%）以上。

表2-12-4　安徽省中等职业学校各专业大类毕业生状况

专业类别	毕业生人数/人	就业人数/人	就业率/%	对口就业人数/人	对口就业率/%
交通运输类	9 178	9 177	99.99	5 650	61.56
加工制造类	37 617	37 493	99.67	27 416	72.88
财经商贸类	16 648	16 571	99.54	12 566	75.48
公共管理与服务类	2 165	2 155	99.54	1 565	72.29
轻纺食品类	2 925	2 907	99.38	2 463	84.21
资源环境类	3 315	3 294	99.37	2 719	82.02
能源与新能源类	647	642	99.23	561	86.71
农林牧渔类	10 899	10 807	99.16	7 913	72.60
土木水利类	10 313	10 148	98.40	6 497	63.00
石油化工类	708	696	98.31	230	32.49
其他	5 513	5 402	97.99	4 262	77.31

续表

专业类别	毕业生人数/人	就业人数/人	就业率/%	对口就业人数/人	对口就业率/%
休闲保健类	377	367	97.35	253	67.11
信息技术类	36 133	35 070	97.06	26 069	72.15
旅游服务类	7 667	7 338	95.71	5 642	73.59
教育类	11 650	11 117	95.42	7 857	67.44
文化艺术类	11 437	10 706	93.61	7 705	67.37
司法服务类	97	89	91.75	89	91.75
医药卫生类	12 660	11 506	90.88	8 740	69.04
体育与健身类	1 498	1 336	89.19	990	66.09

三、工作举措

2016年度，安徽省坚持以服务为宗旨，以就业为导向，深化中职教育教学改革，不断创新人才培养模式，培养和造就了大批基础扎实、能力较强、艰苦创业的技能型人才，受到用人单位的普遍好评和社会的广泛认可。其主要工作举措是：

（一）加强组织领导，明确就业指导责任

我省强化政府统筹职业教育的力度，充分发挥市、县（区）政府在中职毕业生就业工作的主导作用，坚持将中职毕业生就业工作摆在突出位置。积极贯彻落实《安徽省人民政府关于加快发展现代职业教育的实施意见》（皖政〔2014〕81号），努力完善促进就业保障机制，创造职业院校毕业生平等就业环境；鼓励支持职业院校毕业生留在本地就业。各市、县（区）政府把完善就业服务体系纳入经济社会发展总体规划，逐级分解落实工作目标、进度和责任；建立政府统一领导、教育局牵头负责、相关职能部门积极参与的工作机制。各地积极整合人才交流市场、企业等资源，建立中职学校学生就业指导中心，健全学校毕业生就业机构，规范中职学校就业程序，进一步加强对中职学校学生就业指导。各中职学校成立了毕业生就业指导和服务部门，细化政策措施，推动工作落实。

（二）强化市级统筹，健全就业激励机制

我省将推进职业教育市级统筹纳入政府重点工作，省教育厅、省发改委、省财政厅、省人社厅联合印发了《关于加强职业教育市级统筹的指导意见》（皖教职成〔2016〕5号），进一步明确和落实了市级政府统筹发展职业教育的具体职责和权限。各市按照省政府的部署，对接地方区域经济发展，充分发挥政府部门的主导作用，积极探

索统筹区域内职业教育的发展，增强中等职业学校办学功能和服务能力。部分市人社局、教育局、财政局联合出台文件，对校企合作"冠名班"、顶岗实习、本地就业等进行不同程度的资金奖励，调动学校和企业用工和就业工作的积极性，促进本地就业。

（三）鼓励创业创新，营造就业良好氛围

省政府专门下发了《关于进一步做好新形势下就业创业的实施意见》（皖政〔2015〕82号），强化政府促进就业创业的责任，支持职业院校与民营企业、小微企业开展培训就业对接，根据培训后到企业就业人数，按照每人100元的标准给予奖励；对到民营企业、小微企业就业的职业院校紧缺专业（工种）毕业生，给予每人一次性3 000元补助；加强创业教育和培训，在职业学校全面推行创业教育，开设创新课程，将创业创新教育融入专业课程或就业指导课程体系；组织实施"创业江淮"行动计划，在职业学校实施弹性学制，允许在校生保留学籍休学创业。部分市依托企业投资，建立中职学生创业创新基金，为学生创业提供原动力。中职学校利用创业基金对品学兼优的学生实施资助；对学生自主创新项目实行奖励；对学生参与企业技术革新和改造提供资金扶持。企业通过资金扶持活动吸引优秀毕业生，享受学生创新成果，实现学生、学校和企业三方共赢。

（四）强化校企合作，搭建就业服务平台

2016年，省教育厅与城市教体局联合举办第七届皖江城市带职业教育办学模式改革校企对接会，围绕皖江示范区文化旅游及现代服务业、装备制造业和现代农业等产业开展校企协作对话活动。校企双方围绕学生就业服务体系建设、提高教育质量、深化职业教育办学模式改革和校企合作等方面进行了深入交流。对接会发布了安徽省职业院校2016年校企合作项目；邀请了教育部职业技术教育中心研究所等有关专家到会作学术报告；组织了职业教育校企合作典型案例征集和主题征文及评选、校园开放、技能展示与观摩等活动。政府搭台，企业唱戏，对接会为"校企联姻"成功牵线搭桥。各市、县也分别组织召开了不同层次、不同范围的中职毕业生供需见面会，建立中职生就业信息网，与周边发达地区人才信息网实现互联互通、资源共享，为中职毕业生提供就业服务信息。中职学校校际间加强沟通联系，实现就业信息共享。学校也注意加强与用人单位联系，积极开展校企多方位合作，主动邀请企业参与人才培养过程，及时掌握就业需求。省、市、县（区）、校四级就业平台，已经成为我省中职毕业生就业服务体系的基本框架。

（五）改革考试制度，拓宽就业升学渠道

作为就业工作的一部分，自2014年始，我省持续推进职业院校升学考试制度改革，将高职院校分类招生考试、应用型本科高校对口招生考试、初中起点五年制招生考试等考试模式进行改革整合和系统设计，努力拓宽中职毕业生升学通道。2016年，参加分类招生的高职院校71所，几乎实现全覆盖；结合我省中职教育开设专业，实施对口招

生的应用型本科院校扩大到14所，招生专业对应我省支柱产业、主导产业和战略性新型产业进行设置，计划数较2015年增加了19%。在试点过程中，我省进一步强化专业技能导向，实行"知识＋技能"考核办法，加大技能测试和技能大赛结果运用，引导中职学校强化技能教学。职业院校升学考试改革促进了全省中职、高职、应用型本科教育有效衔接、协调发展，为愿意继续升学的中职毕业生拓展了成长通道。

（六）调整专业结构，推进就业服务经济

发布2015年安徽省中等职业教育专业状况分析报告，引导各市、各校对接区域主导产业和战略性新兴产业发展动态调整设置专业，促进专业建设服务产业发展。2016年，全省中职学校新增专业点361个，停办专业点56个。适应产业发展需求的专业建设动态调整机制、专业预警机制、专业退出机制初步建立。通过合理调整专业设置和人才培养结构，针对企业需求，有目的地培养学生，我省全方位地实现了学校课程设置、人才培养与企业发展、企业文化的高度衔接，使学生能够更快、更好地适应企业、服务企业。2016年，全省直接就业的中职毕业生中，服务第一、第二、第三产业的比例分别为12.1%、38.6%和49.3%，实现了专业群对产业群的全覆盖。其中，在交通运输、现代物流、电子商务、旅游服务和信息技术等快速发展的行业共实现就业6.7万人。我省直接就业的毕业生本地就业率达到58.7%，服务区域产业转型升级的能力进一步提升。

（七）深化教学改革，提高人才培养质量

除了在建立健全学校毕业生就业机构、规范中职学校就业安置程序、提高和完善服务意识等方面加强对中职学校学生就业指导外，我省各地还特别注重中职学校的内涵建设，通过教育教学质量提高，提升学校的吸引力。与我省产业升级和企业转型发展相呼应，与国家现代职业教育质量提升工程和高等职业教育创新发展行动计划相衔接，实施安徽省职业教育质量提升工程，重点建设一批具有引领作用的省级示范学校、示范专业、示范实训基地、名师工作坊及技能大赛赛点。职业院校与企业联合开展中高职衔接课程体系建设改革试点，课程内容与职业标准、教学过程与生产过程紧密对接，职业技能提高和工匠精神培养高度融合。抓内涵和特色发展，进一步密切产学研合作，重点服务企业特别是中小微企业的技术研发和产品升级，培养服务区域经济发展的技术技能人才。根据市场需求，探索人才培养模式改革，适时调整人才培养方案。制定《安徽省职业院校管理水平提升行动计划实施方案（2015—2018年）》，指导学校加强学籍、人事、财务、设施、助学、校园安全等各方面制度建设，提升中职学校的管理能力及管理水平；充分发挥优质示范中职学校的示范引领作用，辐射带动其他中职学校提升办学水平。

（八）打造技能精英，增强就业适应能力

我省各中职学校始终坚持以市场为导向，全面研判经济社会发展、产业结构调整

转型需要，紧紧围绕重点支柱产业，不断优化专业设置，完善课程体系建设，建立和完善就业和培养联动机制，与合作企业共建"订单式培养"模式，培养适销对路的应用型人才。全面加强实习、实训基地建设，适当延长及科学安排专业见习、实践活动的时间，充分利用顶岗实习等活动，强化就业技能培训，提高学生实践操作能力；结合专业特点，以各种竞赛为载体，打造技能精英，建设优质的学生实践活动平台，推动学生专业学习的同时，全面提升学生综合素质。2016年，153名省赛获奖选手获相应工种高级工资格；177名技能优异学生免试升入本科高校就读；一批省赛获奖选手在升学考试中免于技能测试。各地结合本地经济发展对各职业工种的需求，也纷纷开展了形式多样的技能竞赛和技术比武活动。在各类技能比赛中获奖学生在企业的人才招聘中供不应求。2016年，我省中职毕业生的月薪酬超过3 000元以上的占16.7%，其中，大多数为技能大赛优胜者。技能大赛为企业人才选拔、学生技能水平提升、学生创业信心提振、企业技术革新推动搭建了一个良性互动平台，使中职毕业生就业质量明显提升。

（九）全程系统指导，提升就业工作质量

我省各地均不同程度地建立健全了"学校领导—就业部门—班主任—教师—家长"学生职业指导"五位一体"工作体系，把中职学校毕业生纳入统一的指导服务体系，对毕业生就业实施全程化、网络化跟踪服务。中职学校能把就业指导工作贯穿学校教育的始终，针对不同年级、不同专业的特点，有针对性、分层次地进行指导，帮助学生规划其职业生涯。开学之初，各地就统一开展了入学指导，帮助学生正确规划职业生涯。对一年级学生，着重引导其根据自身特点初步设计职业发展方向，明确学习任务和学习选择，了解就业形势。对二年级学生，着重结合能力培养，进一步确认其职业目标，培养与职业目标相适应的素质。对三年级学生，结合学生意愿、人生规划和学习的具体状况，在就业形势、信息服务、政策咨询、面试技巧、心理调适或升学考试等方面进行具体指导，满足多样化的就业需求。加强同社会实践单位的联系，利用暑期安排部分学生参加实践活动，提高了学生的能力，也为学生了解就业单位提供了机会。对已毕业学生，学校强化跟踪服务，及时了解和掌握其思想状况，做好毕业后就业指导工作。学校帮助学生增强自我防范意识，帮助毕业学生审核就业协议条款，以免学生权益受到侵害。按全程化要求，各校积极拓展就业服务内涵，从就业前的指导教育、信息服务到就业过程中的跟踪关注、咨询帮助，均制定了就业服务标准，确定了服务范围、服务内容和服务流程，为毕业生提供了统一、规范、优质的就业服务。

四、发展趋势预测

随着适龄人口的不断减少，预计今后一两年我省的中职毕业生人数较2016年将逐步减少，但服务地方经济社会发展的能力将进一步提升。具体表现在以下几个方面：

（一）定向培养将成为中职毕业生就业的主渠道

以现代学徒制试点工作为牵引，越来越多的中职学校将深化校企合作的培养模式，以协议形式明确企业、学校和学生三方的义务责任，推进校企双方完善招生录取和企业用工一体化的招生、招工制度。

（二）自主创业将成为中职毕业生就业的重要形式

在大众创业、万众创新的良好社会氛围带动下，中职学校学生的创新精神、创业意识和创新创业能力在不断增强；社会各界也更加关心、关注、支持青年学生创新创业，为中职学生提供了广阔的自主创业舞台。在"创新之星"和"创业之星"的影响带动下，会有越来越多的中职毕业生走上自主创业之路。

（三）第二、第三产业仍是中职毕业生就业的主方向

随着户籍制度改革、城镇化建设的推进以及劳动密集型产业的转移，人口将进一步向城镇集中，交通运输业、加工制造业以及现代服务业将是未来几年安徽省技术技能人才需求的主要方向，其毕业生就业数量及就业率也将持续高于其他各专业。电子信息、集成电路、光伏等战略性新兴产业以及卫生保健、电子商务和服务外包等现代服务业的毕业生需求也将进一步增长。

（四）选择升学就业的人数比例将持续增长

受学历层次制约，今后一段时期内，就业质量不高仍然是制约中职毕业生对口就业至关重要的问题。近两年，安徽省大力推进现代职教体系建设，积极构建职业教育人才多样化成长的立交桥，改革职业院校升学考试制度，扩大招生院校范围、专业覆盖面及计划数，努力拓宽中职毕业生的升学渠道。随着经济社会的发展对技能人才的学历要求的提高以及中高职衔接通道的打通，中职毕业生选择继续升学的人数将较以往进一步增加，选择直接就业的人数将会有所减少。

（五）中职教育质量的提高成为必然趋势

中职学生由于有年龄优势，同时又有较好的技能素质，因此受到企业的青睐，加上工资薪酬待遇要求不高，所以是许多降本增效企业的首选。随着竞争愈加激烈，企业对职业院校学生的综合素质要求也随之增高。同时，新能源、新材料、智能装备、轨道交通、港口运输、食品等行业企业的兴起，对技能人才培养质量提出更高的要求。只有切实提升中职学校的办学水平和育人质量，才能适应经济社会的发展需求。

福建省中等职业学校毕业生就业状况

2016年，福建省中等职业学校毕业生总数为81 199人（不含技工学校，下同），就业学生总数为79 249人，平均就业率为97.6%，直接就业人数为63 884人。与2015年相比，2016年毕业生总数和就业学生总数有所下降，但就业率有所上升（见表2-13-1）。

表2-13-1　福建省中等职业学校毕业生就业总体状况

项目	2015年	2016年
毕业生总数/人	90 505	81 199
就业学生总数/人	87 605	79 249
就业率/%	96.8	97.6

一、总体状况

（一）就业去向

福建省就业学生中，到国家机关和企事业单位就业的毕业生人数为37 199人，占就业学生总数的46.94%；合法从事个体经营的为17 171人，占就业学生总数的21.67%；通过其他方式就业的为9 514人，占就业学生总数的12.00%；升入各类高一级学校就读的毕业生人数为15 365人，占就业学生总数的19.39%（见图2-13-1）。

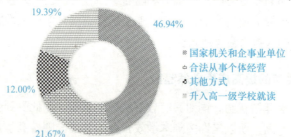

图2-13-1　福建省中等职业学校毕业生就业去向

（二）产业分布

从事第一产业的毕业生人数为7 997人，占直接就业学生的12.52%；从事第二产业

的毕业生人数为11 649人，占直接就业学生的18.23%；从事第三产业的毕业生人数为44 238人，占直接就业学生的69.25%（见表2-13-2）。

表2-13-2　福建省中等职业学校毕业生就业产业分布

产业分布	2015年		2016年	
	就业人数/人	占直接就业人数比例/%	就业人数/人	占直接就业人数比例/%
第一产业	7 140	9.74	7 997	12.52
第二产业	15 352	20.94	11 649	18.23
第三产业	50 836	69.32	44 238	69.25

（三）就业地域

本地、异地和境外就业状况为：在本省就业的毕业生人数为50 892人，占直接就业学生的79.67%；到异地就业的毕业生人数为12 619人，占直接就业学生的19.75%；到境外就业的毕业生人数为373人，占直接就业学生的0.58%（见表2-13-3）。

表2-13-3　福建省中等职业学校毕业生就业地域

就业地域	2015年		2016年	
	就业人数/人	占直接就业人数比例/%	就业人数/人	占直接就业人数比例/%
本地	61 030	83.23	50 892	79.67
异地	11 949	16.29	12 619	19.75
境外	349	0.48	373	0.58

（四）就业渠道

通过学校推荐就业的毕业生人数为41 439人，占直接就业学生的64.87%；通过中介介绍就业的毕业生人数为2 966人，占直接就业学生的4.64%；通过其他渠道就业的毕业生人数为19 479人，占直接就业学生的30.49%（见图2-13-2）。

图2-13-2　福建省中等职业学校毕业生就业渠道

与2015年相比，2016年福建省中等职业学校毕业生就业呈现出以下特点：

一是毕业生总数有所减少。2016年毕业生总数比2015年减少了9 306人，减少了10.28%；就业学生总数相应减少8 356人，减少了9.54%。

二是毕业生就业率有所上升。从福建省各设区市的状况看，平潭、莆田、宁德和厦门4个地区的毕业生就业率在98%以上；高于全省平均水平的设区市共有8个，分别为平潭、莆田、宁德、厦门、泉州、三明、南平和漳州。其他几个设区市的毕业生就业率在96.00%以上。三明、莆田、漳州、泉州、厦门、宁德和南平7个地区的毕业生就业率与去年同期相比有所增长，其中三明涨幅最大，达到2.80%。从专业上看，第一产业专业就业生的就业率上升幅度最大，达到2.78%。其中第二产业中能源与新能源类专业毕业生就业率上升了37.5%；第三产业中其他专业毕业生就业率的涨幅最高，达到5.83%。

三是对口就业率略有上升，跌幅为0.36%。第一产业专业（农林牧渔专业）毕业生对口就业率涨幅达到13.84%；但第二产业专业和第三产业专业毕业生对口就业率均有所下降，下降幅度分别为4.77%和0.60%，其中在第二产业专业中，轻纺食品类专业毕业生对口就业率下降幅度最大，达到12.56%；在第三产业专业中，休闲保健类专业毕业生对口就业率下降幅度最大，达到17.37%。

四是在第一产业就业的毕业生人数占直接就业总人数的比例略有上升，在第二产业和第三产业就业的毕业生人数占直接就业总人数的比例却略有下降，下降幅度分别为2.71%和0.07%。第三产业仍是中职毕业生就业的主要领域，占直接就业总人数的69.25%。

五是到国家机关、企事业单位就业与其他方式就业的毕业生人数占直接就业总人数的比例比2015年分别下降了2.79%和4.42%，合法从事个体经营和升入高一级学校就读人数的比例则分别上升了4.11%和4.95%。

六是异地就业的毕业生人数占直接就业总人数比例有所增加，涨幅达到3.46%，而本地就业的毕业生人数占直接就业总人数比例降低了3.56%，这说明了福建省本地就业吸引力有所下降。

七是城区就业的毕业生人数占直接就业总人数比例有所降低，降幅达到3.46%，而镇区和农村就业的毕业生人数占直接就业总人数比例分别增加了2.11%和1.53%，乡镇农村地区就业吸引力有所上升。

二、各专业大类就业状况

根据《中等职业学校专业目录》确定的19个专业类别，其就业状况如图2-13-3、图2-13-4、图2-13-5、图2-13-6和表2-13-4所示。

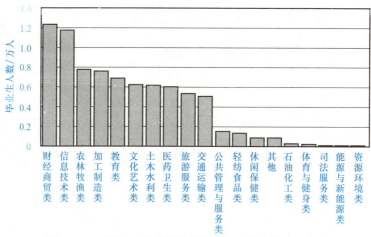

图2-13-3 福建省中等职业学校各专业大类毕业生人数

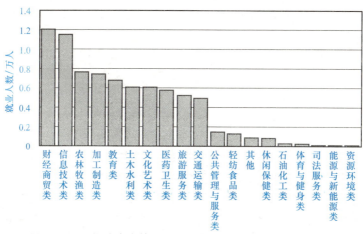

图2-13-4 福建省中等职业学校各专业大类毕业生就业人数

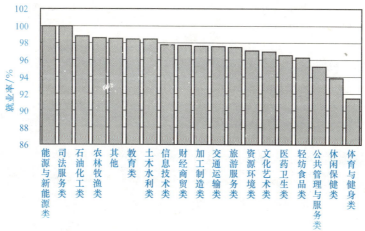

图2-13-5 福建省中等职业学校各专业大类毕业生就业率

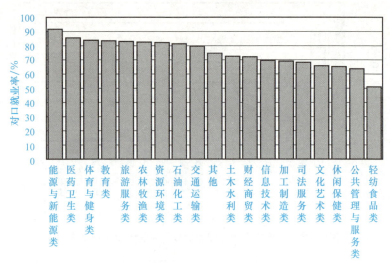

图2-13-6 福建省中等职业学校各专业大类毕业生对口就业率

从毕业生人数看,财经商贸类专业毕业生人数最多,为12 345人,占毕业生总数的15.20%;其次是信息技术类专业,毕业生人数为11 763人,占毕业生总数的14.49%;石油化工类、体育与健身类、司法服务类、能源与新能源类和资源环境类专业毕业生人数均低于500人,约合占毕业生总数的1%;其中最少的是资源环境类专业,毕业生人数为34人,占毕业生总数的0.04%。

从就业人数看,财经商贸类专业毕业生就业人数最多,为12 058人,占就业学生总数的15.22%;其次是信息技术类专业,毕业生就业人数为11 498人,占就业学生总数的14.51%;毕业生就业人数最少的是资源环境类专业,为33人,占就业学生总数的0.04%。

从专业分类看,就业状况最好的是能源与新能源类和司法服务类专业,就业率高达100.00%;其次是石油化工类、农林牧渔类、其他、教育类、土木水利类、信息技术类、财经商贸类和加工制造类专业,就业率高于平均就业率(97.60%);体育与健身类专业就业率最低,为91.46%。

表2-13-4 福建省中等职业学校各专业大类毕业生状况

专业类别	毕业生人数/人	就业人数/人	就业率/%	对口就业人数/人	对口就业率/%
能源与新能源类	48	48	100.00	44	91.67
司法服务类	79	79	100.00	54	68.35
石油化工类	331	327	98.79	269	81.27
农林牧渔类	7 831	7 717	98.54	6 486	82.82
其他	935	921	98.50	699	74.76
教育类	6 944	6 836	98.44	5 807	83.63
土木水利类	6 218	6 119	98.41	4 510	72.53

续表

专业类别	毕业生人数/人	就业人数/人	就业率/%	对口就业人数/人	对口就业率/%
信息技术类	11 763	11 498	97.75	8 205	69.75
财经商贸类	12 345	12 058	97.68	8 885	71.97
加工制造类	7 649	7 467	97.62	5 284	69.08
交通运输类	5 088	4 964	97.56	4 050	79.60
旅游服务类	5 419	5 281	97.45	4 503	83.10
资源环境类	34	33	97.06	28	82.35
文化艺术类	6 273	6 079	96.91	4 132	65.87
医药卫生类	6 035	5 826	96.54	5 164	85.57
轻纺食品类	1 394	1 342	96.27	710	50.93
公共管理与服务类	1 589	1 512	95.15	1 011	63.62
休闲保健类	943	885	93.85	617	65.43
体育与健身类	281	257	91.46	236	83.99

三、工作举措

福建省目前有中职学校217所，其中国家中职改革发展示范校31所；2016年招生14.08万人，在校学生39.67万人。

（一）加快优质职业院校建设，激发职业院校办学活力

一是实施省级示范校现代职业院校工程建设，完成了54所中等职业培训项目的规划工作；新验收通过了5所省级中职改革发展示范校；完成了第三批国家中职改革发展示范校省级验收。

二是印发了《福建省中等职业学校分级建设实施意见》，推进达标、规范化、示范性中职学校建设，引导各地加大基本建设和设施设备投入力度，改造弱校、差校，普遍提升办学条件，增强培养能力。

三是推进职业院校联盟建设，组建了福州、漳州、泉州、莆田和平潭5个职业院校联盟，共38所中职学校参加，探索"集群发展"模式。加快推进公共实训基地建设，确定了7个公共实训基地培育建设项目，促进理实结合，激发了职业院校办学活力，提高了人才培养质量。

（二）强化职业教育内涵建设，增强职业院校竞争实力

一是提升职业院校管理水平。印发了《福建省职业教育管理水平提升行动计划

（2015—2018年）实施方案》，开展了诚信招生专项治理、学籍信息核查、教学标准落地、实习管理规范、"平安校园"创建、财务管理规范6大活动，引导职业院校更新管理理念，规范办学行为。

二是推进信息化教学资源建设。启动职业教育精品在线开放课程及专业教学资源库建设工作，首批遴选确定了9个中职在线。

三是办好职业院校技能大赛。举办全省职业院校技能大赛，竞赛项目117个。在全国职业院校技能大赛中实现较大突破，获得一等奖20项（比2015年增加9块）、二等奖65项（比2015年增加10块）、三等奖106项，一等奖和奖项总数均创历史新高。

四是完善教学质量保障制度。制定了《福建省高等职业院校内部质量保证体系诊断与改进工作实施方案（试行）》，推动了职业院校完善内部质量保证体系。印发了《福建省中等职业学校学生学业水平考试实施办法（试行）》和《福建省中等职业学校学生综合素质评价实施办法（试行）》。

（三）优化职业院校专业结构，提升服务区域产业能力

一是组织开发10个中高职衔接的专业指导性人才培养方案，推进中等、高等职业教育在培养目标、课程内容、教学过程、考核评价等方面相互衔接。

二是实施福建省职业院校服务产业特色专业群首批培育建设项目，引导职业院校围绕区域产业带和产业集群，以学校优势或特色专业为核心，建设符合市场需求、特色鲜明的专业群，遴选确定了首批33个中职学校的11个专业大类、28个中职学校服务产业特色专业群，提升了中等职业学校服务区域产业的能力。

四、发展趋势预测

（一）职业教育发展氛围良好，中职毕业生就业态势提升

2016年，福建省政府出台了《关于加快发展现代职业教育的若干意见》，对建立福建特色现代职业教育体系进行了系统谋划；建立了省级职业教育工作联席会议制度，形成了政府统筹、部门协同的推进机制；同时，加强了职业教育宣传。对反映职业教育方针政策、典型经验、感人故事、先进事迹、活动周典型做法和生动事例等进行了深入报道，社会反响良好，形成了"崇尚一技之长，不唯学历凭能力"的社会氛围，有效提高了职业教育的社会影响力和吸引力，大幅提升了中职毕业生就业环境和社会认可度。预计未来毕业生就业态势会有所提升。

（二）2017年毕业生人数基本持平，专业结构仍需优化

2017年福建省中职学校毕业生预计约为9.1万名，比2016年略有提升。其中，与第

一产业相关的农林牧渔类专业预计有毕业生约1.25万名，约占总数的13.74%，与2016年相比上升幅度巨大，达到60.26%。与第二产业相关的加工制造类、石油化工类、土木水利类等专业毕业生预计约为1.41万名，约占总数的15.50%，与2016年相比下降9.62%。与第三产业相关的财经商贸类、旅游服务类、医药卫生类及教育类等专业毕业生预计6.44万名，约占总数的70.77%，与2016年相比上升幅度较大，达到11.61%。与第二产业相关的加工制造类产业、石油化工类产业就业人数将有所下滑。第三产业仍将是毕业生就业的主要方向。产业转型升级需求与专业结构矛盾依然存在。

江西省中等职业学校毕业生就业状况

2016年,江西省中等职业学校毕业学生总数为88 689人,就业学生总数为85 387人,直接就业人数69 540人,就业率为96.28%,对口就业率为83.46%。与2015年相比,2016年毕业学生总数有较大幅度减少,就业率和对口就业率均有所下降(见表2-14-1)。

表2-14-1 江西省中等职业学校毕业生就业总体状况

项目	2015年	2016年
毕业生总数/人	118 673	88 689
就业学生总数/人	114 306	85 387
就业率/%	96.32	96.28

一、总体状况

(一)就业去向

在毕业的85 387名就业学生中,到国家机关和企事业单位就业的毕业生人数为47 937人,占就业学生总数的56.14%;合法从事个体经营的毕业生人数为11 373人,占13.32%;以其他方式就业的毕业生人数为10 230人,占11.98%;升入各类高一级学校就读的毕业生人数为15 847人,占18.56%。(见图2-14-1)。

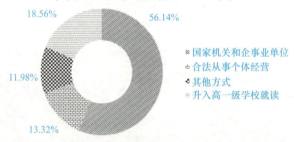

图2-14-1 江西省中等职业学校毕业生就业去向

(二)产业分布

直接就业学生中,从事第一产业的毕业生人数为6 804人,占直接就业学生的

9.79%；从事第二产业的毕业生人数为20 203人，占29.05%；从事第三产业的毕业生人数为42 533人，占61.16%。与2015年相比，2016年从事第一产业的毕业生人数的比例有所上升，从事第二产业和第三产业的毕业生人数的比例有所下降（见表2-14-2）。

表2-14-2　江西省中等职业学校毕业生就业产业分布

产业分布	2015年		2016年	
	就业人数/人	占直接就业人数比例/%	就业人数/人	占直接就业人数比例/%
第一产业	4 808	4.66	6 804	9.79
第二产业	31 736	30.74	20 203	29.05
第三产业	66 701	64.60	42 533	61.16

（三）就业地域

直接就业学生中，本地就业的毕业生人数为30 302人，占直接就业学生的43.58%；到异地就业的毕业生人数为39 152人，占56.30%；到境外就业的毕业生人数为86人，占0.12%。与2015年相比，2016年本地就业比例有所上升，异地就业和境外就业比例有所下降（见表2-14-3）。

表2-14-3　江西省中等职业学校毕业生就业地域

就业地域	2015年		2016年	
	就业人数/人	占直接就业人数比例/%	就业人数/人	占直接就业人数比例/%
本地	43 893.00	42.51	30 302	43.58
异地	59 081.00	57.23	39 152	56.30
境外	271.00	0.26	86	0.12

（四）就业渠道

直接就业学生中，通过学校推荐就业的毕业生人数为55 695人，占直接就业学生的80.09%；通过中介介绍就业的毕业生人数为3 305人，占4.75%；通过其他渠道就业的毕业生人数为10 540人，占15.16%（见图2-14-2）。

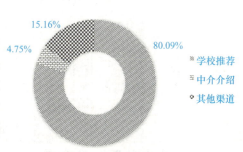

图2-14-2　江西省中等职业学校毕业生就业渠道

与2015年相比，2016年江西省中等职业学校毕业生就业呈现出以下特点：

一是到国家机关和企事业单位，合法从事个体经营的毕业生和升入高一级学校就读的毕业生比例有所提高；以其他方式就业的毕业生比例有所下降。

二是就业于第一产业的毕业生比例呈增长趋势，就业于第二、第三产业的毕业生比例有所下降，但其中就业于第三产业的毕业生人数占直接就业人数的比例超过了60%，这说明第三产业依然是中职毕业生就业的重要领域。

三是本地就业比例有所上升，异地就业和境外就业有所下降，说明本地就业的毕业生仍是主体。

二、各专业大类就业状况

根据《中等职业学校专业目录》确定的19个专业类别，其就业状况如图2-14-3、图2-14-4、图2-14-5、图2-14-6和表2-14-4所示。

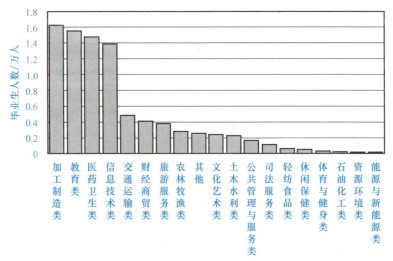

图2-14-3　江西省中等职业学校各专业大类毕业生人数

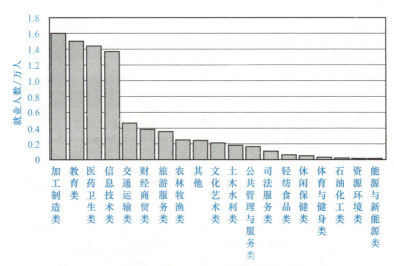

图2-14-4　江西省中等职业学校各专业大类毕业生就业人数

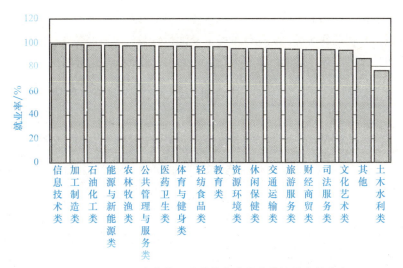

图2-14-5 江西省中等职业学校各专业大类毕业生就业率

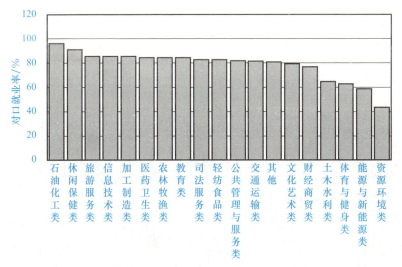

图2-14-6 江西省中等职业学校各专业大类毕业生对口就业率

从毕业生人数看,加工制造类专业毕业生人数最多,为16 234人,占毕业生总数的18.30%;其次是教育类专业,毕业生人数为15 597人,占毕业生总数的17.59%;毕业生人数最少的是能源与新能源类专业,毕业生人数为56人,占毕业生总数的0.06%。

从就业人数看,加工制造类专业毕业生就业人数最多,为16 020人,占就业学生总数的18.76%;其次是教育类专业,毕业生就业人数为15 047人,占就业学生总数的17.62%;毕业生就业人数最少的是能源与新能源类专业,为55人,占就业学生总数的0.06%。

从专业分类看,就业状况最好的是信息技术类专业,就业率高达99.19%;其次是加工制造类专业,就业率为98.68%;石油化工类、能源与新能源类、农林牧渔类、公共管理与服务类、医药卫生类、体育与健身类、轻纺食品类、教育类专业处于就业率的平均水平以上；资源环境类、休闲保健类、交通运输类、旅游服务类、财经商贸类、司法服务类、文化艺术类、其他、土木水利类专业处于就业率的平均水平以下。

表2-14-4　江西省中等职业学校各专业大类毕业生状况

专业类别	毕业生人数/人	就业人数/人	就业率/%	对口就业人数/人	对口就业率/%
信息技术类	13 897	13 784	99.19	11 891	85.57
加工制造类	16 234	16 020	98.68	13 862	85.39
石油化工类	259	255	98.46	249	96.14
能源与新能源类	56	55	98.21	33	58.93
农林牧渔类	2 603	2 550	97.96	2 201	84.56
公共管理与服务类	1 728	1 691	97.86	1 421	82.23
医药卫生类	14 788	14 405	97.41	12 529	84.72
体育与健身类	357	347	97.20	224	62.75
轻纺食品类	695	671	96.55	577	83.02
教育类	15 597	15 047	96.47	13 176	84.48
资源环境类	80	76	95.00	35	43.75
休闲保健类	617	586	94.98	562	91.09
交通运输类	4 893	4 646	94.95	3 994	81.63
旅游服务类	3 815	3 620	94.89	3 265	85.58
财经商贸类	4 162	3 924	94.28	3 210	77.13
司法服务类	1 191	1 119	93.95	990	83.12
文化艺术类	2 353	2 200	93.50	1 865	79.26
其他	2 884	2 496	86.55	2 334	80.93
土木水利类	2 480	1 895	76.41	1 602	64.60

三、工作举措

（一）加强顶层设计，实行高位推动

省委、省政府始终坚持把职业教育作为经济社会发展的重要基础和教育工作的战略重点来抓，统筹推进职业教育发展。21世纪以来，省政府于2003年、2006年、2014年先后三次召开全省职业教育工作会议，出台了一系列推进职业教育改革发展的政策措施。省政府专门成立了全省职业教育工作联席会议，由分管副省长任主任，由省教育厅、省人社厅、

省发改委、省财政厅等15个相关部门分管职业教育工作的负责同志组成，明确了联席会议成员单位在发展职业教育中的具体职责和任务。我省还注重从规划层面确立职业教育的战略地位。2014年，省教育厅、省人社厅、省发改委、省财政厅、省农业厅、省工信委、省移民扶贫办7个部门印发了《江西省现代职业教育体系建设规划（2014—2020年）》，进一步牢固确立了职业教育在我省人才培养体系中的重要位置。

（二）完善现代职教体系，畅通技能人才成长立交桥

我省积极完善现代职业教育体系，加快打通中职、高职、应用本科衔接的通道，拓展职业人才成长空间。目前，在中职对接高职这个方面，已经打通了4条渠道。

一是"三校生"升学考试。每年有近5 000名中职学生通过"三校生"考试升入高职院校和本科院校。

二是"3+2"对接培养。实行前3年在中职学校就读，后2年免试升入高职院校就读的对接方式。目前有33所高职院校、96所中职学校参加对接培养试点。

三是高职院校自主招生。高职院校经过技能测试和文化考试，自主录取中职学校毕业生和普通高中毕业生。高职院校自主录取的比例呈逐年增长趋势。

四是中职学校技能竞赛获奖选手免试录取高职院校，全国和全省中职学校技能竞赛获奖学生免试录取高职院校。在高职对接本科方面，启动联合培养应用技术型本科人才试点工作。从2014年开始确定12个本科院校和高职院校联合培养应用技术型本科人才试点项目，深受广大家长、学生欢迎，产生了良好的社会反响。同时，我省还积极探索推动本科院校向应用技术型高校转型发展。目前，已确定景德镇陶瓷学院等10所高校作为首批转型发展试点高校。普通本科和专业学位研究生招生计划适当对转型发展试点高校和专业进行倾斜。支持试点高校符合产业发展规划、创业就业质量高的专业扩大招生规模。

（三）优化专业结构，有效服务我省现代产业体系

我省职业院校积极回应"龙头昂起、两翼齐飞、苏区振兴、绿色崛起"发展战略，不断完善与区域产业转型升级相适应的专业设置与动态调整机制，提高人才培养与经济社会发展的契合度。目前，全省高等职业院校专业布点总数共1 356个，服务第一、第二、第三产业的专业点分别为22个、696个、638个，在校生人数占比分别为1.53%、42.63%、55.84%；中等职业学校在第一产业方面设专业32个，第二产业方面设专业122个，第三产业方面设专业167个，职业教育专业与产业结构调整需求总体匹配。

在专业建设方面，我们对传统优势产业、新兴产业、特色产业方面的相关专业给予重点扶持。为加快旅游业人才的培养，近年来在重点景区陆续开设了多个旅游学校，如庐山旅游学校、井冈山旅游中等专业学校、南昌新东方烹饪学校、玉山县中等职业学校；同时，其他职业学校增设旅游类专业，加大酒店服务与管理、旅游外语、导游服务、中餐烹饪、西餐烹饪等专业人才的培养。为适应传统农业大省的发展需要，我省加

大扶持力度，制定出台了《关于加强面向"三农"职业教育和职业培训的若干意见》，明确了农村职业教育与职业培训的具体目标和"八个一"工作措施，结合我省产业结构和布局，将从2017年开始实施高职院校对口帮扶农村职业学校计划。为适应老龄化社会日益严重的发展趋势，我省专门下发了《关于加快养老服务业人才培养的实施意见》，鼓励引导中高职院校开设养老服务和管理专业，并要求各职能部门根据本地实际和养老服务业的特点，在专业建设、师资培训、招生就业、学生奖助、基地建设、从业人员待遇等方面制定并落实相应的优惠政策，对开设养老服务和管理专业的高等院校和中等职业学校在招生计划安排及其他有关资源配置上予以一定倾斜，对吸纳养老服务和管理专业毕业学生的养老机构、居家养老服务站点等给予一定政策支持。

（四）推进职业教育资源整合，提升职业教育办学质量

为贯彻落实全省职业教育工作会议和省政府《关于加快发展现代职业教育的实施意见》精神，切实解决我省中等职业学校普遍存在的"散、小、弱"问题，提高中等职业学校办学质量和服务水平，我省制定下发了《关于推进中等职业教育资源整合的指导意见》，按照"做强优势学校、创建特色学校、打造品牌学校"的原则，要求全省各地、省直有关部门根据指导意见的要求和各地中等职业教育发展的实际，编制资源整合规划，对所属的全部中职学校明确提出保留、合并、撤销、划转和建设的具体意见，并提出完成规划的具体时间。目前，全省各地及省直有关部门整合规划全部编制完成，初步统计，根据各地和各部门的规划，全省将撤销中职学校95所，合并92所，加强建设219所，全省中职学校将由过去的509所整合为300所左右。

为改变我省高水平职业院校偏少，部分职业院校特别是农村职业学校办学条件较差的现状，我省制定了《中等职业教育质量提升"123"工程实施方案》，包括《江西省高水平现代化中等职业学校建设实施方案》《江西省中等职业学校专业技术技能名师培育项目方案》《江西省中等职业学校特色专业群建设实施方案》3个子方案。2016年安排8 300万元资金，遴选3所中职学校、10个特色中职专业群和60名专业技术技能名师进行重点建设和培养。结合我省"双一流"创建工作，全面实施高等职业教育创新行动计划，截至9月底，九江职业技术学院等31所高职学校报送了行动计划实施方案。在此基础上，我省发布了江西省"高等职业教育创新发展行动计划任务（项目）承担状况一览表"，落实了各校的任务和目标。

（五）健全就业指导体系，提高毕业生就业能力

一是做好学生就业指导工作。职业院校高度重视学生的就业指导、职业生涯规划，构建全程化的就业指导体系，将就业指导教育贯穿于职业教育全过程，在不同年级和阶段有针对性地对毕业生进行专项指导，帮助中职学生进行切合实际的职业生涯规划，端正就业心态，树立正确的就业观和择业观。

二是设立就业服务窗口。为了更好地帮助毕业生就业，职业院校为毕业生设立了就业服务窗口，宣传国家就业政策，随时解答毕业生的各种疑问，有效地解决了学生在政策把握和就业程序上的实际困难。

三是加强考察力度，拓展就业空间。职业院校在稳定好原有实习就业基地的同时，牢固树立市场的观念，积极与用人单位联系和沟通，加大对珠三角地区用人单位的考察，掌握最新的就业动态，拓宽就业渠道，建立稳定的新的就业基地，使学生就业面更广、选择范围更大。

四是落实毕业生就业跟踪调查。职业院校及时掌握毕业生的真实就业状况，做好调查记录，并定期将调查材料上报就业工作小组备案；对未就业及已推荐就业但对就业单位不满意的学生，提供新的用人单位信息供他们选择，尽量做到毕业生满意就业、幸福就业。

四、发展趋势预测

一是中职学校毕业生就业压力依然较大。随着全国经济增长放缓，经济下行压力加大，我省调整产业结构、转变发展方式任务艰巨，导致全国大部分企业效益下滑，用工需求下降，中职学校毕业生就业将面临更大的压力。

二是中职学校毕业生就业观念需转变。他们往往只是根据兴趣、爱好、工种技术含量高、待遇等来选择职业，择业上比较盲目，期望值过高，并有一定的从众心理。同时，中职学校毕业生面临大专生、本科生同台竞争，不能发挥优势特点，面临着更大的就业挑战。

三是劳动力就业的质量将得到提升。随着我国人口红利的逐步消失和劳动力整体受教育程度的不断提高，整体的就业质量将提高，这势必给中职学校毕业生就业带来更多的机遇。

五、未来工作计划

(一) 加快职业教育资源整合速度

按照《关于推进中等职业教育资源整合的指导意见》精神，加快推进中等职业教育资源整合工作，确保在2018年年底前在全省重点办好300所达标的中等职业学校，解决我省中等职业学校普遍存在的"散、小、弱"问题，整体提高职业学校办学水平。

(二) 建设一批高水平职业院校和特色职业学校

分阶段、分步骤建设一批办学条件齐备、办学理念先进、师资力量雄厚、教学质量较高、人民群众认可的高水平职业院校；培育建成一批面向地方特色产业、面向新兴产业，办学特色鲜明、办学质量较高、在行业内认可度较高的特色职业院校；支持建设一批示范专业群和综合型公共实训中心。

（三）做好职业院校教学诊断和改进工作

根据教育部要求和我省各职业院校办学实际，科学制定我省职业院校教育教学诊断和改进工作实施方案及工作规划，确定诊改工作试点单位，加强诊改工作培训，通过诊改有效提高职业院校教育教学质量。

（四）加强"双师型"师资队伍建设

拓宽职业院校专业师资培养渠道，改革专业师资培训方式，提高师资培训效益。积极试行"免费职教师资"培养方式。拓宽教师引进渠道，实施"特聘兼职教师"计划，引进企业高技术技能人才到职业院校兼职任教。

（五）进一步深化校企合作

深入贯彻落实《江西省职业教育校企合作促进办法》，研究制定加强校企合作的实施意见、政策，引导和激励企业参与校企合作，调动行业、企业参与和支持职业教育发展的积极性。围绕我省重点产业、优势产业和战略新兴产业，加快组建以产业（专业）为纽带、高职院校为龙头、中职学校为基础、相关企业参与的行业职业教育集团，促进职业院校和行业企业紧密结合、优势互补、合作共赢。

山东省中等职业学校毕业生就业状况

2016年,山东省中等职业学校毕业生总数为301 969人(含五年一贯制高职第三年学生,不含技工学校学生,下同),就业学生总数为296 399人,就业率为98.16%。与2015年相比,2016年由于统计不含技工学校毕业生,毕业生总数和就业学生总数均有所下降,就业率有所提升(见表2-15-1)。

表2-15-1　山东省中等职业学校毕业生就业总体状况

项目	2015年	2016年
毕业生总数/人	531 180	301 969
就业学生总数/人	512 317	296 399
就业率/%	96.45	98.16

一、总体状况

(一)就业去向

山东省296 399名就业学生中,到国家机关和企事业单位的有168 382人,占就业学生总数的57%;合法从事个体经营的有39 887人,占13%;以其他方式就业的有26 726人,占9%;升入高一级学校就读的有61 404人,占21%(见图2-15-1)。

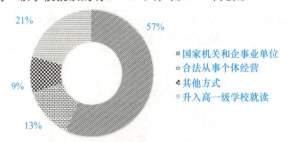

图2-15-1　山东省中等职业学校毕业生就业去向

(二)产业分布

从事第一产业的毕业生有18 974人,占直接就业人数的8.17%;从事第二产业的毕业生有106 293人，占45.76%；从事第三产业的毕业生有107 024人，占46.07%。与2015年相比，2016年从事第一、第二产业的毕业生人数的比例有所下降；从事第三产业的毕业生人数的比例有所提升（见表2-15-2）。

表2-15-2　山东省中等职业学校毕业生就业产业分布

产业分布	2015年		2016年	
	就业人数/人	占直接就业人数比例/%	就业人数/人	占直接就业人数比例/%
第一产业	52 136	11.82	18 974	8.17
第二产业	216 539	49.11	106 293	45.76
第三产业	172 253	39.07	107 024	46.07

（三）就业地域

就业地域分为本地、异地和境外。本地就业的毕业生人数为170 288人，占直接就业人数的73.31%；异地就业的为61 412人，占26.44%；境外就业的为591人，占0.25%。与2015年相比，2016年本地、境外就业人数比例有所下降，异地就业人数比例有所提升（见表2-15-3）。

表2-15-3　山东省中等职业学校毕业生就业地域

就业地域	2015年		2016年	
	就业人数/人	占直接就业人数比例/%	就业人数/人	占直接就业人数比例/%
本地	418 509	94.92	170 288	73.31
异地	17 396	3.95	61 412	26.44
境外	5 023	1.14	591	0.25

（四）就业渠道

通过学校推荐就业的毕业生人数为186 236人，占直接就业人数的80%；通过中介介绍就业的为14 158人，占直接就业学生的6%；通过其他渠道就业的为31 897人，占14%。（见图2-15-2）。

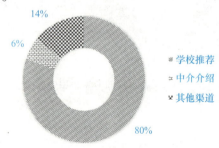

图2-15-2　山东省中等职业学校毕业生就业渠道

与2015年相比，2016年山东省中等职业学校毕业生就业呈现出以下特点：

一是毕业生人数有所减少，就业率有所提升，升入高一级学校就读的比例有所上升，进入企业单位的毕业生占主导位置，也有少量学生进入机关和事业单位。2016年毕业的中职学生比2015年减少229 211人，这与毕业生人数中不包含技工学校毕业生有关。2016年进入企业单位（含少量进入机关和事业单位的学生）的毕业生比2015年降低14.89%，升入高一级学校就读的比例较2015年增长7.01%。

二是异地就业比例有所上升，2016年本地就业人员比例较2015年降低21.61%，异地就业人员比例增长22.49%，说明毕业生就业不再局限于本地，这与我省经济社会的快速发展密切相关。

三是优秀毕业生和各级技能大赛引领作用凸显。省、市级优秀毕业生以及在技能大赛获得优秀成绩的毕业生就业机遇较多，是用工单位的首选，引领2016年广大中职毕业生整体素质得到较大提升。

二、各专业大类就业状况

根据《中等职业学校专业目录》确定的19个专业类别，其就业状况如图2-15-3、图2-15-4、图2-15-5和表2-15-4所示。

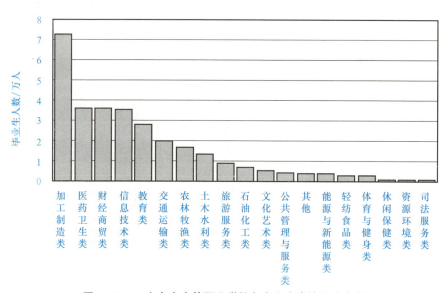

图2-15-3　山东省中等职业学校各专业大类毕业生人数

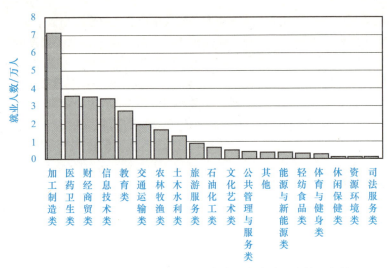

图2-15-4　山东省中等职业学校各专业大类毕业生就业人数

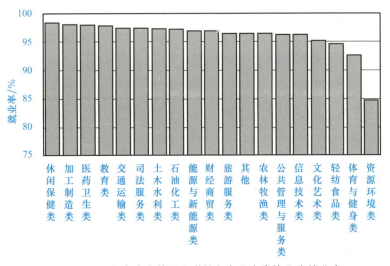

图2-15-5　山东省中等职业学校各专业大类毕业生就业率

从毕业生人数看，加工制造类专业毕业生人数最多，为72 575人，占毕业生总数的24.03%；医药卫生类和财经商贸类专业次之，毕业生人数分别为36 284人和36 240人，占毕业生总数的12.02%和12.00%。毕业生人数最少的是司法服务类专业，为157人，占毕业生总数的0.05%，其次是环境资源类专业，毕业生人数为202人，占毕业生总数的0.07%。

从就业人数看，加工制造类专业就业人数最多，为71 203人，占就业学生总数的24.24%；医药卫生类和财经商贸类专业次之，就业人数分别为35 547人和35 124人，占就业学生总数的12.10%和11.96%。毕业生就业人数最少的是司法服务类专业，就业人数为

153人，占就业学生总数的0.05%；其次是资源环境类专业，就业人数为171人，占就业学生总数的0.07%。

从专业分类看，就业状况最好的是休闲保健类专业，就业率高达98.43%；其次是加工制造类专业，就业率为98.11%；医药卫生类、教育类、交通运输类、司法服务类和土木水利类专业就业率均处于平均水平以上。环境资源类专业就业状况不理想，就业率仅为84.65%。

表2-15-4　山东省中等职业学校各专业大类毕业生状况

专业类别	毕业生人数/人	就业人数/人	就业率/%
休闲保健类	1 214	1 195	98.43
加工制造类	72 575	71 203	98.11
医药卫生类	36 284	35 547	97.97
教育类	28 008	27 409	97.86
交通运输类	20 199	19 696	97.51
司法服务类	157	153	97.45
土木水利类	13 721	13 355	97.33
石油化工类	7 212	7 013	97.24
能源与新能源类	4 071	3 946	96.93
财经商贸类	36 240	35 124	96.92
旅游服务类	9 128	8 809	96.51
其他	4 136	3 991	96.49
农林牧渔类	17 097	16 495	96.48
公共管理与服务类	4 452	4 288	96.32
信息技术类	35 500	34 179	96.28
文化艺术类	5 542	5 273	95.15
轻纺食品类	3 191	3 019	94.61
体育与健身类	3 040	2 817	92.66
资源环境类	202	171	84.65

三、工作举措

（一）率先在全国以省为单位建立中等职业教育发展与质量年度报告制度

2015年，山东省教育厅下发了《关于建立中等职业教育发展与质量年度报告制度的通知》（鲁教职字〔2015〕37号），决定在已经建立高等职业教育发展与质量报告制度的基础上，从2015年起，在全国率先以省为单位建立中等职业教育发展与质量年度报告制度，旨在进一步促进中高职衔接，向社会宣传展示全省中职学校改革发展成果、办学特色，引导和推动中职学校进一步健全质量保障体系，主动回应社会关切，切实提高教育教学和人才培养质量，更好地服务经济社会发展。我省中等职业教育发展与质量年度报告分为省级报告、市级报告、县级报告及中职学校报告。报告内容包括政府履责、发展举措、经费投入、发展规模、办学条件、人才培养、校企合作、服务区域经济社会发展等。从2015年起，全省中等职业教育发展与质量年度报告每年都会向社会发布。

（二）基础能力建设扎实推进

继续实施省级规范化中职学校建设工程，委托第三方机构完成了首批25所学校验收，组织了第二批58所学校中期检查，约谈了6个县（市、区）分管负责人和教育局局长、中职学校校长，完成了第三批27所学校的立项工作，启动了首批省级中职示范校及优质特色校建设工程，组织了第三批19所国家中职示范校省级验收。联合财政厅出台了高职院校生均拨款标准；完成了第三批3所国家骨干高职院校省级验收、首批13所省级技能型人才培养特色名校验收和全部25所学校的中期检查工作；完成了省委科学发展观政绩考核、省规范化中职学校项目综合考核工作。

（三）省财政拨付5 000万元，专项支持中职品牌专业建设

为提升中等职业教育教学质量和办学水平，推进现代职业教育体系建设，我省于2013年启动实施了"中等职业学校品牌专业建设计划"，在全省建设100个中等职业学校品牌专业。2015年，经学校申报、市级推荐、专家遴选、网上公示等程序，我省确定济南电子机械工程学校机电技术应用等56个专业为第二批中等职业学校品牌专业建设项目。省财政拨付建设经费，资金主要用于专业人才培养方案制定与实施、课程与教学资源建设、实训实习条件改善、现代信息技术应用与数字化资源建设、校企合作制度与管理运行机制建设、师资队伍与服务能力建设等方面。

（四）不断优化人才培养模式，搭建职业教育"立交桥"

一是各中职学校主动深入行业企业开展调研，研究制定专业人才培养标准、岗位职业基本能力要求，推动职业学校与行业企业开展深度合作，通过产教结合、校企合作培养毕业生的专业知识与技能。目前，全省有5 000余家单位（企业）与18个专业大类项目开展合作。

二是以开展工作过程为导向的课程改革，专业对接职业岗位、教学标准对接职业标准、教学过程对接工作过程，提高技能型人才的培养质量和水平。

三是为丰富人才培养类型，创新和拓宽人才成长渠道，2013年我省在全国首次开

展中职与本科"3+4"、对口贯通分段培养试点，打破了长期以来"职校只能招收低分生"的局面，在建立上下衔接贯通的技术技能型人才培养体系方面迈出了坚实步伐。按照"积极稳妥、扎实推进"的原则，2015年我省又进一步扩大了试点院校范围和专业覆盖面，"3+4"试点中职学校、专业点、培养规模分别达到26所、31个、1 430人，比2014年分别增加10所、10个、510人，试点学校涉及的市由7个增加到12个。

（五）强化学生素质能力培养

通过德育课题研究、班主任基本功大赛等活动，加强职业学校德育工作；积极推动传统文化进校园，企业文化进课堂；把文明风采竞赛作为学校德育工作的重要载体，组织学校全员参与文明风采竞赛。我省职业院校学生在全国职业院校文明风采大赛省级复赛和全国决赛中，连年获得优异成绩。山东省职业院校技能大赛中职组共设31个赛项，学生全员参与校赛与市赛初选，形成了校赛—市赛—省赛—国赛四级大赛机制，为加快人才培养提供了平台。2016年，山东省共获得国赛（中职组）一等奖77项，二等奖110项，三等奖46项，获奖总数233项，位居全国前列。

（六）加强就业创业教育，服务创业促就业

各学校把创新创业教育和学生自主创业工作纳入学校重要议事日程，大力加强创新创业教育课程体系建设，普遍将创新创业教育纳入专业教育和文化素质教育教学计划，通过举办讲座、模拟实践等方式，丰富学生的创新创业知识和体验，提升学生的创新精神和创业能力，建立了多层次、立体化的创新创业教育课程体系。中职学校毕业生中涌现出一批学生经理，实现了由到企业打工谋职到自己创业做老板的华丽转身，提高了毕业生就业率。

（七）加强就业信息服务，多途径拓宽就业渠道

各级教育行政部门和学校通过举办供需见面会、人才洽谈会，充分利用当地的人才市场、劳动力市场等就业服务机构，开展"订单就业""工学交替就业""直通车就业""创业就业"。各学校加强与用人单位、中介组织、社会就业机构的联系，广泛收集用人信息，为学生提供就业服务，把就业通道变成绿色通道，打造就业立交桥。各学校还建立毕业生就业跟踪服务，跟进了解学生就业状况，为就业困难的学生提供帮助。

四、发展趋势预测

（一）中职毕业生就业形势将保持良好态势

随着我国"一带一路"战略和我省"蓝黄两区""一圈一带"区域发展战略的深

入实施，加快发展现代服务业，未来山东城市群将建成全国的区域性经济、金融、物流中心和科技创新中心，形成以装备制造、电子信息等为支柱的多个产业集群。经济社会的快速发展对一线技能型人才在数量和质量上提出了更高的要求，对济南市劳动就业办公室发布的季度公共人力资源市场职业供求状况资料分析发现：2016年第三季度，济南市公共人力资源市场共提供岗位65 185个，企业提供岗位56 096个，占需求总数的86.06%（内资企业占91.88%）；企业中"有限责任公司"和"私营企业"提供的岗位数分列前两位，分别是32 740个和9 866个（占企业用工总数的75.95%）。上述表明经济社会的发展，将为中职毕业生就业提供更加广阔的平台，学生就业机会增加将促进就业保持良好态势。

（二）毕业生就业渠道将会越来越宽

伴随着国家"大众创业、万众创新"的社会氛围日渐浓厚以及"互联网＋"行动，众筹、创客等新兴经济形态的兴起将为中职毕业生提供灵活就业和多元化自主创业机会。同时，随着中高职、本科衔接贯通培养的现代职教体系的建立，升入高一级学校继续深造的毕业生也逐年增多，这既反映了社会对人才的需求动向，也反映了学生终身发展的需要。未来中职学校毕业生的去向将由企事业单位向自主创业、升学深造等多元渠道延伸。

（三）中职学校毕业生质量将逐年提高

随着国家对职业教育的投入加大，办学条件逐步改善，职业教育集团化办学水平将进一步提高，职业教育服务经济社会发展的能力将不断加强，技术工人的经济收入、社会地位将逐步提高；加上职业教育宣传力度的不断加大，社会特别是家长对职业教育的逐步认可，就读中职教育的学生逐年增加，生源质量明显改善。2016年，全省中职学校招生状况比往年大幅好转，相当数量的学校首次报名即完成招生计划，"3＋4"对口贯通分段培养试点学校录取分数线均比较大幅度地超出当地普通高中线。未来，随着现代职业教育体系的构建，学校办学水平进一步提升，加之生源质量的改变，中职学校将为社会发展提供更高质量、更高水平的技能人才，毕业生质量必将呈现出逐年提高的趋势。

河南省中等职业学校毕业生就业状况

2016年，河南省中等职业学校毕业生总数为471 995人，就业学生总数为450 952人，就业率为95.54%。与2015年相比，2016年毕业生总数有所上升，就业率略有提高（见表2-16-1）。

表2-16-1　河南省中等职业学校毕业生就业总体状况

项目	2015年	2016年
毕业生总数/人	467 418	471 995
就业学生总数/人	446 470	450 952
就业率/%	95.52	95.54

一、总体状况

（一）就业去向

河南省450 952名就业学生中，到国家机关和企事业单位就业的有190 423人，占就业学生总数的42.22%；合法从事个体经营的有75 986人，占16.85%；升入高一级学校就读的有112 526人，占24.96%；以其他方式就业的有72 017人，占15.97%（见图2-16-1）。

图2-16-1　河南省中等职业学校毕业生就业去向

（二）产业分布

在第一产业就业的有36 083人，占直接就业人数的10.67%；在第二产业就业的有

87 481人，占25.85%；在第三产业就业的有214 862人，占63.48%（见表2-16-2）。

表2-16-2　河南省中等职业学校毕业生就业产业分布

产业分布	2015年		2016年	
	就业人数/人	占直接就业人数比例/%	就业人数/人	占直接就业人数比例/%
第一产业	33 874	9.48	36 083	10.67
第二产业	85 080	23.81	87 481	25.85
第三产业	23 8330	66.71	214 862	63.48

（三）就业地域

本地就业的有223 749人，占直接就业人数的66.11%；异地就业的有113 935人，占33.67%；境外就业的有742人，占0.22%（见表2-16-3）。

表2-16-3　河南省中等职业学校毕业生就业地域

就业地域	2015年		2016年	
	就业人数/人	占直接就业人数比例/%	就业人数/人	占直接就业人数比例/%
本地	243 118	68.05	223 749	66.11
异地	113 865	31.87	113 935	33.67
境外	301	0.08	742	0.22

（四）就业渠道

通过学校推荐就业的有245 807人，占直接就业人数的72.63%；通过中介介绍就业的有25 498人，占7.53%；通过其他渠道就业的有67 121人，占19.84%（见图2-16-2）。

图2-16-2　河南省中等职业学校毕业生就业渠道

与2015年相比，2016年河南省中等职业学校毕业生就业呈现出以下特点：

一是毕业生总数和2015年基本持平，并略有上升。2016年河南省中等职业学校毕业生总数较2015年略有上升，增加了4 577人。

二是毕业生在产业中的分布日趋合理，第三产业就业人数仍然稳居榜首。近年来，河南省中等职业学校为了适应社会经济产业发展，加大专业结构调整力度，主动满足河南省产业发展布局和产业结构转型升级对职业技能人才的需求。2016年，中职毕业生在第一产业就业的有36 083人，占直接就业人数的10.67%；在第二产业就业的有87 481人，占25.85%；在第三产业就业的有214 862人，占63.48%。与2015年相比，2016年第三产业就业基本稳定，进入第一产业就业的毕业生略有回升，增加了1.19%，进入第二产业就业的毕业生增加了2.04%。数据从一个方面反映了河南省加快产业结构、需求结构调整产业政策初现成效。

三是毕业生去向呈多元化，升入高一级学校人数持续增加。河南省450 952名中等职业学校就业学生中，到国家机关和企事业单位就业的有190 423人，占就业学生总数的42.22%；合法从事个体经营的有75 986人，占16.85%；以其他方式就业的有72 017人，占15.97%。升入各类高一级学校就读的有112 526人，占24.96%。与2015年相比，2016年升学比例提高了近5%，这表明我省中高职教育衔接顺畅，职业教育的"立交桥"基本打通，中等职业学校学生在升学的渠道和方式上有更多的选择，中职教育不再是结终教育。

四是教育类、信息技术类专业继续走俏，就业人数最多。从毕业生人数看，教育类专业毕业生人数最多，为76 274人，占毕业生总数的16.16%；其次是信息技术类，为71 876人，占15.23%。

五是就业渠道多样化，本地就业仍是毕业生就业的主要选择。通过学校推荐就业的有245 807人，占直接就业人数的72.63%；通过中介介绍就业的有25 498人，占7.53%；通过其他渠道就业的有67 121人，占19.84%。本地就业的有223 749人，占直接就业人数的66.11%；异地就业的有113 935人，占33.67%；境外就业的有742人，占0.22%。

二、各专业大类就业状况

根据《中等职业学校专业目录》确定的19个专业类别，其就业状况如图2-16-3、图2-16-4、图2-16-5、图2-16-6和表2-16-4所示。

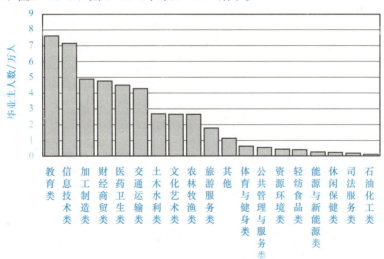

图2-16-3　河南省中等职业学校各专业大类毕业生人数

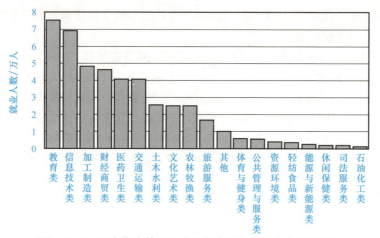

图2-16-4　河南省中等职业学校各专业大类毕业生就业人数

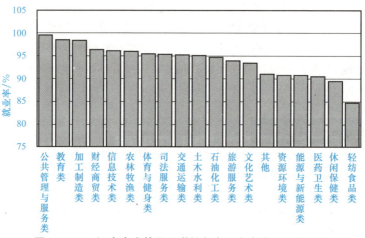

图2-16-5　河南省中等职业学校各专业大类毕业生就业率

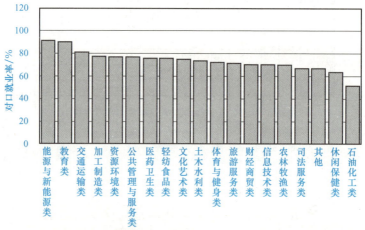

图2-16-6　河南省中等职业学校各专业大类毕业生对口就业率

从毕业生人数看，教育类专业毕业生人数最多，为76 274人，占毕业生总数的16.16%；其次是信息技术类专业，为71 876人，占15.23%；石油化工类专业毕业生人数最少，为1 302人，占0.28%。

从就业率看，就业率最高的是公共管理与服务类专业，达到99.60%；其次是教育类专业，达到98.59%；加工制造类、财经商贸类、信息技术类、农林牧渔类专业的就业率都在平均就业率（95.62%）以上。

从对口就业率看，平均对口就业率为76.56%。能源与新能源类专业对口就业率最高，达到90.75%；其次是教育类专业，为90.22%；交通运输类、加工制造类、资源环境类、公共管理与服务类专业的对口就业率都在平均对口就业率以上。

表2-16-4 河南省中等职业学校各专业大类毕业生状况

专业类别	毕业生人数/人	就业人数/人	就业率/%	对口就业人数/人	对口就业率/%
公共管理与服务类	5 818	5 795	99.60	4 487	77.12
教育类	76 274	75 198	98.59	68 812	90.22
加工制造类	49 165	48 372	98.39	38 025	77.34
财经商贸类	47 981	46 220	96.33	33 751	70.34
信息技术类	71 876	69 068	96.09	50 518	70.28
农林牧渔类	26 460	25 393	95.97	18 442	69.70
体育与健身类	6 328	6 043	95.50	4 579	72.36
司法服务类	1 989	1 898	95.42	1 331	66.92
交通运输类	42 732	40 691	95.22	34 710	81.23
土木水利类	27 092	25 777	95.15	20 079	74.11
石油化工类	1 302	1 233	94.70	673	51.69
旅游服务类	17 949	16 861	93.94	12 811	71.37
文化艺术类	26 690	24 967	93.54	20 026	75.03
其他	11 230	10 233	91.12	7 491	66.71
资源环境类	4 436	4 031	90.87	3 424	77.19
能源与新能源类	2 819	2 560	90.81	2 558	90.75
医药卫生类	45 208	40 909	90.49	34 393	76.08
休闲保健类	2 246	2 008	89.40	1 428	63.58
轻纺食品类	4 358	3 694	84.76	3 301	75.75

三、工作举措

（一）重视组织领导，强化科学决定

2016年，各级教育行政部门和职业学校高度重视中职毕业生就业工作，实施"一把手工程"，确立了"办学看市场，专业调整看产业，人才培养看需求"的理念，把就业工作列入年度考核重点，做到人员、经费、机构三到位。以"河南职业学校联合人才网"为依托，积极搭建用人单位和毕业生双向选择平台，促进招聘活动的科学化、规范化、专业化，加强领导，认真指导，组织有序，确保中职毕业生就业工作顺利进行。

（二）加强就业指导课程建设，强化就业指导工作

一是全省中职学校充分发挥课堂教学主渠道作用，切实加强学生就业能力和职业素养的培养。严格落实教育部规定，开足职业指导课程，将"职业道德与职业指导""职业生涯规划""职业道德与法律"列为必修课，并把就业指导类课程开设状况纳入中等职业学校教学常规检查评估；同时，指导各中职学校选定高质量、针对性强、具有河南地方特色的教材。

二是加强职业指导教师队伍建设，开展中职学校就业工作人员资格培训，提高中职学校毕业生职业指导水平。目前，各中职学校已将职业指导教师列入培训计划，全面启动"双师型"教师制度的改革。

三是各校结合各自专业特色和文化传统，开展了丰富多彩的校园文化活动。同时，充分发挥学校专业特色优势，利用与本校专业紧密相关的行业、企业资源，不断加强学生对专业知识、就业前景、行业动态的了解，增强学生就业意识，明确学生就业方向。

四是通过专家讲座、优秀毕业生报告、企业实地参观等方式，对入校新生进行职业教育引导，帮助其了解、分析中职学生的就业形势，明确学生在校期间自我培养和学习的目标。

（三）加快现代化职教体系建设，搭建中高职衔接平台，满足毕业生多元化的就业需求

近年来，河南省致力于拓展职业教育人才培养渠道，扩大职业教育"3+2"、五年一贯制和单考单招规模，推进办学层次合理、中高职衔接贯通的现代职业教育体系建设。中职毕业生升入高一级学校的比例不断提高，学生成长上升的渠道更加通畅。

（四）深化校企业合作，促进就业

各中职学校深入推进校企合作，积极探索适合学校实际、符合专业特点的工学结合培养模式，探索推行理论教学与实践教学融通合一、技能培养与工作岗位对接合一、实习实训与顶岗工作教学合一的一体化教育教学模式，积极推广订单式、工学一体的技能

人才培养模式，部分专业实现"入学即就业"。近几年来，全省先后成立了一批省级职教集团，加盟企业达到几千家，为校企合作、开展订单培养、企业员工培训、学生顶岗实习等提供了稳定有效的平台，实现了"家门口就业"，使选择本地就业的毕业生比例较2015年有了大幅提高。

（五）继续深化"知识+技能"考试制度改革，全面落实"技能大赛"和"双证书"制度

在全省中等职业学校所有专业全面实施"知识+技能"招生考试制度，为实现各层次职业教育的内部贯通和构建现代职业教育体系打好基础，促进了中高等职业教育协调发展。河南省始终把"中等职业学校学生技能大赛"和"双证书"制度作为促进学生技能的重要手段，每年都举办全省中等职业学校学生技能大赛和各类成果展，并致力于推进技能大赛制度化进程。多年连续举办的全省中等职业教育技能大赛和教师信息化教学大赛，展示了我省中等职业教育教学成果，有力促进了各中等职业学校对学生专业技能的培养。在推行"双证书"制度中，全省中等职业学校有262 356名毕业生获得了专业资格证书，占毕业生人数的55.58%。

四、发展趋势预测

一是毕业生总量将小幅减少，升入高一级学校就读的毕业生将持续上升。随着应届初中毕业生生源的减少，未来几年河南省中等职业学校毕业生总数将持续小幅减少。随着经济社会发展对技术技能人才学历要求的提高以及河南省职业教育"立交桥"的进一步贯通，升入高一级学校就读的学生比例将继续提高。

二是随着是河南省《高端装备制造业2016年度行动计划》的逐步实施，我省职业学校主动适应全省产业发展布局和产业结构调整，优化专业设置，本地就业比例将保持继续增长的势头。

三是选择第二、第三产业就业的毕业生人数将保持良好的增长态势。随着产业转型升级，第二、第三产业的劳动力需求增长将进一步加快，中等职业学校毕业生服务于本地第二、第三产业的人数将保持增长态势。

湖北省中等职业学校毕业生就业状况

2016年，湖北省中等职业学校毕业生总数为107 015人，就业学生总数为102 841人，就业率为96.10%。与2015年相比，2016年毕业生总数、就业率略有下降（见表2-17-1）。

表2-17-1　湖北省中等职业学校毕业生就业总体状况

项目	2015年	2016年
毕业生总数/人	110 211	107 015
就业学生总数/人	106 465	102 841
就业率/%	96.60	96.10

一、总体状况

（一）就业去向

湖北省102 841名就业学生中，到国家机关和企事业单位的有36 975人，占就业学生总数的36%；合法从事个体经营的有9 596人，占9%；以其他方式就业的有28 479人，占28%；升入高一级学校就读的有27 791人，占27%，与2015年相比略有变化（见图2-17-1）。

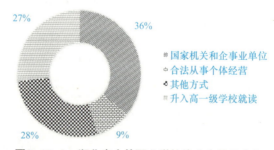

图2-17-1　湖北省中等职业学校毕业生就业去向

（二）产业分布

从事第一产业的毕业生人数为9 220人，占直接就业学生75 050人的12.29%；从事第二产业的为32 525人，占43.34%；从事第三产业的为33 305人，占44.37%。与

2015年相比，2016年从事第一产业的毕业生比例增加，从事第二产业的毕业生比例减少（见表2-17-2）。

表2-17-2　湖北省中等职业学校毕业生就业产业分布

产业分布	2015年		2016年	
	就业人数/人	占直接就业人数比例/%	就业人数/人	占直接就业人数比例/%
第一产业	5 083	6.74	9 220	12.29
第二产业	37 022	49.08	32 525	43.34
第三产业	33 322	44.18	33 305	44.37

（三）就业地域

就业地域分为本地、异地和境外。本地就业的毕业生人数为43 131人，占直接就业学生的57.47%；异地就业的为31 909人，占42.52%；境外就业的为10人，占0.01%。与2015年相比，2016年本地就业的毕业生比例增加明显（见表2-17-3）。

表2-17-3　湖北省中等职业学校毕业生就业地域

就业地域	2015年		2016年	
	就业人数/人	占直接就业人数比例/%	就业人数/人	占直接就业人数比例/%
本地	33 251	44.08	43 131	57.47
异地	42 121	55.85	31 909	42.52
境外	55	0.07	10	0.01

（四）就业渠道

通过学校推荐就业的毕业生人数为55 240人，占全部直接就业学生的73.60%；通过中介介绍就业的为6 497人，占8.66%；通过其他渠道就业的为13 313人，占17.74%（见图2-17-2）。

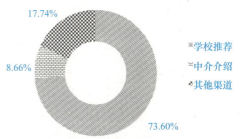

图2-17-2　湖北省中等职业学校毕业生就业渠道

与2015年相比，2016年湖北省中等职业学校毕业生就业呈现出以下特点：

一是毕业生人数持续减少。2016年毕业的学生比2015年继续减少，主要原因系近年来湖北省应届初中毕业生生源持续下降。2016年，至国家机关和企事业单位就业，合法从事个体经营和升学的毕业生比例变化不大，毕业生就业状况较为稳定。

二是第二、第三产业仍为中等职业学校毕业生就业的主要领域。第一产业吸引力仍然不足。

三是本地就业率明显提高，主要原因系我省承接沿海产业转移、毕业生就业薪酬与经济发达地区差距减小、毕业生前往大城市生活压力变大等。

二、各专业大类就业状况

根据《中等职业学校专业目录》确定的19个专业类别，其就业状况如图2-17-3、图2-17-4、图2-17-5、图2-17-6和表2-17-4所示。

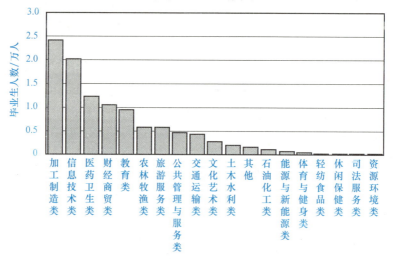

图2-17-3　湖北省中等职业学校各专业大类毕业生人数

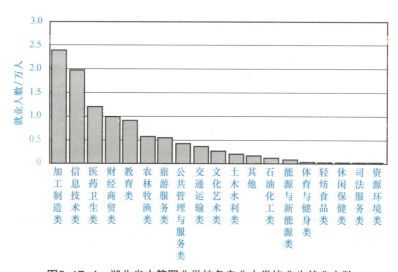

图2-17-4　湖北省中等职业学校各专业大类毕业生就业人数

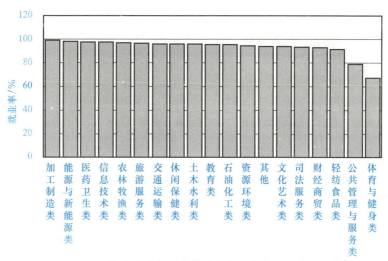

图2-17-5　湖北省中等职业学校各专业大类毕业生就业率

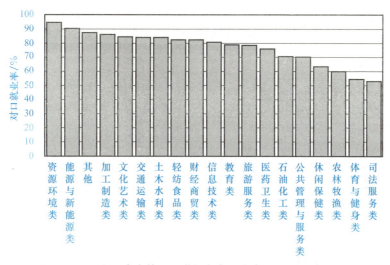

图2-17-6　湖北省中等职业学校各专业大类毕业生对口就业率

从毕业生人数看，加工制造类专业毕业生人数最多，为24 187人，占毕业生总数的22.60%；其次是信息技术类专业，毕业生人数为20 212人，占18.88%。毕业生人数最少的是资源环境类专业，毕业生人数为36人，占毕业生总数的0.04%；其次是司法服务专业，毕业生人数为62人，占0.06%。

表2-17-4　湖北省中等职业学校各专业大类毕业生状况

专业类别	毕业生人数/人	就业人数/人	就业率/%	对口就业人数/人	对口就业率/%
加工制造类	24 187	23 959	99.06	20 851	86.21
能源与新能源类	780	767	98.33	703	90.13

续表

专业类别	毕业生人数/人	就业人数/人	就业率/%	对口就业人数/人	对口就业率/%
医药卫生类	12 326	12 068	97.91	9 345	75.82
信息技术类	20 212	19 722	97.58	16 275	80.52
农林牧渔类	5 838	5 672	97.16	3 495	59.87
旅游服务类	5 691	5 509	96.80	4 461	78.39
交通运输类	4 300	4 146	96.42	3 610	83.95
休闲保健类	167	161	96.41	106	63.47
土木水利类	2 077	2 001	96.34	1 742	83.87
教育类	9 497	9 098	95.80	7 481	78.77
石油化工类	1 187	1 137	95.79	834	70.26
资源环境类	36	34	94.44	34	94.44
其他	1 724	1 624	94.20	1 507	87.41
文化艺术类	2 824	2 659	94.16	2 379	84.24
司法服务类	62	58	93.55	33	53.23
财经商贸类	10 562	9 866	93.41	8 692	82.30
轻纺食品类	305	279	91.48	251	82.30
公共管理与服务类	4 755	3 755	78.97	3 323	69.88
体育与健身类	485	326	67.22	265	54.64

三、工作举措

(一) 加强毕业生就业教育

为了帮助毕业生更快、更好地进入社会，做好中职学生就业工作，我们督促各中职学校通过就业指导课、就业指导专题讲座、就业指导专栏、就业指导咨询等多种形式，在毕业生中进行就业形势、就业政策和就业程序指导，同时，加强在需求信息、就业技巧和就业观念等方面的指导，帮助毕业生及时了解就业形势和就业政策，引导毕业生树立正确的择业观念，积极做好就业前的思想准备和心理准备。

(二) 加强职业院校毕业生就业指导

我省注重"以就业为导向，以服务为宗旨"的办学理念，为学生实习、就业提供全方位、全程化的指导与服务。全省要求职业学校设置专门的就业指导服务机构，"加强安全教育及岗前入职教育"、"建立完善的学生就业跟踪调查管理制度",随时掌握学生就业动态,为学生提供关怀、指导、服务,提高用人单位及毕业生对学校就业工作的满意度。

(三) 拓宽就业渠道

我省紧盯湖北经济转型和产业结构调整带来的新增岗位需求,采取"走出去、请进来"的办法,指导学校与用人单位建立和保持良好的合作关系,积极构建职业学校服务地方发展机制,搭建学校与地方合作交流平台,将地方岗位需求信息及时有效地传递给职业院校和毕业生。

四、发展趋势预测

预计未来几年,湖北中职学校毕业生就业形势总体较好,就业率可以保持在95%以上。就业需求较大的专业主要为加工制造业、信息技术业和现代服务业,尤其是第三产业对服务型技能人才的需求会进一步加大。同时,未来学生就业待遇期望值会进一步提升,当前企业提供的薪酬水平有待进一步提高。

湖南省中等职业学校毕业生就业状况

2016年，湖南省中等职业学校毕业生（不包含技工学校数据）总数为230 425人，就业学生总数为221 455人，直接就业人数为170 582人，就业率为96.11%，对口就业率为73.76%。与2015年相比，2016年毕业生总数有所上升，就业率基本持平（见表2-18-1）。

表2-18-1 湖南省中等职业学校毕业生就业总体状况

项目	2015年	2016年
毕业生总数/人	224 029	230 425
就业学生总数/人	215 340	221 455
就业率/%	96.12	96.11

一、总体状况

（一）就业去向

全省221 455名就业学生中，到国家机关和企事业单位的有93 989人，占就业学生总数的42.44%；合法从事个体经营的有24 119人，占10.89%；升入高一级学校就读的有50 873人，占22.97%；以其他方式就业的有52 474人，占23.70%。（见图2-18-1）。

图2-18-1 湖南省中等职业学校毕业生就业去向

（二）产业分布

从事第一产业的毕业生人数为13 113人，占直接就业学生的7.69%；从事第二产业

的为60 949人，占35.73%；从事第三产业的为96 520人，占56.58%。与2015年相比，2016年直接就业学生中从事第二产业的毕业生人数的比例有所上升，从事第一、第三产业的毕业生人数的比例有所下降（见表2-18-2）。

表2-18-2　湖南省中等职业学校毕业生就业产业分布

产业分布	2015年		2016年	
	就业人数/人	占直接就业人数比例/%	就业人数/人	占直接就业人数比例/%
第一产业	19 214	10.49	13 113	7.69
第二产业	54 765	29.89	60 949	35.73
第三产业	109 246	59.62	96 520	56.58

（三）就业地域

就业地域分为本地、异地和境外。在直接就业学生中，本地就业的毕业生人数为77 597人，占直接就业学生的45.49%；异地就业的为92 585人，占54.28%；境外就业的为400人，占0.23%。与2015年相比，2016年本地就业人数占直接就业人数的比例有所上升，境外就业人数与2015年相比稍有增加（见表2-18-3）。

表2-18-3　湖南省中等职业学校毕业生就业地域

就业地域	2015年		2016年	
	就业人数/人	占直接就业人数比例/%	就业人数/人	占直接就业人数比例/%
本地	82 186	44.86	77 597	45.49
异地	100 705	54.96	92 585	54.28
境外	334	0.18	400	0.23

（四）就业渠道

通过学校推荐就业的毕业生人数为125 886人，占直接就业学生的73.80%；通过中介介绍就业的为10 921人，占6.40%；通过其他渠道就业的为33 775人，占19.80%。与2105年相比，通过其他渠道就业人数的比例有所上升（见图2-18-2）。

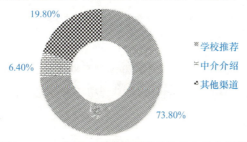

图2-18-2　湖南省中等职业学校毕业生就业渠道

与2015年相比，2016年湖南省中等职业学校毕业生就业生呈现出以下特点：

一是毕业生总人数略有上升。受湖南省高中阶段招生调控政策的影响，2016年我省中等职业学校招生规模较2015年略有上升，毕业生总数也相应有所上升。2016年毕业生总数与2015年相比，增加了6 396人，增幅为2.85%。虽然毕业生总数增加，但2016年毕业生就业率较前三年基本持平，总体水平比较稳定。

二是去向多元，升学比例提高。全省的221 455名就业学生中，到国家机关和企事业单位的有93 989人，占就业学生总数的42.44%；合法从事个体经营的有24 119人，占10.89%；以其他方式就业的有52 474人，占23.70%；升入高一级学校就读的有50 873人，占22.97%。随着我省中高职衔接试点和高职院校招生改革工作的有序推进，2016年毕业生继续升学的比例较2015年有所增加。

三是分布稳定合理，第三产业居首。近年来，全省中等职业学校对接湖南产业发展，加大了专业结构调整力度，中职毕业生就业的产业分布也主动适应了全省产业转型升级的需求。与2015年相比，2016年直接就业学生中从事第一、第二、第三产业的比例基本持平，保持相对稳定。从事第三产业的毕业生比例仍然最高，占全省直接就业人数的56.58%。

四是特色、优势专业毕业生走俏。加工制造类、石油化工类、教育类、交通运输类、财经商贸类、信息技术类、资源环境类等专业对接我省现代产业发展，毕业生总量占全省毕业生总数的68.95%，且就业率也多年保持在99.00%以上水平。其中司法服务类、资源环境类专业就业率最高，在99.00%左右；加工制造类专业毕业生人数最多，为50 407人，占毕业生总数的21.88%。

五是就业地点、渠道相对集中。2016年全省中职毕业生就业地点仍主要集中在城区或镇区，在这两个区域就业的人数占直接就业人数的93.17%，较2015年降低了1.33%；就业渠道仍以学校推荐为主，由学校推荐就业的人数占直接就业人数的73.80%，较2015年降低了2.82%。

六是就业起薪水平和满意度明显提升。2016年，我省全日制劳动者月最低工资标准为1 390元，90%以上的直接就业毕业生起薪水平高于最低工资标准；起薪水平超过3 000元以上的毕业生人数较2015年增加了14 401人，占2016年直接就业人数的8.44%，较2015年增加了46.48%。

二、各专业大类就业状况

根据《中等职业学校专业目录》确定的19个专业类别，其就业状况如图2-18-3、图2-18-4、图2-18-5、图2-18-6和表2-18-4所示。

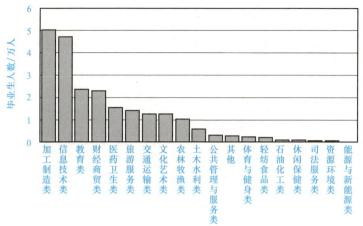

图2-18-3　湖南省中等职业学校各专业大类毕业生人数

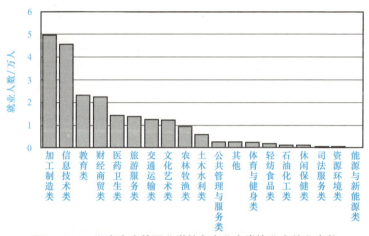

图2-18-4　湖南省中等职业学校各专业大类毕业生就业人数

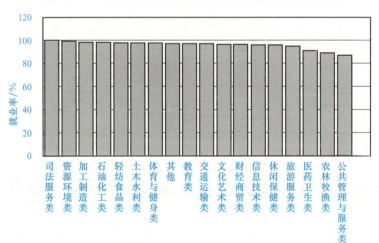

图2-18-5　湖南省中等职业学校各专业大类毕业生就业率

139

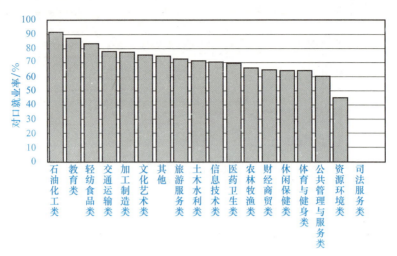

图2-18-6 湖南省中等职业学校各专业大类毕业生对口就业率

从毕业生人数看，加工制造类专业毕业生人数最多，为50 407人，占毕业生总数的21.88%；其次是信息技术类专业，毕业生人数为43 273人，占18.78%。毕业生人数最少的是能源与新能源类专业，本年度没有毕业生；资源环境类和司法服务类专业次之，毕业生人数分别为177人、194人，分别约占毕业生总数的0.08%。

从就业人数看，加工制造类专业毕业生就业人数最多，为49 599人，占就业学生总数的22.40%；其次是信息技术类专业，就业人数为45 541人，占20.56%，两者的比例都有所上升。毕业生就业人数最少的是能源与新能源类专业，本年度没有毕业生就业；其次是资源环境类和司法服务类专业，就业人数分别仅为176人、194人，分别约占毕业生总数的0.08%。

从专业分类看，就业状况最好的是司法服务类专业，就业率达到100.00%；其次是环境资源专业，就业率为99.44%；加工制造类、石油化工类、轻纺食品类、土木水利类、体育与健身类、其他、教育类、交通运输类、文化艺术类、财经商贸类、信息技术类、休闲保健类、旅游服务类专业就业率处于平均水平以上。

从对口专业分类看，对口就业状况最好的是石油化工类专业，对口就业率达到91.48%；其次是教育类专业，对口就业率为87.30%；轻纺食品类、交通运输类、加工制造类、文化艺术类、其他、旅游服务类、土木水利类、信息技术类、医药卫生类、农林牧渔类专业对口就业率处于平均水平以上；对口就业率最低的为司法服务类专业，为0.00%。

表2-18-4 湖南省中等职业学校各专业大类毕业生状况

专业类别	毕业生人数/人	就业人数/人	就业率/%	对口就业人数/人	对口就业率/%
司法服务类	194	194	100.00	0	0.00
资源环境类	177	176	99.44	80	45.20

续表

专业类别	毕业生人数/人	就业人数/人	就业率/%	对口就业人数/人	对口就业率/%
加工制造类	50 407	49 599	98.40	39 094	77.56
石油化工类	1 221	1 201	98.36	1 117	91.48
轻纺食品类	2 083	2 040	97.94	1 743	83.68
土木水利类	6 036	5 909	97.90	4 293	71.12
体育与健身类	2 511	2 454	97.73	1 616	64.36
其他	2 886	2 808	97.30	2 158	74.77
教育类	23 818	23 162	97.25	20 794	87.30
交通运输类	12 887	12 518	97.14	10 079	78.21
文化艺术类	12 748	12 360	96.96	9 623	75.49
财经商贸类	23 100	22 303	96.55	15 053	65.16
信息技术类	47 273	45 541	96.34	33 268	70.37
休闲保健类	1 174	1 127	96.00	759	64.65
旅游服务类	14 437	13 762	95.32	10 497	72.71
医药卫生类	15 690	14 283	91.03	10 916	69.57
农林牧渔类	10 603	9 439	89.02	7 009	66.10
公共管理与服务类	3 080	2 679	86.98	1 855	60.23
能源与新能源类	0	0	—	0	—

三、工作举措

(一)纳入质量监测，明确工作责任

2015年年底以来，湖南省教育厅先后印发了《湖南省职业院校管理水平提升行动计划（2015—2018年）实施方案》（湘教通〔2015〕628号）和《湖南深化职业教育教学改革全面提高人才培养质量的实施意见》（湘教发〔2016〕449号），明确提出把就业质量作为衡量中职学校人才培养质量的重要标准，加强职业指导课程和教师团队建设，建设创新创业孵化基地，搭建就业服务网络平台，多渠道提高学生就业能力和竞争力。为此，我们把学生就业工作分别纳入对县级人民政府职业教育督导评估、中职学校教学质量诊断与改进工作项目、中职学校质量年度报告，建立健全中职学生就业工作监测机制，强化中职学生就业工作学校"一把手"工程的责任意识，推动形成中职学校全员参与就业工作的格局。

(二) 完善课程体系，强化就业教育

一是严格落实课程设置要求。各地通过课程审核、教学视导等方式，督促广大学校严格按课程设置与教学安排规定，将"职业生涯规划"作为必修课程，确保在第一学年不少于36学时。

二是专业课程改革充分渗透就业教育内容。省教育厅组织开发了湖南省中等职业学校41个专业的教学标准（其中23个即将出版、18个正在开发），要求各专业人才培养方案必须深入调查就业岗位需求，在公共基础课程中增加创新创业教育和就业指导课程，在专业技能课程中增加职业能力拓展课程，为学生更高质量就业和职业生涯更好发展奠定基础。

三是加强教师就业创业教育培训。2016年暑假，省教育厅分别在全省中职学校德育课教师、专业课教师省级培训期间，专门安排了2个模块的专题培训，着力提升德育课教师开展创业就业教育的能力，增强专业课教师结合本专业就业岗位开展职业生涯规划指导的能力。

(三) 改善办学条件，提升培养能力

一是着力改善基本办学条件。争取各级财政投资达15亿元，扎实推进农村中职教育攻坚计划，推动每个县级政府重点办好一所示范性公办中职学校；会同省发改委遴选了52所学校入围产教融合发展工程规划，已立项支持11所学校全面启动职业教育产教融合工程项目建设；继续实施省级重点项目建设计划，遴选了省级卓越中职学校15所、示范性特色专业群16个、校企合作生产性实习实训基地15个。

二是对接产业调整专业结构。指导各地各学校根据区域产业发展，按照"错位发展、优势互补"原则，切实加强精品制造、智能制造等相关专业建设，减少或取消限制类、淘汰类产业相关专业，切实避免专业建设低水平重复。近年来，共新增专业49个、调减专业63个。目前，全省中职学校设置专业155个，基本覆盖了我省优势产业、特色产业和战略性新兴产业的主要岗位与工种。随着办学条件的改善和专业结构的优化，全省中职学校服务产业发展、培养技能人才的能力逐步提高。

(四) 深化校企合作，扩大办学影响

一是积极开展"订单式培养"。支持中职学校与生产技术先进、管理规范、社会信誉良好的企业签署订单，为企业量身培养人才。目前，省级示范中职学校订单人才培养比例达到30%以上。

二是深化集团化办学。鼓励广大中职学校积极参与32家省级职教集团，并牵头组建本地区域性职教集团，支持校企双方联合开展员工培养和职工培训。

三是推动校企开展对接对话。岳阳、衡阳、永州等地举办专场校企对接会，邀请本

地规模企业和职业学校,通过论坛、沙龙、对话和实地考察等方式,共享校企人才供需信息,共商学生就业创业路径。

四是邀请企业参与教学活动。近年来,无论省教育厅组织开发的专业教学、教师培训和技能抽查等标准开发,还是省市两级组织的技能竞赛、文明风采和创业规划大赛等教学竞赛,都坚持从骨干行业企业邀请一定比例的领军人才、人力资源负责人和技能大师参与,进一步扩大了中职教育影响力。

(五)组织创业活动,提高就业技能

一是连续7年成功举办黄炎培职业教育奖创业规划大赛。从2016年5~11月,参赛选手突破1 500人、报送的创业规划项目突破300项,再创历年新高,共评选出一等奖8项、二等奖16项、三等奖32项。大赛期间,举办了优质项目展示洽谈会,部分优秀项目成果入驻创业园区和孵化基地。

二是举办湖南省职业院校创新、创效、创业、大赛。比赛分别设置创意设计、创业计划、生产工艺革新与工作流程优化、社会调研论文四个赛项,共评选出特等奖7项、一等奖15项、二等奖38项、三等奖45项。获奖项目被推荐参加全国比赛,中职组荣获一等奖1项、二等奖3项、三等奖11项。在此基础上,株洲、衡阳等地也分别举办了市级就业创业规划竞赛。大部分学校也纷纷通过创新节、创业街等活动,引导广大中职学生积极参与创业实践,提高其就业创业技能。

(六)加强就业服务,拓展就业渠道

一是完善就业支持政策。长沙市在长沙财经学校等单位建立"创业孵化基地",支持学生在校开展创业实践。衡阳市出台了支持毕业生就业创业的政策,对在本地工业园区骨干企业就业稳定1年以上的、参与顶岗实习的学生给予相应奖补,并对毕业生在本地就业率超过50%的学校给予奖励。

二是积极举办各类招聘活动。湖南省学生就业指导中心与广东省建立了合作关系,实现两省毕业生信息共享;组织70余所大中专院校与东莞市1 000多家中小微企业签订500余项合作协议,积极提供就业岗位。各市州平均举办区域性、行业性招聘会5场以上。

三是加大就业帮扶。依托"一家一"助学就业·同心温暖工程,在公益资助每名贫困学生每年2 000元基础上,支持参与资助的爱心企业接收资助对象就业,2016年已资助学生3 000余人。会同省人社厅争取省财政支持,将全省残疾中职学生全部纳入就业补贴发放对象。

(七)加大宣传力度,营造就业环境

2016年5月第二周,省教育厅联合省人社厅成功举办了"湖南省职业教育宣传活动周",全省各地组织宣传活动70余场次,切实加强了广大中职学校办学成果、优秀毕业

生、创业就业典型宣传力度，积极营造了"大众创业、万众创新"的良好氛围。常德市指导各学校利用数字化校园平台，及时发布中央和地方的就业优惠政策，积极为学生收集、筛选企业招聘信息，进一步扩容岗位数量、把关岗位质量，做到学生只需在校园网点击即可查询。益阳市要求各学校在新的学期初，举办毕业生咨询服务周，开展就业形势与政策、就业基本流程、协议书签订、个性咨询等系列咨询活动。永州市专门编印了"中职优秀毕业生事迹简介"，免费发放给全市中职学生，引导广大学生做好职业生涯规划。湘西州鼓励各学校广泛要求用人企业进校园，通过学生技能展演、教学成果汇报演出等方式，充分展示毕业生专业技能，进一步增强学生就业吸引力。

四、发展趋势预测

一是毕业生总量基本稳定。"十二五"期间，我省处于初中毕业生源的低谷期。近几年，我省每年中职招生规模基本稳定在23万人左右。因此，今后两年全省中职毕业生的总数将大体保持稳定。预计2017年，全省中职毕业生总数将在23万人左右。

二是产业分布基本不变。根据我省中职学校专业结构预测，2017年中职学校毕业生就业产业分布结构比例，大体上与2016年持平。随着我省新型工业化战略的推进，预计从事第二产业毕业生人数的比例会提高。从事第三产业毕业生人数的比例仍将最高，预计仍将占毕业生总数的50%以上。

三是本地就业人数的比例将提高。我省正在加快推进长株潭"两型"改革试验区、湘南国家级承接产业转移示范区、武陵山连片贫困地区和环洞庭湖生态经济圈建设。各地陆续出台了一系列吸引本地中职毕业生就业的优惠政策。后面三年，全省中职毕业生本地就业人数的比例将会逐年提高，且会进一步向工业园区、城镇集中。

广东省中等职业学校毕业生就业状况

2016年，广东省中等职业学校毕业生总数为308 566人，就业学生总数为302 533人，就业率为98.04%。与2015年相比，2016年毕业生总数略微增加，就业率略有上升（见表2-19-1）。

表2-19-1 广东省中等职业学校毕业生就业总体状况

项目	2015年	2016年
毕业生人数/人	307 985	308 566
就业人数/人	300 398	302 533
就业率/%	97.54	98.04

一、总体状况

（一）就业去向

普通中职302 533名就业学生中，到国家机关和企事业单位的有149 334人，占就业学生总数的49.36%；合法从事个体经营的有46 988人，占15.53%；以其他方式（包括应征入伍等）就业的有57 998人，占19.17%；升入高一级学校就读的有48 213人，占15.94%（见图2-19-1）。

在升入高一级学校学生中，对口单独招生考试升学的人数为3 464人，五年一贯制升学的人数为467人，三二分段升学的人数为10 301人，技能拔尖人才免试升学的人数为72人，通过普通高考录取升学的人数为18 708人，以其他方式升学的人数为15 201人。

图2-19-1 广东省中等职业学校毕业生就业去向

（二）产业分布

从事第一产业的毕业生人数为17 074人，占直接就业学生的6.71%，从事第二产业的为48 246人，占18.97%，从事第三产业的为189 000人，占74.32%。（见表2-19-2）。

表2-19-2　广东省中等职业学校毕业生就业产业分布

产业分布	2015年		2016年	
	就业人数/人	占直接就业人数比例/%	就业人数/人	占直接就业人数比例/%
第一产业	18 122	8.18	17 074	6.71
第二产业	29 866	13.48	48 246	18.97
第三产业	173 519	78.34	189 000	74.32

（三）就业地域

本地就业的毕业生人数为185 396人，占直接就业学生的72.90%；异地就业的为66 904人，占直接就业学生的26.31%；境外就业的为2 020人，占直接就业学生的0.79%（见表2-19-3）。

表2-19-3　广东省中等职业学校毕业生就业地域

就业地域	2015年		2016年	
	就业人数/人	占直接就业人数比例/%	就业人数/人	占直接就业人数比例/%
本地	164 818	74.41	185 396	72.90
异地	56 330	25.43	66 904	26.31
境外	359	0.16	2 020	0.79

（四）就业渠道

通过学校推荐就业的毕业生人数有178 080人，占直接就业学生的70.02%；通过中介介绍就业的有11 661人，占直接就业学生的4.59%；通过其他渠道就业的有64 579人，占直接就业学生的25.39%（见图2-19-2）。

与2015年相比，2016年广东省中等职业学校毕业生就业呈现出以下特点：

一是就业率和对口就业率较高。通过数据分析，发现近几年我省中职毕业生有了高就业率和较高的对口就业率，2016年度就业率达到98.04%，对口就业率达到80.30%，体现出我省中职学校各专业毕业生继续保持供不应求局面。毕业生就业质量不断提高，对我省经济发展提供了重要的技术人才支撑。

图2-19-2　广东省中等职业学校毕业生就业渠道

二是对口就业人数比例比2015年略高。2016年，我省对口就业人数比2015年上升近2.3%，体现了在广东省就业竞争激烈的形势下，在保持就业岗位与所学专业基本吻合的状况下，学校加强培养学生多方面能力，提升学生综合技术水平；学生在学校的培养下，不断提高综合素质和就业能力，能适应各种岗位的需要，具备了社会就业适应能力。

三是取得职业资格证书的比例比2014、2015年略降。我省一直执行"双证书"毕业制度，2014年学生职业证书的取得率为80.07%，2015年为79.08%，2016年为76.81%。由于国家取消了一批职业资格认证（相关信息可在人社部的相关信息栏目查找），因此职业资格证书取得率呈逐年略降趋势。同时，这一现象主要反映在学生升学方面更加灵活地选择考取方式，如参加成人高考、自学考试，继续在所考高校深造其他专业。同时，我省大部分学生还考取了两个以上的技能证书。除部分专业无法考取外，其他专业考核技能证书的比例达到100%。技能证书的取得对学生的就业起到了助推作用。

四是升入高一级学校的毕业生比例比2015年略降，尝试自主创业的毕业生比例激增。2015年升学人数为78 891人，2016年为48 213人。2016年升学人数比2015年度下降30 000人左右，这说明全省中等职业学校积极响应中央"大众创业，万众创新"的号召，对学生的创新创业教育取得一定效果。2016年直接就业人数为254 320人，比2015年（22 1507人）增加超30 000人；从事合法个体经营的有46 988人，比2015年（40 567人）增加6 421人，直接就业的毕业生选择尝试自主创业的热情越来越高。

二、各专业大类就业状况

根据《中等职业学校专业目录》确定的19个专业类别，其就业状况如图2-19-3、图2-19-4、图2-19-5、图2-19-6和表2-19-4所示。

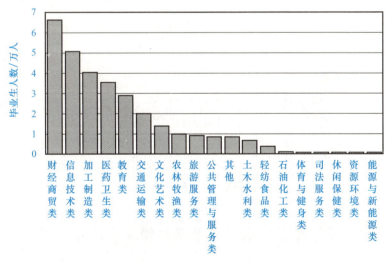

图2-19-3　广东省中等职业学校各专业大类毕业生人数

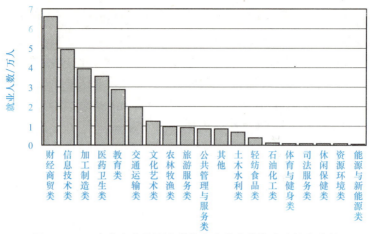

图2-19-4　广东省中等职业学校各专业大类毕业生就业人数

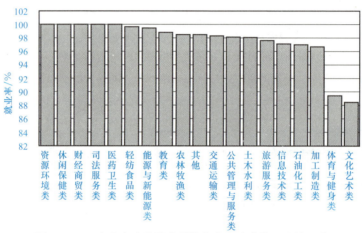

图2-19-5　广东省中等职业学校各专业大类毕业生就业率

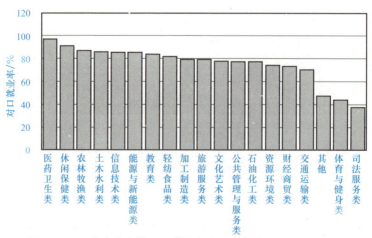

图2-19-6　广东省中等职业学校各专业大类毕业生对口就业率

从毕业生人数看，财经商贸类专业毕业生人数最多，有66 213人，占毕业生总数的21.46%；其次是信息技术类专业，毕业生人数为50 796人，占毕业生总数的16.46%；再次是加工制造类专业，毕业生人数为40 606人，占毕业生总数的13.16%。

从就业人数看，财经商贸类专业毕业生就业人数最多，有66 213人，占就业学生总数的21.89%；其次是信息技术类专业，就业人数有49 322人，占就业学生总数的16.30%；能源与新能源类专业就业人数最少，有735人，占就业学生总数的0.24%。

从对口就业率看，对口就业状况最好的是医药卫生类专业；其次是休闲保健类专业；位居第三的是农林牧渔类专业。

表2-19-4　广东省中等职业学校各专业大类毕业生状况

专业类别	毕业生人数/人	就业人数/人	就业率/%	对口就业人数/人	对口就业率/%
资源环境类	829	829	100.00	618	74.55
休闲保健类	878	878	100.00	798	90.89
财经商贸类	66 213	66 213	100.00	48 664	73.50
司法服务类	895	895	100.00	335	37.43
医药卫生类	35 373	35 370	99.99	34 475	97.46
轻纺食品类	3 743	3 729	99.63	3 072	82.07
能源与新能源类	739	735	99.46	632	85.52
教育类	29 088	28 733	98.78	24 453	84.07
农林牧渔类	9 951	9 799	98.47	8 653	86.96
其他	8 565	8 431	98.44	4 087	47.72
交通运输类	20 094	19 750	98.29	14 127	70.30
公共管理与服务类	8 645	8 480	98.09	6 691	77.40
土木水利类	6 841	6 705	98.01	5 904	86.30
旅游服务类	9 242	9 023	97.63	7 325	79.26
信息技术类	50 796	49 322	97.10	43 527	85.69
石油化工类	1 118	1 085	97.05	865	77.37
加工制造类	40 606	39 245	96.65	32 227	79.37
体育与健身类	983	879	89.42	432	43.95
文化艺术类	13 967	12 362	88.51	10 901	78.05

三、工作举措

（一）积极开展创新创业教育，鼓励学生尝试自主创业

近年来，我省积极响应党中央、国务院"大众创业，万众创新"的号召，在全省中

等职业学校中积极开展创新创业教育。鼓励各中职学校积极研发具有本校特色的就业创业教育校本教材；举办多场创新创业专业技能大赛，鼓励学校特邀企业代表、校友代表等创业成功典型举办创新创业故事分享会。通过宣传优秀毕业生成功就业创业典型，引导学生逐步养成良好的职业道德，树立正确的职业观念和职业理想，提高参与自主创业的能力。2016年从事合法个体经营的有46 988人，比2015年（40 567）增加6 421人，学生选择尝试自主创业的热情越来越高。

（二）推进现代职教体系建设，搭建人才成长"立交桥"

在大力发展中等职业教育的同时，加快推进中职与高职一体化"五年制高等职业教育"建设，适当扩大了中职与高职"3＋2"对口贯通分段培养试点学校和专业。2016年中职毕业生中，15.94%的毕业生升入高一级学校进行深造。在学校试行开展了职业教育与普通高中学分互认、学籍互转试点。积极扩大社会培训的规模和范围，为终身教育奠定基础。初步构建起了上下贯通、左右融通的现代职教体系和"人才培养立交桥"。同时，在全省开展了中高职专业联盟建设，逐步落实了中职和高职一体化建设方案，强化了人才培养规格定位、课程设置、实训实习等方面的衔接和沟通。

（三）加强重点骨干专业建设，提升人才培养质量

继续全面实施以示范学校、示范专业为主要内容的"双示范工程"，通过统筹规划、集中财力，建成了一批与广东省经济发展相匹配的名牌学校和名牌专业；根据广东省产业发展实际，按照专业对接产业的原则，重点进行了省级骨干专业评审，以提升中职学校内涵发展水平。

（四）完善实习就业管理政策，构建就业指导服务体系

一是完善实习就业管理政策，为就业打下坚实基础。认真抓好《广东省中等职业学校学生实习管理办法》的贯彻落实工作，强化中职生实习管理，维护学生的合法权益，促进实习管理制度化和规范化，为中职学生的就业打下坚实基础。

二是完善职业指导与就业服务工作体系，提高就业管理能力。我省注重学校就业管理人员的培训工作，每年召开一次分管校长和主任的实习就业工作培训会，邀请国际知名企业和管理公司对企业用人等方面进行讲座，同时进行学校间的就业工作经验交流。培训会不仅提高了各校就业工作的服务管理水平，还强化了实习就业服务意识。完善职业指导与就业服务工作体系，充分发挥《职业生涯规划》《创业教育》在职业指导中的主渠道作用。

三是完善校园招聘专场制度，助推学生优质就业。我省继续发挥校园专场招聘会（每所学校举办专场招聘会不少于1场）的作用，为学生实习就业、企事业单位的用工需求搭建服务平台。校园招聘会旨在更好地促进校企合作，密切与行业部门和企事业单

位的联系与沟通。专场招聘会还吸引了众多的家长，受到了家长和社会的欢迎。

（五）加强校企合作和集团化办学，畅通和拓宽学生就业渠道

一是加强校企合作，畅通毕业生就业渠道。"产教融合""工学结合""顶岗实习"是我省中职学校更好面向社会市场、服务经济和实现毕业生充分就业的重要途径。同时，充分发挥职业教育生产性公共实训基地作用，遴选了一批技术含量较高的岗位和高水平的师傅指导学生开展实训，让能工巧匠进校园，旨在充分利用重点企业的人才、技术及设施设备优势，引入现代学徒制理念，在企业内部建立承担职业学校学生实践教学任务的实训基地。

二是推进教育集团化建设，共享资源拓宽就业渠道。我省动员各行业协会、企业与相关学校成立专业类职教集团。省属学校结合行业特色，与相关行业部门建立专业职业教育集团，不断加强职教集团建设，不断深化职教集团办学模式改革，积极探索职教集团新的发展道路，为毕业生对口就业和高质量就业提供保证。目前，省级职教集团已具规模并不断发展壮大。

（六）加强职业生涯规划教育，提高学生就业适应能力

一是坚持育人为本，实现"三融通"目标。坚持"育人为本"，努力实现校园文化与企业文化融通、教师与师傅管理融通、社会主义核心价值观与职业素养融通的"三融通"目标，创造有利于中等职业学校学生"为人、做事"的实习环境。加强学生的职业理想、职业道德和创业精神教育，引导学生逐步养成良好的职业道德，树立正确的职业观念和职业理想，提高参与社会生活的能力，为融入社会打下良好的思想基础。

二是健全和完善家校联系制度，帮助学生形成合理的价值取向。健全和完善家校联系制度，通过家长学校、家访、召开家长会等多种形式，普及科学的教育方法，加强对家长职业指导的培训，客观地帮助家长分析就业形势。帮助学生对可能发生的问题进行科学预测，使其正确地认识中职学生就业的诸多条件，形成合理的价值取向，能够恰当地找到自己的社会定位。

四、发展趋势预测

（一）社会发展需要更多技能型、应用型、综合型人才，职业教育吸引力增强

随着社会发展，企事业单位对各类人才需求出现多样化，经济社会和产业发展对一线技术技能型人才需求持续增加。从2016年直接就业人数的增加可以看出，我省技术技能型、应用型、综合型人才供不应求。各级政府对职业教育更加重视，目前我省正在加快推进现代职教体系建设，培养高素质的技术技能型人才，为学生发展提供更多的选

择，这样也可以吸引更多的学生进入一线技能职业学校。

（二）毕业学生就业率和就业满意度会持续走高

从我省和全国近几年数据可以看出，全国普遍存在企业用工短缺问题，特别是我省各地城区，很难在短时间内得以解决，而以技能为专长、有培养前途的中职毕业学生有较充足的选择用人单位和岗位的机会，预计未来几年中职毕业生的就业形势会更好。中职毕业生就业不仅获得一份工作，而且获得一个充分发挥其技能特长并获得尊重的职位。

广西壮族自治区中等职业学校毕业生就业状况

2016年，广西壮族自治区中等职业学校毕业生总数为115 767人（不含技工学校学生，下同），就业学生总数为112 300人，就业率为97.01%。近3年，毕业生人数略有下降，就业率基本平稳（见表2-20-1）。

表2-20-1 广西壮族自治区中等职业学校毕业生就业总体状况

项目	2015年	2016年
毕业生总数/人	123 432	115 767
就业学生总数/人	120 564	112 300
就业率/%	97.68	97.01

一、总体状况

（一）就业去向

2016年，广西壮族自治区中等职业学校就业人数112 300人中，进入国家机关和企事业单位的有68 114人，占就业学生总数的60.65%；合法从事个体经营的有12 484人，占11.12%；以其他方式就业的有7 526人，占6.70%；升入高一级学校就读的有24 176人，占21.53%。（见图2-20-1）。

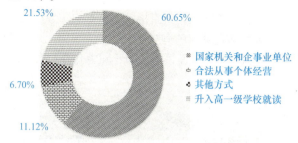

图2-20-1 广西壮族自治区中等职业学校毕业生就业去向

（二）产业分布

2016年，广西壮族自治区中等职业学校直接就业人数88 124人中，从事第一产业的有6 086人，占全部就业人数的6.90%；从事第二产业的有25 138人，占28.53%；从事第三产业的有56 900人，占64.57%。与2015年相比，2016年从事第二、第三产业人数的比例有所上升，从事第一产业人数的比例有所下降。（见表2-20-2）。

表2-20-2　广西壮族自治区中等职业学校毕业生就业产业分布

产业分布	2015年		2016年	
	就业人数/人	占直接就业人数比例/%	就业人数/人	占直接就业人数比例/%
第一产业	12 463	12.27	6 086	6.90
第二产业	27 905	27.48	25 138	28.53
第三产业	61 181	60.25	56 900	64.57

（三）就业地域

就业地域分为本地、异地和境外。在本地就业的毕业生有52 990人，占直接就业人数的60.13%；到异地就业的有34 905人，占39.61%；到境外就业的有229人，占0.26%。与前两年相比，2016年本地就业比例高于2014年、低于2015年，异地就业比例低于2014年、高于2015年，境外就业比例均高于前两年（见表2-20-3）。

表2-20-3　广西壮族自治区中等职业学校毕业生就业地域

就业地域	2015年		2016年	
	就业人数/人	占直接就业人数比例/%	就业人数/人	占直接就业人数比例/%
本地	62 508	61.55	52 990	60.13
异地	38 951	38.36	34 905	39.61
境外	90	0.09	229	0.26

（四）就业渠道

通过学校推荐就业的有62 956人，占直接就业人数的71%；通过中介介绍就业的有6 713人，占8%；通过其他渠道就业的有18 455人，占21%。与2015年相比，2016年广西壮族自治区中等职业学校毕业生通过学校推荐和中介介绍实现就业的比例略有上升（见图2-20-2）。

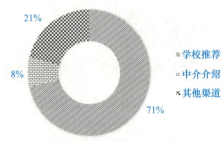

图2-20-2　广西壮族自治区中等职业学校毕业生就业渠道

与2015年相比,2016年广西壮族自治区中等职业学校毕业生就业呈现出以下特点:

一是毕业生人数持续下降,升学比例持续攀升。2016年毕业生总数为115 767人,比2015年减少7 665人,减幅为6.21%;比2014年减少13 907人,减幅为10.72%。随着我区中高职衔接、中职对口升本科等政策的完善,中职学生就读高等学校的通道基本打通,中职学校毕业生升入高一级学校的比例持续上升,但与发达省份比仍偏低。2016年,升入高一级学校的中职学校毕业生人数为24 176人,比2015年增加5 161人,比2014年增加6 347人,占毕业生总数比例从2014年的14.09%提高到2016的21.53%。

二是就业趋于本地化、城市化,流向第三产业趋势明显。2016年,第三产业就业人数占比64.57%,连续两年高于60%;本地就业人数占比60.13%,连续两年高于60%,职业教育服务区域经济社会的能力逐步提升;城区就业人数占比68.01%,比2015年提升了近7%。这与当前广西大力推动产业转型升级、加快服务业发展等政策相契合。

三是就业渠道趋于稳定,中介介绍作用趋于平稳。2016年,通过学校推荐就业的人数占比71.44%,连续两年高于70%,没有改变学校推荐作为中职学校毕业生就业主渠道的地位。而通过中介介绍实现就业的人数占比7.62%,较2015年有所提高,但仍低于2014年,表明就业中介机构对促进学生就业仍然发挥着一定的作用。

二、各专业大类就业状况

根据《中等职业学校专业目录》确定的19个专业类别,其就业状况如图2-20-3、图2-20-4、图2-20-5、图2-20-6和表2-20-4所示。

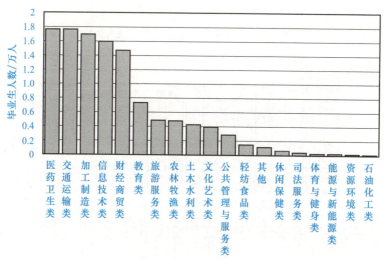

图2-20-3 广西壮族自治区中等职业学校各专业大类毕业生人数

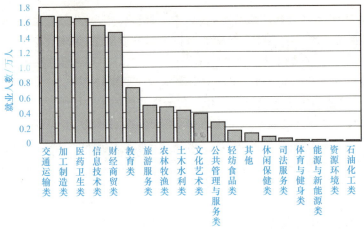

图2-20-4　广西壮族自治区中等职业学校各专业大类毕业生就业人数

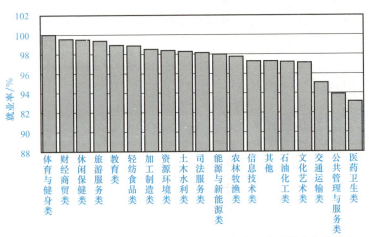

图2-20-5　广西壮族自治区中等职业学校各专业大类毕业生就业率

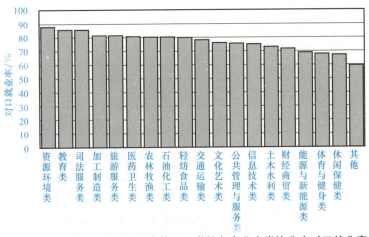

图2-20-6　广西壮族自治区中等职业学校各专业大类毕业生对口就业率

总体就业率和对口就业率与2015年基本持平，各专业大类毕业生就业率均在93.00%以上，体育与健身类毕业生就业率达到了100.00%；但各专业大类对口就业率不平衡，从59.30%至87.89%不等，围绕整体对口就业率（78.00%）差幅波动较大。

从毕业生人数看，2016年毕业生人数超过10 000人的有5个专业，分别是医药卫生类、交通运输类、加工制造类、信息技术类、财经商贸类，共83 002人，占毕业生总数的71.70%，第一、第二、第三产业专业大类均有涉及；毕业生人数介于1 000人和10 000人的有8个专业，分别是教育类、旅游服务类、农林牧渔类、土木水利类、文化艺术类、公共管理与服务类、轻纺食品类、其他，共30 852人，占毕业生总数的26.65%；毕业生人数不足1 000人的有6个专业，分别是休闲保健类、司法服务类、体育与健身类、能源与新能源类、资源环境类、石油化工类，共1 913人，占毕业生总数的1.65%。以上表明，当前广西壮族自治区中等职业学校毕业生专业比较集中，也反映出专业设置和专业规模的问题。

交通运输类专业毕业生就业人数最多，为16 800人，占就业学生总数的14.96%；其次是加工制造类专业，为16 711人，占14.88%。毕业生就业人数最少的是石油化工类专业，就业人数仅有141人，占就业学生总数的0.13%；其次是资源环境类专业，为187人，占0.17%。

从专业分类看，2016年就业状况最好的是体育与健身类、财经商贸类、休闲保健类3个专业，就业率均达到99.50%以上；其次依次是旅游服务类、教育类、轻纺食品类、加工制造类、资源环境类、土木水利类、司法服务类、能源与新能源类、农林牧渔类、信息技术类、其他、石油化工类、文化艺术类专业，均处于平均水平以上。医药卫生类专业的就业率最低，为93.16%。这与当前广西产业需求、中等职业教育服务区域经济和社会发展能力及水平基本相符，同时也反映了医药卫生类专业规模与人才需求规模有一定偏差。

表2-20-4　广西壮族自治区中等职业学校各专业大类毕业生状况

专业类别	毕业生人数/人	就业人数/人	就业率/%	对口就业人数/人	对口就业率/%
体育与健身类	253	253	100.00	172	67.98
财经商贸类	14 717	14 654	99.57	10 573	71.84
休闲保健类	650	647	99.54	435	66.92
旅游服务类	4 930	4 901	99.41	4 017	81.48
教育类	7 366	7 287	98.93	6 324	85.85
轻纺食品类	1 499	1 482	98.87	1 196	79.79
加工制造类	16 959	16 711	98.54	13 841	81.61
资源环境类	190	187	98.42	167	87.89
土木水利类	4 292	4 219	98.30	3 139	73.14
司法服务类	430	422	98.14	369	85.81

续表

专业类别	毕业生人数/人	就业人数/人	就业率/%	对口就业人数/人	对口就业率/%
能源与新能源类	245	240	97.96	168	68.57
农林牧渔类	4 802	4 694	97.75	3 851	80.20
信息技术类	15 981	15 547	97.28	12 007	75.13
其他	1 172	1 140	97.27	695	59.30
石油化工类	145	141	97.24	116	80.00
文化艺术类	3 940	3 829	97.18	2 992	75.94
交通运输类	17 668	16 800	95.09	13 819	78.21
公共管理与服务类	2 851	2 678	93.93	2 157	75.66
医药卫生类	17 677	16 468	93.16	14 262	80.68

三、工作举措

(一) 优化专业布局，增强人才培养针对性

增强学校专业设置灵活性，下放中职学校专业设置审批权限，市级教育行政部门可根据区域经济社会发展需求，统筹所辖中职学校专业设置及优化。对应广西重点发展的"14＋10"千亿元和新兴产业，继续推进职业院校示范特色专业及实训基地建设，大力开展职业教育集团化办学和区域特色职教园区建设，强化行业、企业、职业院校与产业紧密对接，提高学校办学特色，培养服务区域需求、适应产业需求的技术技能人才。

(二) 提升办学质量，增强学生就业能力

深化县级中专综合改革，建立城乡职业院校、中高职院校结对帮扶机制，支持优质职业院校以管理、课程、师资、设备"四下乡"方式开展帮扶工作，提升广西职业教育整体办学水平。出台校企合作促进办学政策，推动树立企业重要办学主体观念，推动行业企业参与职业教育人才培养全过程，鼓励创新人才培养模式，逐步引入企业评价模式与机制，积极开展现代学徒制试点，增强学生的职业素养及其对职业的认知和认同度。

(三) 强化服务保障，助推就业创业

加强就业指导，要求各校建立就业领导小组，统筹开展在校期间职业道德、职业生涯规划等教育，统筹实习期间组织管理及指导，统筹组织择业时期"双选会"及就业推荐、创业服务，将就业创业服务贯穿学生就读全过程。建立15个职业教育行业指导委员会，强化行业指导和服务，发挥其就业分析和市场服务作用，为毕业生就业提供良好平台。

四、发展趋势预测

(一) 毕业生人数呈下滑趋势

近几年广西中等职业学校毕业生人数呈现持续下滑趋势。2012年，广西正式启动深化职业教育攻坚五年计划，填补2011—2012年的政策空档期，在政策鼓励、督查等方面加大了力度。从2014年开始，毕业生人数下滑速度得到有效控制。

(二) 升学人数及比例在短时期内将持续增加

自2013年起，广西开始推进中高职衔接、本科对口招生中职毕业生试点，并逐年扩大覆盖范围及规模，基本打通了中职学校学生进入高等学校就读的通道，同时完善了升入高等职业院校家庭困难学生的资助政策。升学政策的刺激作用在短时期内将发挥很大的作用。

(三) 第三产业就业、本地就业人数将持续增长

一方面，中央给广西的"三大定位"将持续刺激广西经济向第三产业发展，并不断优化自身发展能力和水平；另一方面，广西在"14+10"现代工业、现代服务业、特色农业、民族文化产业等方面不断推出新政策、新举措，为毕业生转向第三产业、面向本地就业带来更多机遇。

(四) 就业质量将稳步提升

2014—2015年，广西出台了校企合作促进办学政策，印发了集团化办学、职教园区、示范特色专业及实训基地、扶贫富民等十大现代职业教育工程方案，推进校企合作、产教深度融合，鼓励学校开展人才培养模式探索创新，强化学生技能培养和综合素质评价，为技术技能人才培养质量及毕业生就业质量提升打下了良好的基础。

海南省中等职业学校毕业生就业状况

2016年，海南省中等职业学校毕业生总数为40 191人，就业学生总数为39 178人，就业率为97.48%。与2015年相比，2016年毕业生总数有所减少，就业率有所上升（见表2-21-1）。

表2-21-1　海南省中等职业学校毕业生就业总体状况

项目	2015年	2016年
毕业生总数/人	41 080	40 191
就业学生总数/人	39 804	39 178
就业率/%	96.89	97.48

一、总体状况

（一）就业去向

海南省39 178名就业学生中，到国家机关和企事业单位的有14 146人，占就业学生总数的36.11%；合法从事个体经营的有10 937人，占27.92%；以其他方式就业的有10 297人，占26.28%；升入高一级学校就读的有3 798人，占9.69%，与2015年相比，2016年升学人数有所上升（见图2-21-1）。

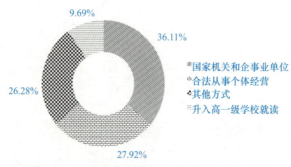

图2-21-1　海南省中等职业学校毕业生就业去向

(二) 产业分布

从事第一产业的毕业生人数为8 123人，占直接就业人数的22.96%；从事第二产业的为4 976人，占14.06%；从事第三产业的为22 281人，占62.98%。与2015年相比，2016年从事第一产业的毕业生人数的比例有所上升（见表2-21-2）。

表2-21-2　海南省中等职业学校毕业生就业产业分布

产业分布	2015年		2016年	
	就业人数/人	占直接就业人数比例/%	就业人数/人	占直接就业人数比例/%
第一产业	7 416	20.09	8 123	22.96
第二产业	6 235	16.89	4 976	14.06
第三产业	23 263	63.02	22 281	62.98

(三) 就业地域

就业地域分为本地、异地和境外。本地就业的毕业生人数为31 257人，占直接就业人数的88.35%；异地就业的为4 105人，占11.60%；境外就业的为18人，占0.05%。与2015年相比，2016年本地就业比例上升，异地就业比例下降，境外就业比例提升（见表2-21-3）。

表2-21-3　海南省中等职业学校毕业生就业地域

就业地域	2015年		2016年	
	就业人数/人	占直接就业人数比例/%	就业人数/人	占直接就业人数比例/%
本地	31 311	84.82	31 257	88.35
异地	5 599	15.17	4 105	11.60
境外	4	0.01	18	0.05

(四) 就业渠道

通过学校推荐就业的毕业生人数为22 294人，占直接就业人数的63%；通过中介介绍就业的为462人，占1%；通过其他渠道就业的为12 624人，占36%（见图2-21-2）。

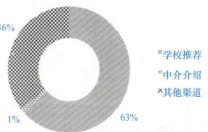

图2-21-2　海南省中等职业学校毕业生就业渠道

与2015年相比，2016年海南省中等职业学校毕业生就业呈现出以下特点：

一是就业率略有提升。与2015年相比，尽管2016年招生人数有所下降，毕业生总数相应降低，但学生就业率仍然提升了0.59%。

二是去向多元，升学比例提高。与2015年相比，2016年进入企事业单位就业的毕业生和从事个体经营的毕业生比例有所下降,而选择升入高一级学校就读的中职毕业生人数明显提高,比2015年的2 890人增加了908人,增长了31.4%。这表明随着我省职业教育人才培养及招生试点项目的开展,中等职业学校学生成长通道进一步被打通。

三是就业分布稳定,第三产业依然是毕业生就业的主要领域。

四是本地就业仍然是中职毕业生就业的主要方向。2016年本地就业毕业生比例占直接就业人数的88.35%,较好地服务了本地的经济社会发展。

二、各专业大类就业状况

根据《中等职业学校专业目录》确定的19个专业类别,其就业状况如图2-21-3、图2-21-4、图2-21-5、图2-21-6和表2-21-4所示。

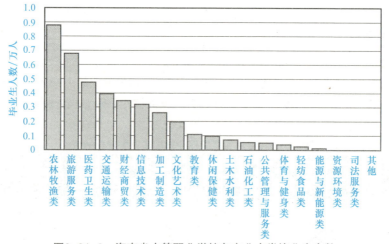

图2-21-3 海南省中等职业学校各专业大类毕业生人数

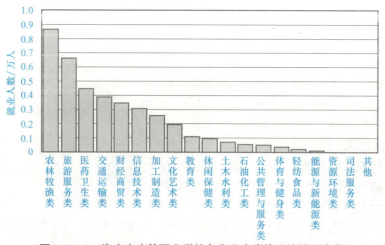

图2-21-4 海南省中等职业学校各专业大类毕业生就业人数

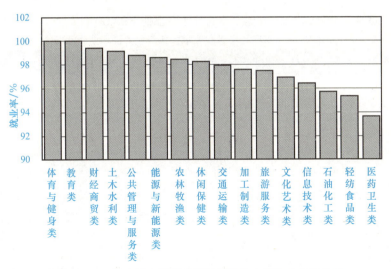

图2-21-5　海南省中等职业学校各专业大类毕业生就业率

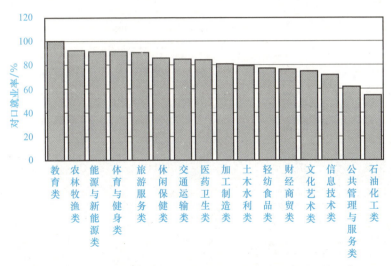

图2-21-6　海南省中等职业学校各专业大类毕业生对口就业率

从毕业生人数看，农林牧渔类专业毕业生人数最多，为8 788人，占毕业生总数的21.87%；其次是旅游服务类专业，毕业生数为6 775人，占16.86%%。毕业生人数最少的是能源与新能源类专业，毕业生人数为146人，占毕业生总数的0.36%。

从就业学生数看，农林牧渔类专业毕业生就业人数最多，为8 652人，占就业学生总数的22.08%；其次是旅游服务类专业，就业人数为6 606人，占16.86%。毕业生就业人数最少的是能源与新能源类专业，就业人数为144人，占就业学生总数的0.37%。

从专业分类看，就业状况最好的是体育与健身类和教育类专业，就业率达到100.00%，其生源主要为我省教育类专业毕业生和五年一贯制转段学生。其次是财经商

163

贸类专业，就业率为99.40%。其他专业的就业率都处于93.00%以上。

表2-21-4　海南省中等职业学校各专业大类毕业生状况

专业类别	毕业生人数/人	就业人数/人	就业率/%	对口就业人数/人	对口就业率/%
体育与健身类	361	361	100.00	330	91.41
教育类	1 079	1 079	100.00	1 079	100.00
财经商贸类	3 478	3 457	99.40	2 656	76.37
土木水利类	714	708	99.16	566	79.27
公共管理与服务类	503	497	98.81	311	61.83
能源与新能源类	146	144	98.63	134	91.78
农林牧渔类	8 788	8 652	98.45	8 131	92.52
休闲保健类	978	961	98.26	840	85.89
交通运输类	3 976	3 895	97.96	3 385	85.14
加工制造类	2 622	2 559	97.60	2 125	81.05
旅游服务类	6 775	6 606	97.51	6 152	90.80
文化艺术类	2 004	1 943	96.96	1 504	75.05
信息技术类	3 209	3 095	96.45	2 315	72.14
石油化工类	564	540	95.74	309	54.79
轻纺食品类	238	227	95.38	184	77.31
医药卫生类	4 756	4 454	93.65	4 019	84.50
资源环境类	0	0	—	0	—
司法服务类	0	0	—	0	—
其他	0	0	—	0	—

三、工作举措

（一）省委、省政府的重视

早在2007年，时任省委副书记、代省长的罗保铭就做出"重点支持、重点倾斜、重点发展"的重要指示，为海南职业教育的跨越式发展揭开了序幕。正因为有了省委、省政府的大力支持，政策的导向，财政资金的投入，社会各界的参与，海南的中职教育办学能力和办学质量才有了质的提升。

（二）搭建校企合作平台，提升中职服务我省经济和社会发展能力

举办中等职业教育与产业对话论坛，进一步加深我省中职学校校企合作深度。各中职学校与企业共建专业，与企业共同制定和完善人才培养方式，选派教师到企业实践，先后组建了旅游、护理、机电等9类职教集团，为校企合作建立了良好的体制机制。

（三）培养产业发展急需、紧缺的高技能型人才

以人才一体化培养为核心，以层次纵向贯通为目标，以培养产业发展急需紧缺的高技能型人才为重点，推进各层次职业教育（含中职、高职和应用型本科等）的衔接，打通和拓宽各级各类技术技能人才的成长空间和发展通道，做好中职毕业生分流工作。

（四）坚持"以就业为导向"，明确人才培养目标

要求学校成立就业工作指导机构，为就业工作推进提供组织上的保证，形成课堂教学与职业指导相结合、实践活动与职业素养相结合、就业推荐与创业引导相结合的就业工作体制。

（五）提振职业指导课程教学，加强学生就业指导

加强就业形势、就业政策、就业观念、就业定位、就业心态和诚信等方面的教育，提升学生职业化意识，帮助毕业生提高就业竞争力，引导学生早定位、树立良好的就业和择业观，提升学生职业化意识，做好自己的职业生涯规划。

四、发展趋势预测

一是从就业去向看，随着海南省职业教育人才培养及招生试点项目的不断推进，今后中职毕业生升入高一级学校就读的比例将有较大幅度的提高。

二是由于政策的支持，随着海南省"村干部班"办学模式招生规模的巩固，农林牧渔类专业毕业生的就业人数仍将在就业毕业生中占较大比重。

三是针对海南省旅游服务业发展较好，从业人员缺口大的特点，旅游服务类和休闲保健类专业的毕业生在选择职业时能实现较高的对口就业率。

重庆市中等职业学校毕业生就业状况

2016年,重庆市中等职业学校毕业生(不含技工学校)总数为95 324人,就业学生总数为93 025人,就业率为97.59%。与2015年相比,2016年毕业生总数有所减少,就业率略有降低(见表2-22-1)。

表2-22-1 重庆市中等职业学校毕业生就业总体状况

项目	2015年	2016年
毕业生总数/人	102 486	95 324
就业学生总数/人	100 293	93 025
就业率/%	97.86	97.59

一、总体状况

(一)就业去向

重庆市93 025名就业学生中,到国家机关和企事业单位的有53 339人,占就业学生总数的57.34%,占直接就业学生的75.55%;合法从事个体经营的有16 158人,占全部就业学生的17.37%,占直接就业学生的22.89%;以其他方式就业的有1 102人,占全部就业学生的1.18%;升入高一级学校就读的有22 426人,占全部就业学生的24.11%(见图2-22-1)。

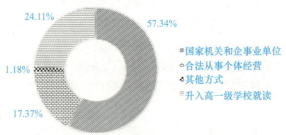

图2-22-1 重庆市中等职业学校毕业生就业去向

(二)产业分布

从事第一产业的毕业生人数为2 578人,占直接就业学生人数的3.65%,占全部就业学生人数的2.77%；从事第二产业的为40 221人，占直接就业学生人数的56.97%，占全部就业学生人数的43.24%；从事第三产业的为27 800人，占直接就业学生人数的39.38%，占全部就业学生人数的29.88%（见表2-22-2）。

表2-22-2　重庆市中等职业学校毕业生就业产业分布

产业分布	2015年		2016年	
	就业人数/人	占直接就业人数比例/%	就业人数/人	占直接就业人数比例/%
第一产业	6 091	7.50	2 578	3.65
第二产业	49 830	61.35	40 221	56.97
第三产业	25 303	31.15	27 800	39.38

（三）就业地域

就业地域分为本地、异地和境外。本地就业的毕业生人数为64 011人，占直接就业人数的90.66%，占全部就业学生的68.81%；异地就业的毕业生人数为6 542人，占直接就业人数的9.27%，占全部就业学生的7.03%；境外就业的毕业生人数为46人，占直接就业人数的0.07%，占全部就业学生的0.05%。与2015年相比，2016年本地就业比例有所上升，异地就业比例有所下降（见表2-22-3）。

表2-22-3　重庆市中等职业学校毕业生就业地域

就业地域	2015年		2016年	
	就业人数/人	占直接就业人数比例/%	就业人数/人	占直接就业人数比例/%
本地	72 046	88.70	64 011	90.66
异地	9 146	11.26	6 542	9.27
境外	32	0.04	46	0.07

（四）就业渠道

通过学校推荐就业的毕业生人数为59 303人，占直接就业人数的84%，通过中介介绍就业的为3 530人，占直接就业人数的5%；通过其他渠道就业的为7 766人，占直接就业人数的11%（见图2-22-2）。

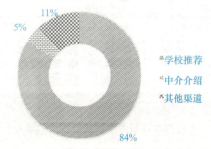

图2-22-2　重庆市中等职业学校毕业生就业渠道

二、各专业大类就业状况

根据《中等职业学校专业目录》确定的19个专业类别,其就业状况如图2-22-3、图2-22-4、图2-22-5、图2-22-6和表2-22-4所示。

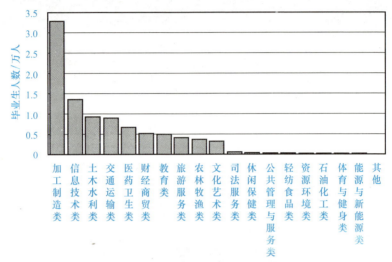

图2-22-3 重庆市中等职业学校各专业大类毕业生人数

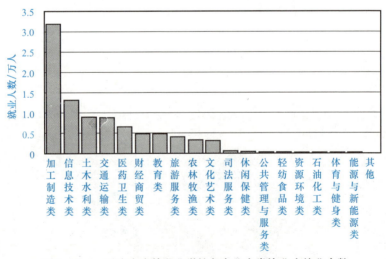

图2-22-4 重庆市中等职业学校各专业大类毕业生就业人数

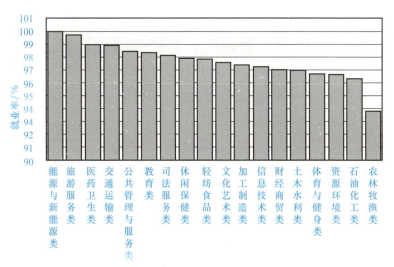

图2-22-5　重庆市中等职业学校各专业大类毕业生就业率

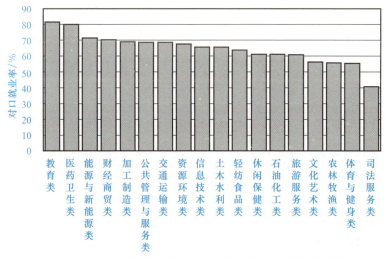

图2-22-6　重庆市中等职业学校各专业大类毕业生对口就业率

从毕业生人数看，加工制造类专业毕业生人数最多，为32 828人，占毕业生总数的33.44%；其次是信息技术类专业，毕业生人数为13 586人，占比为14.25%。毕业生最少的是能源与新能源类专业，毕业生人数为42人，占毕业生总数的0.04%；其次是体育与健身类专业，毕业生人数为151人，占比为0.16%。

从就业人数看，就业状况最好的是加工制造类专业，占就业学生总数的34.36%；其次是信息技术类专业，占14.20%。

从对口就业率看，教育类专业最好，对口就业人数为4 132人，对口就业比达到81.72%；其次是医药卫生类专业，对口就业人数为5 380人，对口就业率达到80.02%。

表2-22-4　重庆市中等职业学校各专业大类毕业生状况

专业类别	毕业生人数/人	就业人数/人	就业率/%	对口就业人数/人	对口就业率/%
能源与新能源类	42	42	100.00	30	71.43
旅游服务类	4 226	4 213	99.69	2 569	60.79
医药卫生类	6 723	6 652	98.94	5 380	80.02
交通运输类	9 039	8 942	98.93	6 217	68.78
公共管理与服务类	386	380	98.45	266	68.91
教育类	5 056	4 973	98.36	4 132	81.72
司法服务类	644	632	98.14	262	40.68
休闲保健类	524	513	97.90	321	61.26
轻纺食品类	323	316	97.83	206	63.78
文化艺术类	3 297	3 216	97.54	1 857	56.32
加工制造类	32 828	31 967	97.38	22 701	69.15
信息技术类	13 586	13 212	97.25	8 929	65.72
财经商贸类	5 137	4 983	97.00	3 604	70.16
土木水利类	9 263	8 981	96.96	6 072	65.55
体育与健身类	151	146	96.69	84	55.63
资源环境类	239	231	96.65	162	67.78
石油化工类	191	184	96.34	117	61.26
农林牧渔类	3 669	3 442	93.81	2 053	55.96
其他	0	0	—	0	—

三、工作举措

(一) 加强职业指导

各中职学校均开设了就业指导和职业生涯课，并纳入人才培养方案，同时加强毕业生职业生涯教育和引导，帮助毕业生树立正确的择业就业观念和掌握扎实的就业技能，加强毕业生的职业生涯设计能力，逐步提高中职毕业生的就业率。

(二) 提高就业创业能力

深化教学改革，更新教学内容，改进教学方法，突出以学生能力为本位的教学方式，全面培养学生的综合素质和职业能力，提高其就业创业能力。

（三）加强校企合作

各职业学校从专业调整、课程改革、教材选用和师资培训等方面主动和企业对接。将教学计划、课程设置、课时安排与实际状况相结合，主动适应企业发展需要。深入推进校企合作，大量开展"订单式培养"，举办企业"冠名班"，积极开展"现代学徒制"试点，实现招生即招工。

（四）建立待业学生再培训制度

不少中职学校建立了对毕业生就业后的跟踪服务制度，对因技术不精或职业精神不强而被用人单位辞退的中职毕业学生，采用再培训制度，帮助其提升就业创业能力，并重新联系用人单位解决其就业或帮助其自主创业。

（五）健全就业网络，拓宽就业渠道

目前，我市大部分中职学校同相关工业园区联系密切，均建立了相应的沟通联系机制。各中职学校还进一步加强了就业信息平台建设，通过网络等技术，加强与用工密集地区、企业的沟通联系，及时发布就业需求信息，有效促进毕业生就业。

四、发展趋势预测

（一）毕业生就业压力较大

随着重庆经济发展进入新常态，调整经济结构、转变发展方式任务艰巨，加上世界经济复苏动力不足、地缘政治影响加重等不确定因素增多，经济下行压力加大，导致部分企业效益下滑，用工需求下降，中职学校毕业生就业将面临更大压力。

（二）自助创业成为就业新形势

在大众创业、万众创新的良好社会氛围带动下，中职学生的创业意识和创新创业能力在不断增强。社会各界也更加关心、关注、支持青年学生创新创业，为中职学生提供了广阔的自主创业舞台。在这样的社会氛围下，越来越多的中职毕业生将走上自主创业之路。

（三）升学就业人数将持续增长

近年，重庆市大力推进现代职教体系建设，积极构建职业教育人才多样化成长"立交桥"，改革职业院校升学考试制度，努力拓宽中职毕业生的升学渠道。在经济社会对技能人才学历要求逐步提高的状况下，中职毕业生选择继续升学的人数将进一步增大。

四川省中等职业学校毕业生就业状况

2016年，四川省中等职业学校毕业生总数为234 517人（以下统计均不含技工学校），就业学生总数为228 358人，直接就业人数为179 545人，对口就业学生人数为178 680人，就业率为97.37%，对口就业率为76.20%（见表2-23-1）。

表2-23-1　四川省中等职业学校毕业生就业总体状况

项目	2015年	2016年
毕业生总数/人	250 143	234 517
就业学生总数/人	242 223	228 358
就业率/%	96.83	97.37

一、总体状况

（一）就业去向

四川省228 358名就业学生中，直接就业的有179 545人，升入高一级学校就读的有48 813人，分别占就业学生总数的78.62%和21.38%。直接就业学生中，到国家机关和企事业单位就业的有118 223人，占就业学生总数的51.77%，占直接就业学生的65.85%；合法从事个体经营的有21 728人，占就业学生总数的9.51%，占直接就业学生的12.10%；以其他方式就业的有39 594人，占就业学生总数的17.34%，占直接就业学生的22.05%（见图2-23-1）。

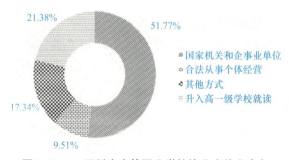

图2-23-1　四川省中等职业学校毕业生就业去向

(二) 产业分布

从事第一产业的毕业生人数为11 830人，占直接就业学生的6.59%；从事第二产业的为64 168人，占35.74%；从事第三产业的为103 547人，占57.67%。与2015年相比，2016年从事第二产业人数的比例有所提高（见表2-23-2）。

表2-23-2　四川省中等职业学校毕业生就业产业分布

产业分布	2015年		2016年	
	就业人数/人	占直接就业人数比例/%	就业人数/人	占直接就业人数比例/%
第一产业	18 105	8.85	11 830	6.59
第二产业	65 237	31.88	64 168	35.74
第三产业	121 302	59.27	103 547	57.67

(三) 就业地域

就业区域分为本地、异地和境外。在本地就业的毕业生人数为94 569人，占直接就业学生的52.67%；异地就业的为83 809人，占46.68%；境外就业的为1 167人，占0.65%。与2015年相比，2016年本地就业比例有所下降，异地就业和境外就业比例均有所上升（见表2-23-3）。

表2-23-3　四川省中等职业学校毕业生就业地域

就业地域	2015年		2016年	
	就业人数/人	占直接就业人数比例/%	就业人数/人	占直接就业人数比例/%
本地	115 480	56.43	94 569	52.67
异地	88 994	43.49	83 809	46.68
境外	170	0.08	1 167	0.65

(四) 就业渠道

通过学校推荐就业的毕业生人数为134 819人，占直接就业学生人数的75.10%；通过中介介绍就业的毕业生人数为7 870人，占直接就业学生人数的4.38%；通过其他渠道就业的毕业生人数为36 856人，占直接就业学生数的20.52%（见图2-23-2）。

与2015年相比，2016年四川省中等职业学校毕业生就业呈现出以下特点：

一是毕业生总数下降。企事业单位仍然是中职毕业生主要就业方向，升入高一级学校就读人数有所上升。2016年毕业的学生比

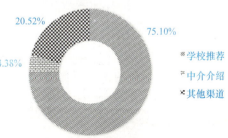

图2-23-2　四川省中等职业学校毕业生就业渠道

2015年减少15 626人。2016年升入高一级学校的比例占就业学生总数的21.38%，比2015年增加5.87%。

二是第三产业仍然是中职毕业生就业的主要领域，从事第二产业人数的比例有所提高。

三是就业区域变化均不大，说明四川省中职教育服务经济社会发展的能力和水平在平稳发展。

二、各专业大类就业状况

根据《中等职业学校专业目录》确定的19个专业类别，其就业状况如图2-23-3、图2-23-4、图2-23-5、图2-23-6和表2-23-4所示。

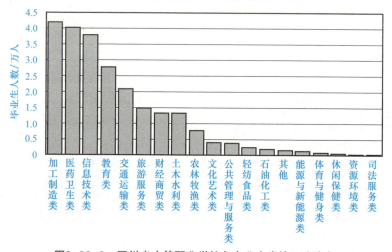

图2-23-3　四川省中等职业学校各专业大类毕业生人数

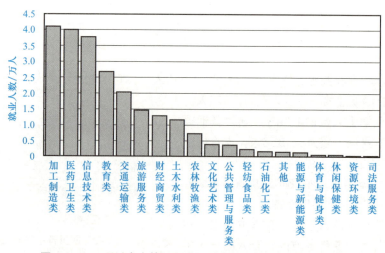

图2-23-4　四川省中等职业学校各专业大类毕业生就业人数

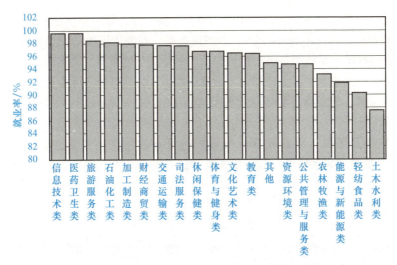

图2-23-5 四川省中等职业学校各专业大类毕业生就业率

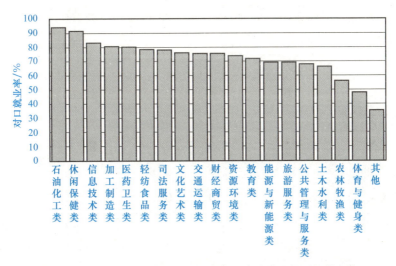

图2-23-6 四川省中等职业学校各专业大类毕业生对口就业率

从毕业生人数看，毕业生人数最多的三个专业大类为：加工制造类41 880人、医药卫生类40 265人、信息技术类38 000人，分别占毕业生总数的17.86%、17.17%、16.20%；毕业生人数最少的三个专业大类是：司法服务类215人、资源环境类230人、休闲保健类630人，共占毕业生总数的0.46%。

从就业人数看，就业人数最多的三个专业大类为：加工制造类41 058人、医药卫生类40 083人、信息技术类37 855人，分别占就业学生总数的17.98%、17.55%、16.58%；就业学生人数最少的三个专业大类是：司法服务类210人、资源环境类218人、休闲保健类610人，占就业学生总数的0.45%。

从专业分类看，就业状况最好的是信息技术类专业，就业率高达99.62%；其次是医药卫生类专业，就业率为99.55%；旅游服务类、石油化工类、加工制造、财经商贸类、交通运输类、司法服务类、休闲保健类、体育与健身类、文化艺术类、教育类专业处于就业率的平均水平以上；其他、资源环境类、公共管理与服务类、农林牧渔类、能源与新能源类、轻纺食品类专业就业率达到了90.00%以上；土木水利类专业就业率在90.00%以下。

从对口就业率看，对口就业状况最好的是石油化工类专业，对口就业率达到94.06%；其次是休闲保健类、信息技术类、加工制造类和医药卫生类专业，对口就业率分别达到91.75%、83.26%、80.42%、80.12%；轻纺食品类、司法服务类、文化艺术类、交通运输类专业均处于对口就业率的平均水平以上。

表2-23-4　四川省中等职业学校各专业大类毕业生状况

专业类别	毕业生人数/人	就业人数/人	就业率/%	对口就业人数/人	对口就业率/%
信息技术类	38 000	37 855	99.62	31 640	83.26
医药卫生类	40 265	40 083	99.55	32 260	80.12
旅游服务类	14 882	14 660	98.51	10 300	69.21
石油化工类	1 834	1 800	98.15	1 725	94.06
加工制造类	41 880	41 058	98.04	33 680	80.42
财经商贸类	13 266	12 976	97.81	10 032	75.62
交通运输类	20 840	20 359	97.69	15 780	75.72
司法服务类	215	210	97.67	168	78.14
休闲保健类	630	610	96.83	578	91.75
体育与健身类	682	660	96.77	327	47.95
文化艺术类	3 900	3 765	96.54	2 968	76.10
教育类	27 689	26 705	96.45	19 859	71.72
其他	1 509	1 432	94.90	537	35.59
资源环境类	230	218	94.78	170	73.91
公共管理与服务类	3 808	3 608	94.75	2 588	67.96
农林牧渔类	7 789	7 256	93.16	4 368	56.08
能源与新能源类	1 398	1 285	91.92	969	69.31
轻纺食品类	2 500	2 258	90.32	1 965	78.60
土木水利类	13 200	11 560	87.58	8 766	66.41

三、工作举措

（一）高度重视，强化就业指导

全省各地各校高度重视学生就业工作，专门成立了负责指导学生就业的领导小组和工作机构，研究解决就业工作重大问题，协调动员各方力量，确保学生就业工作顺利进行。

一是深入调查，做好就业分析。为了确保学生毕业后能有效就业，需提前开展学生就业预测分析工作，及时掌握学生就业意向，做好毕业生就业促进工作。

二是积极搭建用人单位和毕业生双向选择平台，并逐渐使招聘活动专业化、经常化、便捷化；收集企业用人需求信息和拓宽就业渠道和市场。

三是指导学校依靠行业、面向社会的就业原则，统一认识、加强领导、组织有序，确保毕业生就业工作各个环节顺利进行。

（二）强化意识，加强就业教育

倡导"德育为先，技能为重，素质为本"的职教育人理念，引导学生树立正确的就业择业观，在学生中广泛开展诚信敬业、爱岗敬业、择业创业、文明修养、知恩感恩等教育。鼓励校企多方位、多层次合作，如举办企业冠名班、设立奖学金，将优秀的企业文化引入校园，对中职学生广泛进行职业企业文化熏陶；指导学校广泛开展创业培训。在校生就业指导教育形式多样化，并贯穿于学生学习的各个阶段，为毕业生就业打好基础。通过举办技能大赛、演讲比赛、征文比赛等活动提升中职学生专业技能、综合素质。有的市州还在中等职业学校学生技能大赛中设立创业方案设计项目，在中职学生的学习生涯中营造创业氛围，培养学生的创业设计能力，为推进毕业生就业工作做好基础工作。

（三）校企合作，拓宽就业渠道

通过实习与毕业生就业推荐相结合的方法，根据用人单位的规模层次，有目的地选送符合用人单位录用标准的学生参加顶岗实习，既在实习中锻炼了学生，又让用人单位在实习中认可了学生。在实习过程中，实行实习指导教师制度，并与每一家合作企业都签订了合作协议，明确双方责任和义务，有效确保了学生的顶岗实习工作，基本实现由学校实习指导教师与企业共同管理学生的目标。学校时刻掌握实习学生的思想动态，定期对学生进行心理疏导和思想教育，定期到企业回访，定期与学生实习单位人力资源部门联系沟通。实习指导教师到企业驻地跟踪管理，班主任经常与实习学生通过电话、短信、QQ群等方式保持联系，妥善处理学生在实习中出现的有关问题，维护学生合法权益，帮助学生从顶岗实习岗位顺利过渡为就业岗位。

(四) 政策引导，积极推进"9+3"学生就业工作

一是全面开展"认清就业形势、转变就业观念"专项教育活动，帮助"9+3"学生树立"先就业后择业""行行出状元"的就业观念，引导他们合理规划职业生涯。

二是充分发挥学校主渠道作用，探索"9+3"学生顶岗实习、"订单式培养"的体制机制，为学生量身定做职业规划，开展针对性培养，提升其就业能力。

三是多渠道开发就业岗位。省委、省政府成立了"9+3"学生就业工作协调小组，并制定了促进"9+3"学生就业的意见，出台了鼓励企业吸纳、单位选聘、高职招录、自主创业等一系列促进就业的政策措施。目前，两届"9+3"毕业生就业率均高于全省普通中职学生平均就业率。

四、发展趋势预测

一是全省中职毕业生就业率将持续稳定在95%左右。

二是到机关和企事业单位就业仍将是中职毕业生就业的主要方向，但从事个体经营和升入高一级学校就读的将进一步增加。

三是第三产业仍将是中职毕业生就业的主要领域。

四是随着本地产业的发展升级和学校专业结构的优化调整，未来中职毕业生在本地就业的渠道将更加广阔，将有更多毕业生在本地就业并为当地经济社会发展服务。近年来，全省中职学校狠抓内涵建设的效果将逐步显现，毕业生培养质量将进一步提升，未来境外就业的毕业生人数将持续大幅增长。

贵州省中等职业学校毕业生就业状况

2016年，贵州省中等职业学校毕业生总数为191 238人，就业学生总数为185 539人，就业率为97.02%。与2015年相比，2016年毕业生总数显著增加，就业率略有下降（见表2-24-1）。

表2-24-1　贵州省中等职业学校毕业生就业总体状况

项目	2015年	2016年
毕业生总数/人	116 512	191 238
就业学生总数/人	113 156	185 539
就业率/%	97.12	97.02

一、总体状况

（一）就业去向

贵州省185 539名就业学生中，到国家机关和企事业单位的有84 146人，占就业学生总数的45.35%；合法从事个体经营的有24 970人，占13.46%；升入高一级学校就读的有31 837人，占17.16%；以其他方式就业的有44 586人，占24.03%（见图2-24-1）。

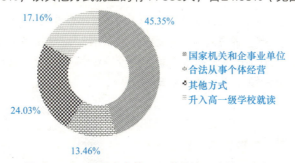

图2-24-1　贵州省中等职业学校毕业生就业去向

（二）产业分布

从事第一产业的毕业生人数为7 311人，占直接就业人数的4.76%；从事第二产业的为44 174人，占28.74%；从事第三产业的为102 220人，占66.50%。与2015年相比，2016年从事第一、第二产业人数的比例有所下降，从事第三产业人数的比例稍有上升（见表2-24-2）。

表2-24-2 贵州省中等职业学校毕业生就业产业分布

产业分布	2015年		2016年	
	就业人数/人	占直接就业人数比例/%	就业人数/人	占直接就业人数比例/%
第一产业	5 974	6.57	7 311	4.76
第二产业	27 167	29.88	44 171	28.74
第三产业	57 780	63.55	102 220	66.50

（三）就业地域

就业地域分为本地、异地和境外。本地就业的毕业生人数为107 868人，占直接就业人数的70.18%；异地就业的为45 726人，占29.75%；境外就业的为108人，占0.07%。与2015年相比，2016年异地和境外就业比例略有上升（见表2-24-3）。

表2-24-3 贵州省中等职业学校毕业生就业地域

就业地域	2015年		2016年	
	就业人数/人	占直接就业人数比例/%	就业人数/人	占直接就业人数比例/%
本地	68 355	75.18	107 868	70.18
异地	22 512	24.76	45 726	29.75
境外	54	0.06	108	0.07

（四）就业渠道

通过学校推荐就业的毕业生人数为84 939人，占直接就业人数的55%；通过中介介绍就业的为12 515人，占8%；通过其他渠道就业的为56 248人，占37%（见图2-24-2）。

与2015年相比，2016年贵州省中等职业学校毕业生就业呈现出以下特点：

一是毕业生人数大幅增加；企事业单位仍然是中职学生的主要就业方向。2016年到国家机关和企事业单位的比例为45.35%，比2015年有所下降；合法从事个体经营的毕业生人数的比例略有提高。

二是第三产业仍然是中职毕业生就业的主要领域。2016年就业于第三产业的毕业生比2015年有所上升，占66.50%。

三是本地就业人数略有上升。2016年本地

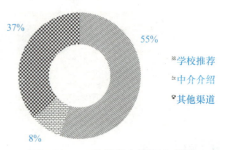

图2-24-2 贵州省中等职业学校毕业生就业渠道

就业毕业生人数比2015年增长了39 513人，这反映出贵州经济社会发展提速明显，本地就业吸引力和吸纳能力增强。

二、各专业大类就业状况

根据《中等职业学校专业目录》确定的19个专业类别，其就业状况如图2-24-3、图2-24-4、图2-24-5、图2-24-6和表2-24-4所示。

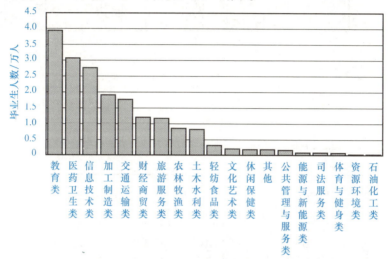

图2-24-3　贵州省中等职业学校各专业大类毕业生人数

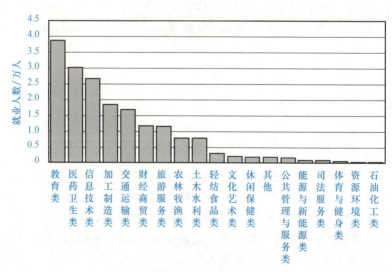

图2-24-4　贵州省中等职业学校各专业大类毕业生就业人数

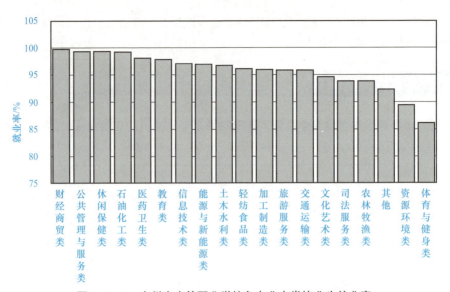

图2-24-5　贵州省中等职业学校各专业大类毕业生就业率

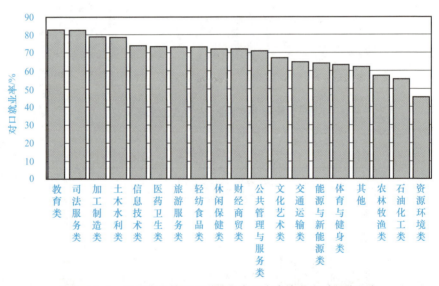

图2-24-6　贵州省中等职业学校各专业大类毕业生对口就业率

从毕业生人数看，教育类专业毕业生人数最多，为39 524人，占毕业生总数的20.67%；其次是医药卫生类专业，毕业生人数为30 733人，占16.07%。毕业生人数最少的是石油化工类专业，为155人，占毕业生总数的0.08%。

从就业人数看，教育类专业就业学生人数最多，为38 708人，占就业学生总数的20.86%；其次是医药卫生类专业，就业人数为30 170人，占16.26%。就业人数最少的是石油化工类专业，为154人，占就业学生总数的0.08%。

从专业大类看，就业状况最好的是财经商贸类专业，就业率达99.83%；其次是公共管理与服务类专业，就业率为99.45%；休闲保健类、石油化工类、医药卫生类、教育类、信息技术类专业的就业率均超过了平均水平；体育与健身类专业就业率最低，但也达到了86.15%。

表2-24-4 贵州省中等职业学校各专业大类毕业生状况

专业类别	毕业生人数/人	就业人数/人	就业率/%	对口就业人数/人	对口就业率/%
财经商贸类	11 821	11 801	99.83	8 536	72.21
公共管理与服务类	1 827	1 817	99.45	1 297	70.99
休闲保健类	2 013	2 001	99.40	1 455	72.28
石油化工类	155	154	99.35	86	55.48
医药卫生类	30 733	30 170	98.17	22 643	73.68
教育类	39 524	38 708	97.94	32 738	82.83
信息技术类	27 710	26 928	97.18	20 533	74.10
能源与新能源类	1 136	1 102	97.01	729	64.17
土木水利类	8 238	7 976	96.82	6 467	78.50
轻纺食品类	3 382	3 252	96.16	2 480	73.33
加工制造类	19 200	18 437	96.03	15 149	78.90
旅游服务类	12 201	11 693	95.84	8 947	73.33
交通运输类	17 796	17 053	95.82	11 578	65.06
文化艺术类	2 319	2 193	94.57	1 557	67.14
司法服务类	1 101	1 034	93.91	908	82.47
农林牧渔类	8 715	8 175	93.80	4 983	57.18
其他	2 118	1 957	92.40	1 317	62.18
资源环境类	361	323	89.47	164	45.43
体育与健身类	888	765	86.15	562	63.29

三、工作举措

（一）教育"9+3"计划成果突显，毕业生人数大幅攀升

2013年，贵州省实施了教育"9+3"计划（即巩固提高9年义务教育和实行3年免费中等职业教育），以实施中职"百校大战"项目为主要载体，通过建好100所左右办学规模较大、办学条件优越、办学质量优良的中职学校和技工学校，示范带动全省中等

职业教育跨越发展。中职"百校大战"实施3年多以来,全省各级多渠道投入近150亿元,完成建设面积共700余万平方米,招聘教师万余人(含特聘兼职教师)。全省职业院校办学条件得到较大改善,与"十二五"初比较,中职学校毛入学率提高了31%。从2013年开始,招生人数大幅增加,直接导致2016届毕业生人数大幅增加。

(二)强化职业指导,提高就业质量

1. 明确开展职业指导工作的主要目标、基本思路和任务

贵州省高度重视职业指导和毕业生就业工作,出台有关政策文件明确提出工作的主要目标和任务,是要建立和完善"市场导向,政府调控,学校推荐,学生与用人单位双向选择"的就业机制,实现毕业生的充分就业。要把职业指导和毕业生就业工作纳入学校的整体工作,并将其作为衡量学校办学整体水平的重要内容;要整合全省、学校职业指导和毕业生就业工作的资源,进一步加强与社会人才和劳动力市场的联系,搞活机制,营造毕业生就业大市场;要发挥教育行政部门和学校的两个积极性。

2. 构建职业指导与就业服务工作的实施体系

一是充分发挥"职业道德与就业指导"在职业指导中的主渠道作用,帮助学生逐步树立正确的职业理想和职业观念,养成良好的职业道德,提高他们参与社会生活的能力。同时,积极探索现代信息技术与"职业道德与就业指导"课程整合,开发了"创业ABC""职业生涯规划""就业指导"等供学生自主学习的网络课程。

二是努力为学校和学生提供高质量的社会公共服务。定期开展职业指导和毕业生就业工作者的业务培训,组织人才供需交流,提供毕业生和就业信息,为学生进行个性化咨询指导,并为教育行政部门提供决策依据等。

三是建立了中职毕业生就业统计公告制度和中职学校质量年报制度,有效促进了中职学校职业指导和毕业生就业服务工作,让社会各界进一步了解了中职学校毕业生的就业状况,为初中毕业生和家长选择中职学校和专业提供了参考,也把竞争机制引入了中职学校,强化了各中职学校以"就业为导向"的办学思想,极大地促进了中职学校职业指导与就业服务工作,提升了学校对毕业生就业工作事关学校发展生命的认识高度。

(三)强化创业教育,提高创业能力

1. 转变观念,提高创业教育的认识

在实施创业教育中,各地、各校领导在观念上必须明确创业教育是关系到学校生存的大事。要求职业学校在教会学生文化专业知识和技能的同时,把培养学生的创业素质放在首位。具体应做好以下3个方面工作:

一是要转变职业教育就是就业教育的观念,确立以创业教育为核心的现代职教观。职业教育为学校提供的是一个走向社会的起点而不是终点,是就业的起始而不是终极教育。

二是改变专业必须对口的就业观,确立就业就是一个不断寻业、主动创业的动态过

程的观念。

三是转变单一的人才观，确立复合通用的人才观。现代社会所青睐的人才不再是专业定向、意识定态、思维定式、技能定型的毕业生，而是手持多种证书，具备宽泛专业基础、适应多变的竞争趋势、敢于独立创新等素质的人才。

2. 构建创业教育课程体系，丰富学生创业能力

要实现创业教育的目标，中等职业学校的创业教育课程模式设计上就要体现实用性，既要有在终身教育理论指导下的远期目标，又要有满足职校生灵活就业、自谋职业、自主创业，增强市场竞争力迫切需求的近期目标。积极调整专业课程设置，突破专业限制，有效融合专业教育与创业教育，挖掘专业课程的创业教育资源，开设创业基础、就业创业指导等多层次课程群，组织编写科学、适用的创业教材，构建创业教育课程体系，包括社会学、心理学、市场营销学以及有关财务、税收等政策法规知识，不断提高学生创业的认识水平和能力。

3. 建立一支高素质的教师队伍

积极建设稳定的、专兼职结合，具有创业能力和经验，具有社会责任感的创业教育教学团队。将教师从事创新创业教育与实践状况作为教师专业技术职务评聘和绩效考核的重要指标。实施中职学校教师创业教育能力提升计划，将教师创业教育的意识和能力作为岗前培训、课程轮训、骨干研修的重要内容。建立健全兼职教师管理制度，鼓励支持中职学校聘请社会知名专家、创业成功人士、企业家、风险投资人等担任学校兼职创业教师。

4. 开发创业教育基地，搭建创业实践平台

一是以校内勤工俭学岗位为主线的创业实践活动。每个学校都有勤工俭学的岗位，如食堂、小卖部等。创业教育实践课题小组也对勤工俭学学生进行指导，一方面使这些学生通过自己的劳动取得相应的报酬，解决生活困难；另一方面使他们熟悉餐饮业和商店的工作流程，取得相应的创业实践。

二是以校内活动为载体，与企业合作的创业实践活动。学校经费有限，开展的活动经常受到经费的限制，创业指导时让学生主动外出联系，以冠名权争取经费。

三是以校外企业为主线的创业实践活动。指导教师指导创业教育小组的学生利用假期对企业进行社会实践活动，不断丰富创业知识，锻炼创业能力。

（四）强化产教融合，服务转型升级

按照"依托园区、校企建管、财政奖补、公共使用"的思路，建设一批符合产业结构特征的公共实训基地。加强校企合作，推行现代学徒制培养模式；推行引厂入校、引校入园、校厂合一、"前店后校"等校企深度合作模式；推广"产业园区+标准厂房+职业教育"模式，以地方特色经济和产业布局为纽带，抓好基地建设，实现软硬件资源共享，促进产学研合作、产教深度融合，实现园区、企业与职业院校"共建多赢"的局面。

（五）强化网络建设，拓宽就业渠道

进一步加大经费投入，整体设计，分步实施，不断完善中职学校校园网络的硬件、软件建设，重点打造中等职业学校数字化校园项目。中职学校就业工作离不开现代技术的支持，尤其是具有运行成本低、速度快等特点的网络技术。中等职业学校组织学生通过"大学生就业在线"、学校网页、学院就业信息网页以及行业在线，向社会发布当年毕业生所学专业、毕业生人数、联系方式等信息，还加强了毕业生个性化信息的介绍，为用人单位主动联系学校提供便利条件。

四、发展趋势预测

（一）中职毕业生就业质量进一步提高

国家已制定并不断完善了有关的法律法规，很多企业也制定了科学的薪酬体系和人力资源管理标准。首先，职业资格证书制度的完善，有利于改变重学历、轻技能的现象。其次，中等职业学校专业课程设置的改革，也不断调整以与社会需求紧密结合，增强人才培养的针对性，通过基础课程的设置，将职业教育与普通教育贯通，提高学生的综合素质。同时，中职学校通过"订单式培养"为校企合作、工学结合找到了最佳途径。"订单式培养"为我国职业教育注入了活力，是根据企业需求进行的，使毕业生就业有意向协议，就业比较稳定，就业质量较高。因此，"订单式培养"为提高毕业生就业质量提供了一条有效的途径。再次，拓宽了继续学习的渠道。为了形成在不同起点不同岗位上奋发学习的运行机制，满足在岗员工进一步学习的愿望，学校和用工单位积极探索开展多元化的学习和培训方案，推进正规和非正规的学习方式，给予学生继续学习的机会，提高中职毕业生的综合素质。最后，加强宏观调控。中职学校家庭经济困难学生资助政策出台并得到落实。此举对吸引部分优秀初中毕业生接受中等职业教育有很大的促进作用。通过各方的不断努力，通过政府的政策引导，通过电视、报刊、网络等新闻媒体的传播，全社会对中职技能人才在经济社会发展中的重要作用和贡献已有了很高的认识，对过去用人价值取向已有了很大的改观。中职毕业生在就业中面对的用工和待遇等方面的选择更加广阔。

（二）中职毕业生就业渠道多样化

中职毕业生的就业渠道越来越广泛，可以通过各地的人力资源市场、社会中介、网络信息、学校就业推荐和亲戚朋友介绍等多种形式就业，其中以学校推荐为主。我市人才市场的进一步完善，对于优化人才配置、开发人才资源、解决就业和维护社会稳定等，都有着极其重要的作用。同时，伴随着现代科技的发展，学校开展就业信息指导工

作，在学生就业工作中起到了非常重要的作用，为用人单位和毕业生相互了解提供了快捷的信息平台，增大了学生就业概率。

(三) 复合型人才需求增加

随着国家对民营和中小企业发展的鼓励，它们越来越成为中职毕业生的主要吸纳地。中小型企业的规模较小，组织结构扁平化，职能部门也比较精简，这就要求从业人员最好是既懂技术、知识，又有较强动手能力的身兼数职的复合型人才，所以，中职毕业生无疑是最好的选择。另外，面对新时期加快复合型人才培养的大背景，学校必须打破陈旧的办学思路与模式，不断调整教学内容，注重学生知识结构的完善、道德情操的培养，对学生进行全方位、多层次的综合培训，使他们在打好基础的同时，能够一专多能，适应新时期的经济发展需求。用工单位通过岗位调整和职务轮换，通过在岗学习，也可以培养员工多方面的能力。

(四) 逐步树立正确的就业观和择业观

树立正确的就业观和择业观是求职活动的前提，也是事业成功的起点。通过就业指导教育的开展，中职毕业生对自身职业规划有了一定的认识，心态更加积极健康。首先，避免了消极等待、悲观失望的心理，树立了竞争意识。中职毕业生在求职过程中能够摆脱依赖他人、消极等待的状况，充分准备、积极参与应聘，勇敢地推销自己。在激烈竞争的挑战面前，保持积极向上的心态，有助于他们找到适合自己的工作岗位，顺利实现就业。其次，正确认识自己，面向基层，不怕苦累。现阶段，我国大多数企业劳动强度较大，劳动条件比较艰苦。中职毕业生择业时大部分面向基层，面向生产第一线。基层工作生活条件和环境相对较差，缺乏人才，急需毕业生去开拓进取。虽然他们起点不一定高，但是只要爱岗敬业，吃苦耐劳，不断专研业务，不断积累工作经验，就可以成长为优秀的劳动者。再次，树立了"行行可建功，处处能立业"的就业观。通过加强学生的思想教育，对学生进行道德观、人生观、价值观的指导，中职毕业生能够认清当前就业形势，调整好就业期望值，找准坐标，使自己的职业意向与社会的需求相吻合。当前，用人单位处在优势地位，拥有较大的选择权。严峻的就业形势使毕业生工作时不能够也不可能一步到位，先就业意味着先生存。同时，各个行业只有分工的不同，没有高低贵贱之分，中职毕业生完全可以在自己的工作岗位上做出巨大的贡献。

云南省中等职业学校毕业生就业状况

据不完全统计，截至2016年9月，云南省中等职业学校毕业生总数为127 967人，其中就业学生总数为123 737人，就业率为96.69%，对口就业率为75.07%（不包括技工学校，以下数据取至小数点后两位）。与2015年相比，2016年毕业生总数有所减少，就业率有所增加（见表2-25-1）。

表2-25-1 云南省中等职业学校毕业生就业总体状况

项目	2015年	2016年
毕业生总数/人	135 679	127 967
就业学生总数/人	131 096	123 737
就业率/%	96.62	96.69

一、总体状况

（一）就业去向

直接就业学生中，到国家机关和企事业单位就业的有64 657人，占直接就业人数的58.72%；合法从事个体经营的有38 259人，占34.74%；通过其他方式就业的有7 200人，占6.54%（见图2-25-1）。

图2-25-1 云南省中等职业学校毕业生就业去向

（二）产业分布

从事第一产业的毕业生人数为10 991人，占直接就业总人数的9.98%；从事第二产业的有41 097人，占37.32%；从事第三产业的有58 028人，占52.70%。与2015年相比，2016年从事第三产业的毕业生人数的比例明显增加（见表2-25-2）。

表2-25-2　云南省中等职业学校毕业生就业产业分布

产业分布	2015年		2016年	
	就业人数/人	占直接就业人数比例/%	就业人数/人	占直接就业人数比例/%
第一产业	13 802	11.59	10 991	9.98
第二产业	44 710	37.56	41 097	37.32
第三产业	60 538	50.85	58 028	52.70

（三）就业地域

就业地域分为本地、异地和境外，本地就业的毕业生人数为70 241人，占直接就业学生的63.79%；异地就业的为38 619人，占35.07%；境外就业的为1 256人，占1.14%（见表2-25-3）。

表2-25-3　云南省中等职业学校毕业生就业地域

就业地域	2015年		2016年	
	就业人数/人	占直接就业人数比例/%	就业人数/人	占直接就业人数比例/%
本地	76 066	63.89	70 241	63.79
异地	41 734	35.06	38 619	35.07
境外	1 250	1.05	1 256	1.14

（四）就业渠道

学校推荐就业的毕业生人数为64 652人，占直接就业总人数的58.71%；通过中介介绍就业的为18 693人，占16.98%；通过其他渠道就业的为26 771人，占24.31%（见图2-25-2）。

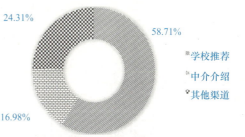

图2-25-2　云南省中等职业学校毕业生就业渠道

与2015年相比，2016年云南省中等职业学校毕业生就业呈现出以下特点：

一是毕业生人数稍有减少。2016年毕业生总数为127 967人，就业率为96.69%。相比2015年，毕业生总数减少7 712人。

二是升入高一级学校的比例稍有增加。就业学生中，升入高一级学校就读的有13 621人，占毕业学生总数的10.64%，比2015年的8.87%多了1.77%。

三是毕业生就业率有所提高。2016年我省毕业生就业率为96.69%，与2015年相比提高了0.07%。

四是第三产业就业人数占比增加。与2015年相比，进入第一、第二产业的就业人数占比减少；进入第三产业就业学生人数占比有所增加，增加了1.85%。

五是本地及城区就业仍占主导。2016年本地就业占63.79%，城区就业占75.23%，与2015年相比，本地、异地比例基本不变，镇区就业的比例有所减少，城区、境外、乡村就业的比例稍有增加，分别增加了0.52%、0.09%和0.05%，这说明随着人们思想意识的不断提高，中职学生选择到境外就业的人有所增加；随着国家各项支持乡村发展的优惠政策出台，中职学生利用所学技能参与乡村建设的毕业生有所增加；就业渠道拓宽，学生留在城市创业的人数越来越多。

六是学校推荐就业比例有大幅下降。2016年学校推荐就业毕业生比例为58.71%，通过中介介绍就业的为16.98%，通过其他渠道就业的为24.31%，相比2015年，通过中介介绍就业比例下降，通过学校推荐及其他渠道就业比例有所提高，这说明学校更加重视毕业生就业指导工作，学生自主择业意识越来越强。

七是毕业生就业质量稳步提高。签订合同的总比例达到90.65%，其中签订1年以上劳动合同的超过46.00%，毕业生就业稳定性不断提高。毕业生月平均起薪高于3 000元的学生有13 490人，占直接就业人数的12.25%，毕业生的就业薪酬明显提高。92.03%的就业毕业生有社会保险，比2015年提高了1.26%，毕业生的社会保障状况持续改善。

八是人才培养质量不断提高。毕业生中取得资格证书的有83 758人，占毕业生总数的65.45%，比2015年高0.90%。

二、各专业大类就业状况

根据《中等职业学校专业目录》确定的19个专业类别，其就业状况如图2-25-3、图2-25-4、图2-25-5、图2-25-6和表2-25-4所示。

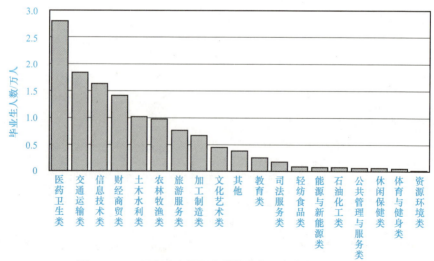

图2-25-3　云南省中等职业学校各专业大类毕业生人数

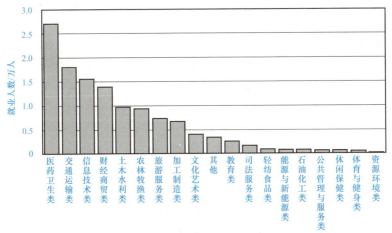

图2-25-4　云南省中等职业学校各专业大类毕业生就业人数

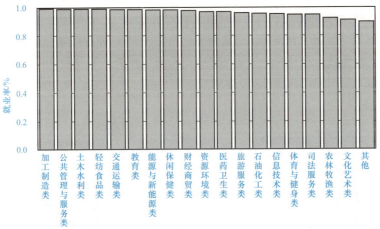

图2-25-5　云南省中等职业学校各专业大类毕业生就业率

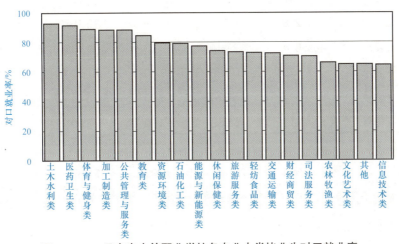

图2-25-6　云南省中等职业学校各专业大类毕业生对口就业率

从毕业生人数看，医药卫生类专业毕业生人数最多，为27 989人，占毕业生总数的21.87%；其次是交通运输类专业，毕业生人数为18 298人，占14.30%。毕业生人数最少的是资源环境类专业，为136人，占毕业生总数的0.11%。

从就业人数看，医药卫生类专业就业人数最多，为27 130人，占就业学生总数的21.93%；其次是交通运输类专业，就业人数为18 095人，占14.62%。毕业生就业人数最少的是资源环境类专业，就业人数为132人，占就业学生总数的0.11%。

从就业率看，就业状况最好的是加工制造类专业，就业率达99.55%；其次是公共服务与管理类专业，就业率为99.28%；就业率最低的是其他专业，为90.02%。土木水利类、轻纺食品类、交通运输类、教育类、能源与新能源类、休闲保健类、财经商贸类、资源环境类、医药卫生类专业就业率在全省平均水平以上；旅游服务类、石油化工类、信息技术类、体育与健身类、司法服务类、农林牧渔类、文化艺术类及其他专业就业率低于全省平均水平。

从对口就业率来看，平均对口就业率为75.07%；土木水利类专业对口就业率最高，达到92.78%；其次是医药卫生类专业，为91.70%；体育与健身类、加工制造类、公共管理与服务类、教育类、资源环境类、石油化工类、能源与新能源类专业的对口就业率都在平均对口就业率75.07%以上；对口就业率最低的是信息技术类专业，为64.61%。

表2-25-4　云南省中等职业学校各专业大类毕业生状况

专业类别	毕业生人数/人	就业人数/人	就业率/%	对口就业人数/人	对口就业率/%
加工制造类	6 690	6 660	99.55	5 914	88.80
公共管理与服务类	694	689	99.28	610	88.53
土木水利类	9 802	9 721	99.17	9 019	92.78
轻纺食品类	928	920	99.14	671	72.93
交通运输类	18 298	18 095	98.89	13 153	72.69
教育类	2 574	2 544	98.83	2 156	84.75
能源与新能源类	749	736	98.00	570	77.45
休闲保健类	631	620	98.00	460	74.19
财经商贸类	14 213	13 938	98.00	9 881	70.89
资源环境类	136	132	97.00	105	79.55
医药卫生类	27 989	27 130	97.00	24 877	91.70
旅游服务类	7 572	7 290	96.00	5 354	73.44
石油化工类	747	717	96.00	570	79.50

续表

专业类别	毕业生人数/人	就业人数/人	就业率/%	对口就业人数/人	对口就业率/%
信息技术类	16 285	15 533	95.00	10 036	64.61
体育与健身类	532	506	95.00	450	88.93
司法服务类	1 767	1 679	95.00	1 182	70.40
农林牧渔类	10 109	9 357	93.00	6 185	66.10
文化艺术类	4 484	4 079	91.00	2 657	65.14
其他	3 767	3 391	90.02	2 199	64.85

三、工作举措

(一) 多渠道开拓就业市场

2016年，云南省中职学校有127 967名毕业生。为做好毕业生就业工作，我省继续借助滇沪职业学校就业信息网点建设项目及"完善中等职业教育学生就业服务体系"试点项目的实施，有力带动职业学校学生安置就业。进一步利用东部地区10个职教集团对口帮扶滇西10个州市职业教育及产业发展机会，输送毕业生到沿海发达地区就业。积极推进东部与西部、城市与农村之间学校联合办学，合理提升广大学生享受优质职教资源的范围和机会，提升学生整体素质，扩宽就业范围。积极与云南驻深圳办事处联系，引进企业到学校进行人才推介。各中职学校主动走出去，引进企业，开办校内、校际洽谈会，尽可能把学生送出去。云南省建设学校构建中职学生就业信息服务平台，实现毕业生与省、州市就业指导部门和用人单位的互动和对接，为中职毕业生创造一条方便、快捷、高效的就业通道。云南省外事外语职业学院建立就业微信公众平台，为学生提供更全面、更便捷的就业服务。

(二) 以人才培养模式改革带动毕业生就业适应性

中职学校人才培养质量直接影响到毕业生的就业质量及就业率。我省大力加强以市场为导向的人才培养模式改革，积极推动教学改革优化人才培养方案，提升学生专业基础知识、动手能力、综合素质及拥有多种职业资格证，不断提高毕业生就业竞争力。开展中职教育教学诊改活动，督促学校进行教学改进。强化"双师型"教师培养培训，不断提高现代职业教育教学质量。云南省建设学校加大教改力度，以实训（实作）、实习等教学环节为重点，利用部分专业，实施以项目教学为主的教学方式，进一步提高毕业生的基本技能和综合素质。

(三)积极探索校企合作模式,促进就业

积极探索"订单式培养"及学徒制试点等联合办学人才培养模式,为拓宽毕业生就业渠道打牢基础。学校与企业广泛在专业设置、教学、实习、就业等方面开展多形式的合作,实现校企无缝对接,深化校企合作,建立企业稳定优质的员工输送来源和学校稳定的学生实习基地。学校与企业签订协议,按照学校教学要求、企业岗位能力要求,共同制定人才培养目标、培养方案,教学与企业员工培训同步进行,学生毕业后直接进入企业工作,促进毕业生就业。腾冲一职中引进企业,使学生实习实训课程直接在引进的企业进行,实习后直接留厂为工人。玉溪市工业财贸学校开展现代学徒制试点,完善学生培养模式,带动学生就业。麒麟职业技术学校实行"前厂后店"模式促进学生就业。

(四)加大就业指导力度

全省各中职学校通过开设就业指导课程及就业指导讲座,帮助学生转变就业观念,掌握就业技巧,增强就业能力。昆明艺术职业学院对毕业生进行有针对性的创业项目引导、技能培训、专家指导服务。德宏州根据高低年级不同特点,开展侧重点不同的职业指导工作。文山州为每个毕业班配备固定的就业指导教师,让其负责学生的面试、职业生涯规划、就业推荐、就业跟踪、就业的二次推荐等就业服务工作。

四、发展趋势预测

中等职业教育在现代社会中的作用越来越大,担负着培养数以万计高素质劳动者的重要任务,是我国经济社会发展的重要基础。我省把大力发展职业教育作为实现云南跨越发展的重要举措来抓,经过几年的不懈努力,实现了突破性的发展。近几年,中职学校学生规模持续增大。中职学生的就业观念、就业质量和就业渠道都得到较大改观。目前,中职毕业生就业将有以下趋势:

(一)毕业生就业率稳步提高

近年来,国家对职业教育发展越来越重视。我省加大资金、人力等投入支持中等职业教育发展,促使职业教育的吸引力越来越强。中职学校也主动适应社会发展,联合行业企业,加强课程建设、专业建设。云南省发展需要越来越多的中职学生参与。未来一段时间,在我国技能型复合人才短缺状况下,我省中职毕业生就业率将稳步提高。

(二)专业发展将更加合理

根据云南产业结构调整状况,行业企业对专业人才的需要有了新的特点。各中职学校将顺应社会发展需求,本着服务当地经济发展的需要,不断改变办学思路,调整专业

设置及招生方向，可以预测，未来的几年各专业类别毕业生人数及就业率发生的改变，将更加合理，适应社会发展。

（三）就业渠道将更加多样化

随着信息化的发展、各种新媒体的出现，中职学生可以通过人才市场、社会中介、网络信息、学校推荐、校企合作、东西部合作和亲戚朋友推荐等多种形式就业，这将逐步打破以学校推荐为主的就业形势。

（四）就业质量将进一步提高

随着产教融合、校企结合、学徒制试点及按需培养等办学思路的不断更新转变，各学校学生培养方式更加多样优化，学生自身的专业素质、综合能力得到不断提高，社会认可度不断提高，就业质量将得到进一步提高。

（五）升学比例将继续上升

随着我省现代职教体系构建和人才成长"立交桥"的基本建立，职业教育招生考试制度不断改革完善，中职学生升学渠道得到较大拓宽，中职毕业生升入高一级学校比例将继续上升。

西藏自治区中等职业学校毕业生就业状况

2016年，西藏自治区中等职业学校毕业学生总数为4 132人，就业学生总数为3 312人，就业率为80.15%，对口就业率为41.70%（见表2-26-1）。

表2-26-1 西藏自治区中等职业学校毕业生就业总体状况

项目	2015年	2016年
毕业生总数/人	5 851	4 132
就业学生总数/人	5 482	3 312
就业率/%	93.69	80.15

一、总体状况

（一）就业去向

在国家机关和企事业单位就业的毕业生人数为1 230人，占就业学生总数的37.14%；个体经营的毕业生人数为279人，占就业学生总数的8.42%；升入高一级学校就读的毕业生人数为1 348人（其中参加普通高考升学学生人数为222人），占就业学生总数的40.70%；以其他方式就业的毕业生为455人，占就业学生总数的13.74%。按就业去向分析，升入高一级学校就读的毕业生人数最多（见图2-26-1）。

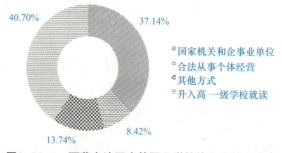

图2-26-1 西藏自治区中等职业学校毕业生就业去向

（二）产业分布

直接就业学生中从事第一产业的毕业生人数为218人，占直接就业人数的11.10%；

从事第二产业的毕业生人数为378人，占直接就业人数的19.25%；从事第三产业的毕业生人数为1 368人，占直接就业人数的69.65%。从就业产业分组看，从事第三产业的毕业生人数最多，其次是第二产业（见表2-26-2）。

表2-26-2　西藏自治区中等职业学校毕业生就业产业分布

产业分布	2015年		2016年	
	就业人数/人	占直接就业人数比例/%	就业人数/人	占直接就业人数比例/%
第一产业	1 140	26.32	218	11.10
第二产业	2 313	53.40	378	19.25
第三产业	879	20.29	1 368	69.65

（三）就业地域

直接就业学生中，在本地就业的毕业生人数为1 670人，异地就业的毕业生人数为294人。选择本地就业的中职毕业生占直接就业人数的85.03%，异地就业的毕业生仅占14.97%；无境外就业状况（见表2-26-3）。

表2-26-3　西藏自治区中等职业学校毕业生就业地域

就业地域	2015年		2016年	
	就业人数/人	占直接就业人数比例/%	就业人数/人	占直接就业人数比例/%
本地	4 195	96.84	1 670	85.03
异地	137	3.16	294	14.97
境外	0	0	0	0

（四）就业渠道

通过学校推荐就业的毕业生人数为896人，通过中介介绍就业的毕业生人数为365人，通过其他渠道就业的毕业生人数为703人。通过学校推荐就业的毕业生最多，占直接就业人数的45.62%；其次是通过其他渠道就业的毕业生，占直接就业人数的35.80%；通过中介介绍就业的人数较少，占直接就业总数的18.58%（见图2-26-2）。

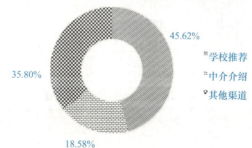

图2-26-2　西藏自治区中等职业学校毕业生就业渠道

二、各专业大类就业状况

根据《中等职业学校专业目录》确定的19个专业类别，其就业状况如图2-26-3、图2-26-4、图2-26-5、图2-26-6和表2-26-4所示。

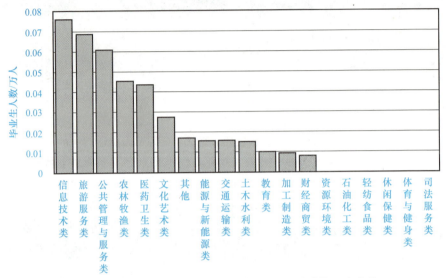

图2-26-3　西藏自治区中等职业学校各专业大类毕业生人数

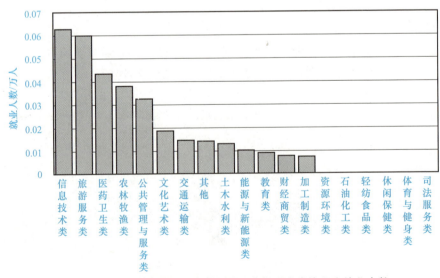

图2-26-4　西藏自治区中等职业学校各专业大类毕业生就业人数

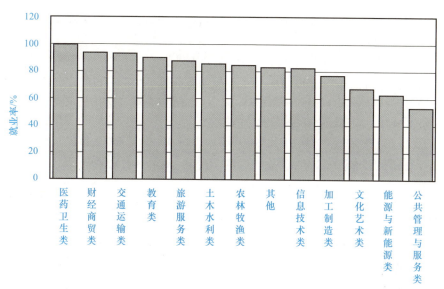

图2-26-5 西藏自治区中等职业学校各专业大类毕业生就业率

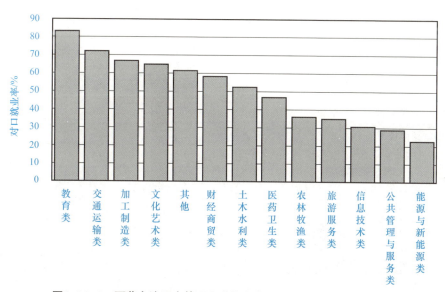

图2-26-6 西藏自治区中等职业学校各专业大类毕业生对口就业率

从毕业生人数来看,信息技术类专业毕业生人数最多,为759人,占毕业生总数的18.37%;其次是旅游服务类专业,为686人,占毕业生总数的16.60%。毕业生人数最少的为财经商贸类专业,为82人,占毕业生总数的1.98%;其次是加工制造类专业,为96人,占2.32%;资源环境类、石油化工类、轻纺食品类、休闲保健类、体育与健身类、司法服务类专业2016年无毕业生。

从就业人数来看,信息技术类专业就业人数最多,为627人,占就业学生总数的

18.93%；其次是旅游服务类专业，为601人，占18.15%。就业学生人数最少的是加工制造类专业，就业人数为74人，占就业学生总数的2.23%。

从专业分类来看，就业状况最好的专业分别是医药卫生类、财经商贸类、交通运输类、教育类，就业率均在90.00%以上；旅游服务类、土木水利类、农林牧渔类、其他、信息技术类专业就业率处于平均水平以上；加工制造类、文化艺术类、能源与新能源类、公共管理与服务类专业就业率均低于平均水平。

表2-26-4　西藏自治区中等职业学校各专业大类毕业生状况

专业类别	毕业生人数/人	就业人数/人	就业率/%	对口就业人数/人	对口就业率/%
医药卫生类	436	435	99.77	203	46.56
财经商贸类	82	77	93.90	48	58.54
交通运输类	157	146	92.99	113	71.97
教育类	102	92	90.20	85	83.33
旅游服务类	686	601	87.61	240	34.99
土木水利类	151	129	85.43	79	52.32
农林牧渔类	451	381	84.48	162	35.92
其他	171	142	83.04	105	61.40
信息技术类	759	627	82.61	233	30.70
加工制造类	96	74	77.08	64	66.67
文化艺术类	275	185	67.27	179	65.09
能源与新能源类	158	99	62.66	36	22.78
公共管理与服务类	608	324	53.29	176	28.95
资源环境类	0	0	—	0	—
石油化工类	0	0	—	0	—
轻纺食品类	0	0	—	0	—
休闲保健类	0	0	—	0	—
体育与健身类	0	0	—	0	—
司法服务类	0	0	—	0	—

三、工作举措

（一）努力提高人才培养质量，提高学生就业能力

加强中等职业学校的专业建设和课程开发。一方面，要结合区域经济发展状况和

产业需求，开展专业设置调研，进行合理的专业设置，增强人才培养的针对性；另一方面，要加强衔接课程的开发，努力促进职业教育与普通教育的贯通，畅通学生的升学渠道，提高学生的文化素质。督促职业学校提高办学质量，办好特色专业，提升学生就业能力。鼓励学校向特色专业倾斜，组织专门的教学力量进行教学环节的设计，力争上好每一堂课，保证教学质量和水平。同时，从学生入学开始，系统地、全面地组织开展多样化的职业指导教育，从整体上提升学生的就业能力。

（二）开展创业教育，转变就业观念

今后将积极探索和创新就业指导的方式方法，引导学生树立合理的就业理念，鼓励毕业生到对口的民营企业、小型企业就业，避免学无所用，荒废专业，提高对口就业率。在常规教学中，鼓励学生走出课堂，在社会实践中学习创业。通过到社会上参观、考察各类型企业，做社会调查、写调查报告，到一些小型的、私营的企业中去全面实习，亲身体验、亲身感受，学生逐步转变了"等、靠、要"的就业观念。大力宣传"市场引导、双向选择、自主择业"的就业政策，引导学生树立正确的就业意识和择业观念。

（三）整合多方资源，拓宽就业渠道

进一步加强与政府部门、人力资源管理部门的沟通联系，协助劳动服务部门搭建"互联网＋就业服务"平台，充分利用当地的人才市场、劳动力市场等机构开展就业服务工作。进一步加强与行业、企业的合作，充分调动企业参与的积极性，通过"订单式培养""工学结合""定向培养"等多种培养方式，提高学生就业率。充分发挥广播、电视、报刊、网络等新闻媒体的传播功能，大力宣传技能型人才在经济社会发展中的重要作用和贡献，宣传职业教育在学生培养、就业待遇等方面的优惠政策，在全社会营造一个"人人皆可成才、人人尽展其才"的良好环境。鼓励学校强化拳头专业，办出特色，创出品牌，从而赢得社会和用人单位的信任，提高学生的就业率。

陕西省中等职业学校毕业生就业状况

2016年，陕西省共有中等职业学校202所(不含技工学校)，毕业生总数为95 522人，就业学生总数为91 434人，就业率为95.72%。（见表2-27-1）。

表2-27-1 陕西省中等职业学校毕业生就业总体状况

项目	2015年	2016年
毕业生总数/人	99 746	95 522
就业学生总数/人	96 741	91 434
就业率/%	96.99	95.72

一、总体状况

（一）就业去向

陕西省91 434名就业学生中，到国家机关和企事业单位就业的毕业生人数为44 334人，占就业学生总数的48.49%；合法从事个体经营的毕业生人数为6 550人，占就业学生总数的7.16%；以其他方式就业的毕业生人数为15 418人，占就业学生总数16.86%升入高一级学校就读的毕业生人数为25 132人，占就业学生总数的27.49%（见图2-27-1）。

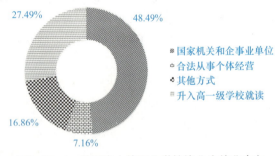

图2-27-1 陕西省中等职业学校毕业生就业去向

（二）产业分布

从事第一产业的毕业生人数为5 920人，占直接就业人数的8.93%；从事第二产业的毕业生人数为20 946人，占直接就业人数的31.59%；从事第三产业的毕业生人数为

39 436人，占直接就业人数的59.48%（见表2-27-2）。

表2-27-2　陕西省中等职业学校毕业生就业产业分布

产业分布	2015年		2016年	
	就业人数/人	占直接就业人数比例/%	就业人数/人	占直接就业人数比例/%
第一产业	14 061	17.10	5 920	8.93
第二产业	30 359	36.92	20 946	31.59
第三产业	37 809	45.98	39 436	59.48

（三）就业地域

就业地域分为本地、异地和境外。在本地就业的毕业生人数为33 606人，占直接就业人数的50.69%；到异地就业的毕业生人数为32 630人，占就业学生总数的49.21%；到境外就业的毕业生人数为66人，占就业学生总数的0.10%（见表2-27-3）。

表2-27-3　陕西省中等职业学校毕业生就业地域

就业地域	2015年		2016年	
	就业人数/人	占直接就业人数比例/%	就业人数/人	占直接就业人数比例/%
本地	60 472	73.54	33 606	50.69
异地	21 585	26.25	32 630	49.21
境外	172	0.21	66	0.10

（四）就业渠道

通过学校推荐就业的毕业生人数为55 354人，占直接就业人数的84%；通过中介介绍就业的毕业生人数为3 520人，占直接就业人数的5%；通过其他渠道就业的毕业生人数为7 428人，占直接就业人数的11%（见图2-27-2）。

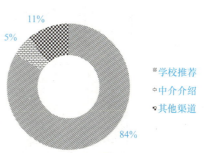

图2-27-2　陕西省中等职业学校毕业生就业渠道

与2015年相比，2016年陕西省中等职业学校毕业生就业呈现出以下特点：

一是毕业生就业取向趋于多元化。虽然进入国家机关和企事业单位直接就业依然是中职毕业生的首选，但比例有所下降。随着中职升学通道的拓宽，越来越多的学生通过分类考试升入高一级学校继续学习。2016年直接进入企、事业单位就业人数占就业学生总数的48.49%，从事个体经营毕业生人数占就业人数的7.16%，升入高一级学校就读的学生占就业人数的27.49%。

二是毕业生就业产业分布有所变化。陕西省中职毕业生就业主要分布于第二、第三产业，第三产业是吸纳就业的主力，而第二产业就业人数较2015年有所减少，第一产业对中职毕业生的依然吸引力不强。我省中职学校紧跟产业发展变化，主动适应市场对毕业生的需求，对中职专业进行调整。2016年，第二、第三产业就业总人数为60 382人，占到直接就业人数的91.07%，其中第三产业就业人数为39 436人，占直接就业人数的59.48%；而分布于第一产业的仅有5 920人，占直接就业人数的8.93%。

三是更多学生选择异地就业。2016年，陕西省中职毕业生到异地就业人数较往年增多，已经接近本地就业人数。虽然近年来我省经济持续发展，但吸纳中等职业学校毕业生就业能力依然不足，更多的学生前往外省就业。2016年，异地就业毕业生占到了直接就业人数的49.21%，到本地就业的只有50.69%。

四是城镇就业依然是主导。在城区和镇区就业依然是2016年中职毕业生就业的绝对选择。由于城镇的第二、第三产业可以为中职毕业生提供更多就业机会，也能提供更好的物质和文化生活条件，因此绝大多数中职毕业生选择了在城区和镇区就业。2016年，城区和镇区就业的毕业生分别占到了就业人数的58.97%和11.63%。

五是毕业生待遇依然不高。随着经济发展和产业升级，部分中职学校毕业生起薪有所提高，2016年陕西省中职毕业生平均起薪为2 660元/月，但依然无法满足中职学生薪资要求；同时，存在就业稳定性较差、就业流失率和调换企业以及工作岗位较高的问题，需要继续采取适当措施，提高中职毕业生薪资待遇，保证中职毕业生就业稳定和职业发展。

二、各专业大类就业状况

根据《中等职业学校专业目录》确定的19个专业类别，其就业状况如图2-27-3、图2-27-4、图2-27-5、图2-27-6和表2-27-4所示。

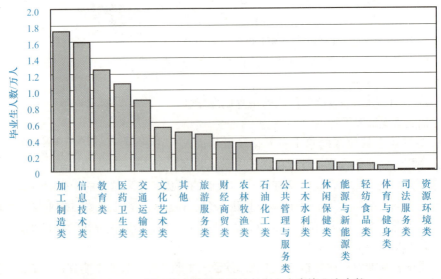

图2-27-3　陕西省中等职业学校各专业大类毕业生人数

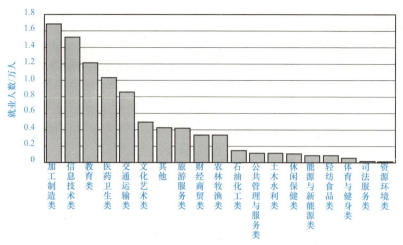

图2-27-4 陕西省中等职业学校各专业大类毕业生就业人数

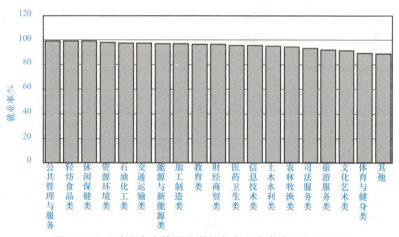

图2-27-5 陕西省中等职业学校各专业大类毕业生就业率

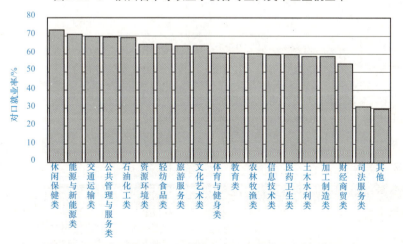

图2-27-6 陕西省中等职业学校各专业大类毕业生对口就业率

从毕业生人数看，加工制造类专业毕业生人数最多，为17 334人，占毕业生总数的18.15%；其次是信息技术类专业，毕业生人数为15 980人，占毕业生总数的16.73%；毕业生人数最少的是资源环境类专业，为58人，占毕业生总数的0.06%。

从就业人数看，加工制造类专业毕业生就业人数最多，为16 862人，占就业学生总数的18.44%；其次是信息技术类专业，毕业生就业人数为15 312人，占就业学生总数的16.75%；毕业生就业人数最少的是资源环境类专业，为57人，占毕业生就业总数的0.06%。

从专业分类看，公共管理与服务类、轻纺食品类、休闲保健类、资源环境类、石油化工类、交通运输类、能源与新能源类和加工制造类专业的就业状况都比较好，就业率均在97.00%以上。其中，公共管理与服务类专业就业率最高，为99.35%；其次是轻纺食品类专业，就业率为99.32%；体育与健身类和其他专业就业状况相对较差，就业率在90.00%以下。

从就业专业对口率看，休闲保健类专业对口率最高，为73.31%；能源与新能源类、交通运输类、公共管理与服务类、石油石化类等12个大类的专业对口率均高于平均对口就业率59.90%；就业专业对口率最低的是其他专业，仅为29.57%。

表2-27-4　陕西省中等职业学校各专业大类毕业生状况

专业类别	毕业生人数/人	就业人数/人	就业率/%	对口就业人数/人	对口就业率/%
公共管理与服务类	1 234	1 226	99.35	858	69.53
轻纺食品类	878	872	99.32	575	65.49
休闲保健类	1 154	1 146	99.31	846	73.31
资源环境类	58	57	98.28	38	65.52
石油化工类	1 562	1 530	97.95	1 083	69.33
交通运输类	8 828	8 626	97.71	6 179	69.99
能源与新能源类	942	918	97.45	669	71.02
加工制造类	17 334	16 862	97.28	10 200	58.84
教育类	12 620	12 186	96.56	7 619	60.37
财经商贸类	3 546	3 424	96.56	1 938	54.65
医药卫生类	10 800	10 350	95.83	6 440	59.63
信息技术类	15 980	15 312	95.82	9 542	59.71
土木水利类	1 252	1 194	95.37	737	58.87
农林牧渔类	3 618	3 420	94.53	2 171	60.01
司法服务类	252	236	93.65	78	30.95
旅游服务类	4 570	4 226	92.47	2 943	64.40

续表

专业类别	毕业生人数/人	就业人数/人	就业率/%	对口就业人数/人	对口就业率/%
文化艺术类	5 424	4 974	91.70	3 488	64.31
体育与健身类	640	574	89.69	387	60.47
其他	4 830	4 301	89.05	1 428	29.57

三、工作举措

(一) 推动中职资源整合，优化专业布局

为了优化职业教育资源，加快发展我省现代职业教育，2014年起，省政府采取撤并、联合办学、划转、转型等形式，逐步将全省中等职业学校数量由567所调减到了202所（不含技工院校），并在2016年年底进一步调减至160所左右。同时，通过政策倾斜、资金支持的方式，重点规划建设了30所高水平示范中高职学校、40所特色中高职学校、100个中职精品专业、100个高职特色专业、100个高水平省级实训基地、50所数字化教学资源应用示范职业学校，创建了5个省级示范性职教集团，打造了一批品牌学校、特色专业和职教集团，提高了办学质量和办学水平，进一步适应了技术进步和生产方式变革以及社会公共服务需要。

(二) 探索中高职衔接，构建成长"立交桥"

我省不断探索中高职教育贯通培养协调机制，推进中高职教育培养目标、专业设置、教学过程的衔接，建设对接紧密、特色鲜明、动态调整的专业和课程体系。通过推进高职院校分类考试，健全"文化素质＋职业技能"的评价方式，不断提高本科、专科和高等职业院校招收中等职业学校毕业生的比例，逐步构建起中职学生成长成才的"立交桥"。2016年，陕西省新增了1 521个"三校生"单招考试本科计划，拓宽了中职学生升学通道，有27.49%的中职毕业生选择升入高一级学校继续学习，以适应产业升级发展的要求，获得更广阔的职业发展空间。

(三) 紧抓师资队伍建设，提高办学质量

我省不断完善职业院校教师编制标准，对教师编制实行总量控制、动态调整，允许职业院校在编制总数20%内自主聘用具有专业职业资格的技能人才任教。同时，健全教师专业技术职务（职称）评聘办法，在中等职业学校设置正高级教师职务（职称），增加中职特级教师评选比例。为促进师资水平的提高，陕西省加强现有师资培训机构建设，实行五年一周期的教师全员培训制度，推进校企共建"双师型"教师培养培训基

地，落实教师企业实践制度，还制定了"双师型"教师认定标准，鼓励教师考取职业资格证书。为对接产业，我省制定了专业兼职教师聘任办法，建立知名专家、技师、技术能手等定期到职业院校授课制度，实施专业带头人、教学能手、教学名师、知名校长培养计划，培育了一批职业教育教学领军人物，建立了企业经营管理和技术人员与学校领导、骨干教师相互兼职、双向互聘、岗位互换制度。

（四）强化就业指导，提升就业稳定性

各中职学校加大学生的专业思想教育，制定就业教育方案，要求教师在课堂上必须渗透学生就业、立业、创业的思想教育，教育学生在选择就业单位时从自身的条件出发，避免眼高手低、盲目攀高的行为。牢固树立"以人为本"的思想，以科学的理论作指导，分阶段、分层次地帮助学生进行职业生涯发展规划。学生从进校开始正确认识、了解自己，培养正确的成才意识，明确成才方向，扬长避短，减少盲目性，从而使毕业生的就业选择更加符合个人和社会实际。把职业指导工作融入学生日常管理，教育学生养成良好的学习及生活习惯。从新生入学开始就进行劳动、纪律教育，让劳动和纪律观念深入人心。发挥课堂教学的主渠道作用，通过组织模拟招聘，举办优秀毕业生事迹报告会、创业图片展等活动，加强学生职业指导，为学生顺利就业、创业打下坚实的思想基础。

（五）拓宽就业渠道，提升就业质量

我省持续拓宽就业渠道，为毕业生谋职就业铺路搭桥。各地市和中职学校主动向用人单位发布学校和毕业生信息，让社会各界和企业了解学校培养目标、专业设置和人才信息，对有就业需求的企业进行全方位考察，结合行业企业发展和学生专业岗位需求，综合考察企业经营现状、发展前景、管理水平和学生就业后的上升空间，从众多企业中遴选管理水平和薪酬较高、学生未来发展空间大的企业作为固定就业基地，签订就业安置协议，健全管理制度，对用学生培养质量和企业需求持续跟踪。学校和用人单位直接见面、增进了解、双向选择，既保障学生和用人单位的合法权益，也利于建立相对稳定的合作关系。

四、发展趋势预测

从中职学校教育教学看，随着技术不断升级，智能化水平不断提高，工业企业对人才数量需求逐渐减少，质量需求不断提高，中职毕业生就业压力会越来越大，但薪酬福利待遇将有所提高，这就要求中职学校不断探索人才培养模式，深化教学改革，提高培养质量，强化学校管理服务水平，为行业企业培养出合格的专业技能人才。

从学生职业发展看，虽然国家对职业教育越来越重视，不断增加投入，提高软硬件水平，但中等职业学校毕业生的职业空间将越来越受到本科和高职学校的挤压，就业质

量下降，就业稳定性差，起薪较低。我省坚持探索中高职衔接、拓宽中职毕业生升学的通道，未来会有越来越多的学生选择进入更高一级学校学习，直接就业的学生将会逐渐减少。

  总体来讲，虽然目前中职毕业生起薪偏低，就业稳定性和就业质量不高，但是中职毕业生未来就业形势是好的。我省各级政府对职业教育高度重视，正在加快推进现代职教体系建设，拓宽就业渠道，力争培养高素质的技术技能型人才，为区域经济发展和学生职业发展提供更强有力的支撑。

甘肃省中等职业学校毕业生就业状况

2016年，甘肃省中等职业学校毕业生总数为65 038人（不含技工学校学生），就业人数为62 391人，就业率为95.93%。与2015年相比，2016年我省毕业生就业率略有提高（见表2-28-1）。

表2-28-1　甘肃省中等职业学校毕业生就业总体状况

项目	2015年	2016年
毕业生总数/人	70 711	65 038
就业学生总数/人	67 730	62 391
就业率/%	95.78	95.93

一、总体状况

（一）就业去向

甘肃省62 391名就业学生中，到国家机关和企事业单位就业的毕业生人数为25 709人，占就业学生总数的41%；合法从事个体经营的毕业生人数为6 550人，占就业学生总数的11%；以其他方式就业的毕业生人数为8 714人，占就业学生总数的14%（见图2-28-1）；升入高一级学校就读的毕业生人数为21 418人，占就业学生总数的34%。

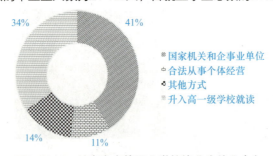

图2-28-1　甘肃省中等职业学校毕业生就业去向

（二）产业分布

从事第一产业的毕业生人数为3 383人，占直接就业人数的8.26%；从事第二产业的毕业生人数为11 686人，占直接就业人数的28.52%；从事第三产业的毕业生人数为25 904人，占直接就业人总数的63.22%（见表2-28-2）。

表2-28-2 甘肃省中等职业学校毕业生就业产业分布

产业分布	2015年		2016年	
	就业人数/人	占直接就业人数比例/%	就业人数/人	占直接就业人数比例/%
第一产业	2 463	6.10	3 383	8.26
第二产业	10 115	25.10	11 686	28.52
第三产业	27 751	68.80	25 904	63.22

（三）就业地域

就业地域分为本地、异地和境外。本地就业的毕业生人数为23 319人，占直接就业人数的56.91%；异地就业的为17 651人，占43.08%；境外就业的为3人，占0.01%（见表2-28-3）。

表2-28-3 甘肃省中等职业学校毕业生就业地域

就业地域	2015年		2016年	
	就业人数/人	占直接就业人数比例/%	就业人数/人	占直接就业人数比例/%
本地	—	—	23 319	56.91
异地	—	—	17 651	43.08
境外	—	—	3	0.01

（四）就业渠道

通过学校推荐就业的有29 506人，占直接就业人数的72.01%；通过中介介绍就业的有4 334人，占直接就业人数的10.58%；通过其他渠道就业的有7 133人，占直接就业人数的17.41%（见图2-28-2）。

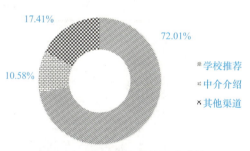

图2-28-2 甘肃省中等职业学校毕业生就业渠道

与2015年相比，2016年甘肃省中等职业学校毕业生就业呈现出以下特点：

一是就业以企事业单位为主，升学成为其重要组成部分。2016年中等职业学校就业学生中，到国家机关和企事业单位就业的毕业生占就业学生总数的41%；合法从事个体经营的毕业生占就业学生总数的11%；升入高一级学校就读的毕业生占就业学生总数的34%。从近3年的数据看，中职毕业生以就业为主，对口升学为重要补充。按照构建现代职业教育体系的要求，扩大中职学生"知识+技能"对口升学已经成为提升职业教育发展水平的突破口。

二是就业多选第三产业。伴随产业结构调整，毕业生就业的产业分布趋于合理，第三产业依然为毕业生就业的主要领域，与第一、第二产业形成梯形结构分布。就业岗位和产业发展对职业教育技术技能的要求越来越高。

三是外向型就业与当地就业差距缩小，城镇化就业数量大。由于甘肃经济社会发展加速，就业环境改善，中职毕业生选择在当地就业、创业的比例加大。2016年，全省中职毕业生异地就业17 651人，占直接就业人数的43.08%；当地就业23 319人，占56.91%，与2015年相比，当地就业吸引力增强。选择在城区就业的有28 412人，占直接就业人数的69.34%；在镇区就业的有9 657人，占23.57%；在乡村就业的有2 904人，占7.09%。据此看来，就业还是趋于城区，城镇化发展对职业教育的需求增加，城镇化步伐的推进有利于职业教育的发展。

四是市场需求口径宽泛，重点专业就业仍显优势。我省开设的19个专业类别中，医药卫生类、加工制造类、信息技术类、教育类和农林牧渔类5大类专业就业人数占总就业人数的66.94%，重点优势专业特征明显。其他专业竞相多元发展、多专业并举的局面已经形成。

五是中短期就业人数多，低薪就业比例高。2016年，全省中职毕业直接就业学生中，签订就业合同的有35 267人，其中17 442人签订的是1年内合同，10 298人签订的是1~2年合同，共占78.66%，中短期就业人数比例较大。月薪在2 000元以下的有22 144人，占签订就业合同毕业生总数的62.79%，其中月薪在1 000元以下的有213人，占0.60%。

二、各专业大类就业状况

根据《中等职业学校专业目录》确定的19个专业类别，其就业状况如图2-28-3、图2-28-4、图2-28-5、图2-28-6和表2-28-4所示。

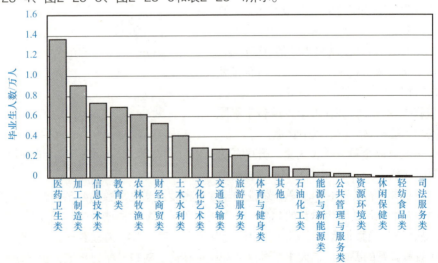

图2-28-3 甘肃省中等职业学校各专业大类毕业生人数

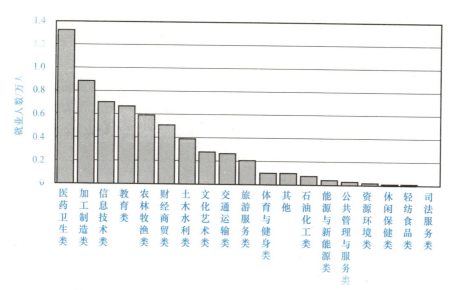

图2-28-4 甘肃省中等职业学校各专业大类毕业生就业人数

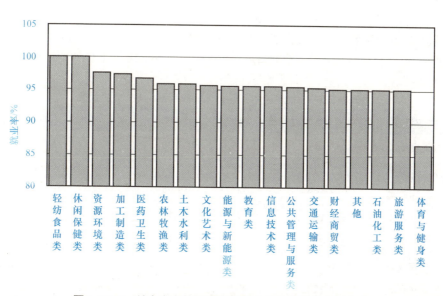

图2-28-5 甘肃省中等职业学校各专业大类毕业生就业率

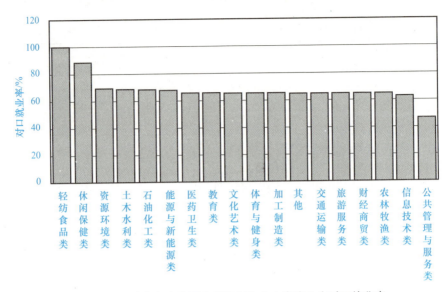

图2-28-6　甘肃省中等职业学校各专业大类毕业生对口就业率

从毕业生人数看，医药卫生类专业毕业生人数最多，为13 655人，占毕业生总数的21.00%；其次是加工制造类专业，为9 106人，占毕业生总数的14.00%；毕业生人数最少的是轻纺食品类专业，为41人，占毕业生总数的0.06%。

从各专业分类就业看，我省19个专业大类就业率比较均衡，除体育与健身类专业就业率为86.69%外，其他专业都在95.00%以上。

从对口就业率看，轻纺食品类和休闲保健类专业对口就业率较高，为100.00%和88.64%；公共管理与服务类专业对口就业率最低，为46.61%；其他专业都在65.00%左右，大体平均。

表2-28-4　甘肃省中等职业学校各专业大类毕业生状况

专业类别	毕业生人数/人	就业人数/人	就业率/%	对口就业人数/人	对口就业率/%
轻纺食品类	41	41	100.00	41	100.00
休闲保健类	44	44	100.00	39	88.64
资源环境类	253	247	97.63	175	69.17
加工制造类	9 106	8 870	97.41	5 926	65.08
医药卫生类	13 655	13 211	96.75	9 019	66.05
农林牧渔类	6 209	5 956	95.93	4 017	64.70
土木水利类	4 121	3 952	95.90	2 845	69.04
文化艺术类	2 923	2 798	95.72	1 903	65.10
能源与新能源类	498	476	95.58	338	67.87

续表

专业类别	毕业生人数/人	就业人数/人	就业率/%	对口就业人数/人	对口就业率/%
教育类	6 991	6 681	95.57	4 615	66.01
信息技术类	7 373	7 046	95.56	4 645	63.00
公共管理与服务类	354	338	95.48	165	46.61
交通运输类	2 827	2 698	95.44	1 837	64.98
财经商贸类	5 352	5 097	95.24	3 475	64.93
其他	1 066	1 015	95.22	693	65.01
石油化工类	852	811	95.19	581	68.19
旅游服务类	2 193	2 087	95.17	1 425	64.98
体育与健身类	1 180	1 023	86.69	768	65.08
司法服务类	0	0	—	0	—

三、工作举措

(一) 加强组织领导，强化科学决策

近年来，各级教育行政部门和职业学校高度重视就业工作，实施"一把手工程"，做到"一把手亲自抓，分管领导归口抓，工作人员具体抓"，不断强化就业工作意识，确立了"学校围着市场转，专业围着产业转，人才培养围着需求转"的办学理念，把就业工作列入年度工作重点，做到人员、经费、机构"三到位"。

(二) 调整专业结构，增强就业优势

全省各中等职业学校紧盯市场需求，紧跟产业发展，按照"各具特色，相互补充，错位发展，做精做优，并驾齐驱，共同发展"的原则，淘汰老专业，围绕现代制造业、现代信息业、现代医药业、现代建筑业、现代服务业等产业集群，既着力打造具有浓厚甘肃地域特色的特色专业品牌，增强学生就业优势，又着力打造面向全国乃至全世界就业市场的品牌专业，拓宽毕业生就业渠道。

(三) 搭建就业平台，拓宽就业渠道

为拓展就业渠道，在省职教中心专门成立了就业服务机构，协调、指导全省中职毕业生就业工作，在做好毕业生本地就业的基础上，与各市职教集团共同建立了珠三角、长三角和京津唐三大就业基地群。甘肃省教育厅于2016年5月举办了校企合作即毕业生

就业洽谈会，组织各中职学校与知名企业建立了长期的工学交替、顶岗实习、订单培养、就业安置合作关系，实现了招生与就业、上课与上岗的有效对接。

（四）加强跟踪服务，确保稳定就业

做好跟踪服务工作，是确保中职毕业生就业稳定、毕业生就业质量提高的主要措施之一。各就业服务机构本着服务第一、稳定为重的思想，一是建立毕业生就业监测机制，对就业质量进行监测；二是对毕业生就业进行长期跟踪，解除学生的后顾之忧；三是选派工作人员和班主任轮流进驻企业，为实习、就业学生提供全方位服务与指导；四是及时对就业不满意的学生实行再安置，确保学生满意就业。

（五）加强制度建设，就业管理制度化

为进一步加强对学生实习就业工作的指导和管理，规范学生实习就业安置工作，各市、州依据国家教育部、财政部制定的《中等职业学校学生实习管理办法》，结合各自实际，编印了就业政策汇编、业务操作流程等规范性文本和工作台账范本，使就业安置工作逐步迈向制度化、规范化轨道。同时，各学校遵循"学生愿意，家长同意，学校批准，择优推荐"的原则，促进教学与生产劳动相结合，实现了量才选岗、对口就业，做到了就业推荐系统化。根据国家教育部先后出台的关于实施中等职业学校学生实习责任保险的文件，全省各职业学校建立了学生实习责任保险制度，并与就业企业签订了就业协议，健全了学生就业保障机制，确保了就业的稳定性。

（六）扩大升学渠道，提高技术技能水平

2010年起，我省开始进行中等职业学校毕业生升学考试制度改革，启动建立了"知识+技能"考试制度，"2+2+1"、五年一贯制中高职一体化办学制度。通过几年的改革调整，毕业生升学考试制度已经趋于成熟。有意愿继续升学的中职毕业生大多数都能通过对口升学、高校自主招生和推免录取、"五年一贯制"、"2+2+1"等途径，选择适合自己的升学方式到高等院校继续学习，提高技术技能水平，增强服务经济社会发展的本领。

青海省中等职业学校毕业生就业状况

2016年，青海省中等职业学校毕业学生总数为17 688人，就业学生总数为17 319人，就业率为97.91%，同比，就业率增长0.32%（见表2-29-1）。

表2-29-1 青海省中等职业学校毕业生就业总体状况

项目	2015年	2016年
毕业生总数/人	16 233	17 688
就业学生总数/人	15 842	17 319
就业率/%	97.59	97.91

一、总体状况

（一）就业去向

青海省17 319名就业学生中，到国家机关和企事业单位就业的有8 402人，占就业学生总数的48%；合法从事个体经营的有3 976人，占就业学生总数的23%；以其他方式参加就业的有1 687人，占就业学生总数的10%；升入高一级学校就读的有3 254人，占就业学生总数的19%（见图2-29-1）。

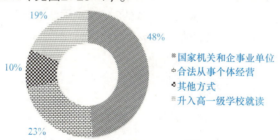

图2-29-1 青海省中等职业学校毕业生就业去向

（二）产业分布

从事第一产业的有1 155人，占直接就业人数的8.21%，同比增长7.14%；从事第二产业的有5 778人，占直接就业人数的41.08%，同比减少10.38%；从事第三产业的有

7 132人,占直接就业人数的50.71%,同比增长3.24%(见表2-29-2)。

表2-29-2 青海省中等职业学校毕业生就业产业分布

产业分布	2015年		2016年	
	就业人数/人	占直接就业人数比例/%	就业人数/人	占直接就业人数比例/%
第一产业	138	1.07	1 155	8.21
第二产业	6 653	51.46	5 778	41.08
第三产业	6 136	47.47	7 132	50.71

(三)就业地域

就业地域分为本地、异地和境外。本地就业的有12 318人,占直接就业人数的87.58%,同比增长2.21%;异地就业的有1 707人,占直接就业人数的12.14%,同比减少2.43%;境外就业的有40人,占直接就业人数的0.28%,同比增长0.22%(见表2-29-3)。

表2-29-3 青海省中等职业学校毕业生就业地域

就业地域	2015年		2016年	
	就业人数/人	占直接就业人数比例/%	就业人数/人	占直接就业人数比例/%
本地	11 036	85.37	12 318	87.58
异地	1 883	14.57	1 707	12.14
境外	8	0.06	40	0.28

(四)就业渠道

通过学校推荐就业的有11 325人,占直接就业人数的80.52%,同比减少12.88%;通过中介介绍就业的有286人,占直接就业人数的2.03%,同比增长0.20%;通过其他渠道就业的有2 454人,占直接就业人数的17.45%,同比增长12.68%(见图2-29-2)。

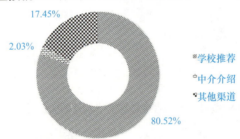

图2-29-2 青海省中等职业学校毕业生就业渠道

与2015年相比,2016年青海省中等职业学校毕业生就业呈现出以下特点:
一是毕业生人数、就业人数、直接就业人数、升入高一级学校人数明显增加,就业率小幅上升；青海省中高职衔接贯通规模逐年加大，升入高一级学校人数占就业学生总数的比例有所上升；对口就业人数和对口就业率下浮较大。

二是进入企事业单位仍然是中职学生主要就业方向，但人数和占比有所减少；合法从事个体经营人数和占比明显增加，就业去向多样化。

三是第二产业和第三产业仍是中职毕业生就业的主要领域。就业于第二、第三产业的人数较多，占比较大，但就业于第一产业的人数和占比同比大幅增长。

四是本地就业还是毕业生首要选择的就业区域。本地就业人数和占比逐年增长，异地就业人数逐年减少，境外就业的人数主要集中在商务阿拉伯语专业上。

五是镇区和乡村就业人数和占比都在增加，城区就业人数占比减少。

六是就业还是以学校推荐为主要渠道，但其他渠道就业的人数和占比都明显增加。

七是签订就业合同的人数，呈现中间大两头小的橄榄型，签订1年以内和1~2年合同的人数多、占比大，签订3年以上合同的人数少、占比明显下降。

八是起薪状况与签订合同状况相对应。起薪为1 501~2 000元和2 001~3 000元的人数多、占比大，同比都有所增加。

九是取得职业资格证书的人数和占比都有所增长，未取得职业资格证书的人数和占比都有所下降。

二、各专业大类就业状况

根据《中等职业学校专业目录》确定的19个专业类别，其就业状况如图2-29-3、图2-29-4、图2-29-5、图2-29-6和表2-29-4所示。

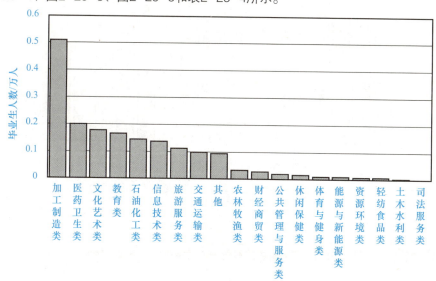

图2-29-3　青海省中等职业学校各专业大类毕业生人数

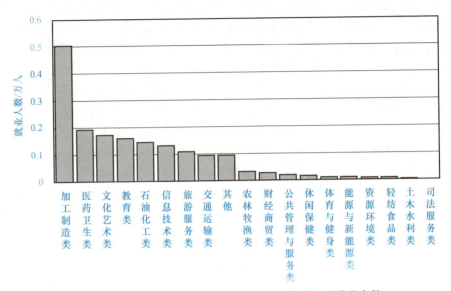

图2-29-4 青海省中等职业学校各专业大类毕业生就业人数

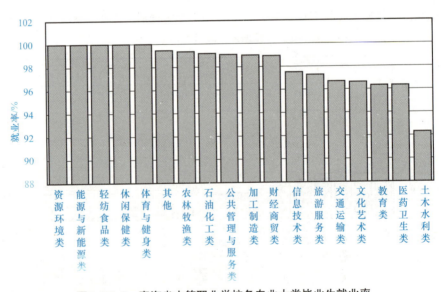

图2-29-5 青海省中等职业学校各专业大类毕业生就业率

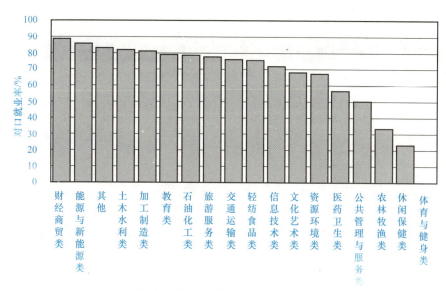

图2-29-6 青海省中等职业学校各专业大类毕业生对口就业率

从毕业生人数看，加工制造类专业最多，为5 086人，占毕业生总数的28.47%；其次是医药卫生类专业，为1 995人，占毕业生总数的11.17%；第三是文化艺术类专业，为1 780人，占毕业生总数的10.06%。毕业学生人数较少的为轻纺食品类和土木水利类专业。从就业人数看，就业学生人数最多的是加工制造类专业，为5 033人，占就业学生总数的29.06%；其次是医药卫生类专业，为1 922人，占就业学生总数的11.10%；第三是文化艺术类专业，为1 720人，占就业学生总数的9.93%；就业人数较少的为轻纺食品类和土木水利类专业。

从专业分类看，就业状况最好的是资源环境类、能源与新能源类、轻纺食品类、休闲保健类和体育与健身类专业，就业率达到100.00%；其他、农村牧鱼类、石油化工类、公共管理与服务类、加工制造类、财经商贸类、信息技术类、旅游服务类、交通运输类、文化艺术类、教育类、医药卫生类、土木水利类专业就业率均在90.00%以上。

从对口就业率看，财经商贸类、能源与新能源类、其他、土木水利类、加工制造类、教育类、石油化工类、旅游服务类、交通运输类、轻纺食品类专业对口就业率高于全省平均水平，其余专业大类均低于全省平均水平。

表2-29-4 青海省中等职业学校各专业大类毕业生状况

专业类别	毕业生人数/人	就业人数/人	就业率/%	对口就业人数/人	对口就业率/%
资源环境类	88	88	100.00	59	67.05
能源与新能源类	98	98	100.00	84	85.71
轻纺食品类	73	73	100.00	55	75.34
休闲保健类	150	150	100.00	35	23.33

续表

专业类别	毕业生人数/人	就业人数/人	就业率/%	对口就业人数/人	对口就业率/%
体育与健身类	99	99	100.00	0	0.00
其他	932	927	99.46	775	83.15
农林牧渔类	319	317	99.37	107	33.54
石油化工类	1 450	1 438	99.17	1 141	78.69
公共管理与服务类	213	211	99.06	107	50.23
加工制造类	5 086	5 033	98.96	4 119	80.99
财经商贸类	279	276	98.92	247	88.53
信息技术类	1 362	1 328	97.50	977	71.73
旅游服务类	1 108	1 078	97.29	860	77.62
交通运输类	971	939	96.70	739	76.11
文化艺术类	1 780	1 720	96.63	1 207	67.81
教育类	1 646	1 586	96.35	1 299	78.92
医药卫生类	1 995	1 922	96.34	1 128	56.54
土木水利类	39	36	92.31	32	82.05
司法服务类	0	0	—	0	—

三、工作举措

（一）打通中高职衔接"立交桥"

落实了《青海省高等职业教育考试招生改革的实施意见》，继续推进中高职人才培养衔接工作。高职对中职毕业生实施单独考试招生，扩大中职学生升入高职的比例，8所高职院校的38个专业与25所中职学校的专业进行对接；同时，在已有专业衔接的基础上，拓宽适合衔接培养的专业，做好课程体系的衔接。

（二）深入推进产教融合发展

编制了《青海省"十三五"产教融合发展工程建设规划》，落实建设资金5.7亿元，重点建设3所本科高校、12所职业院校。同时，制定了《青海省职业院校现代学徒制试点工作实施方案》，在青海畜牧职业技术学院和青海工业职业技术学校两所院校的现代学徒制国家级试点工作的基础上，开展省级职业院校现代学徒制试点工作，确定青海交通职业技术学院、青海建筑职业技术学院等5所职业院校为"青海省首批现代学徒制试点单位"。

（三）实施职业教育优势特色专业建设

制定印发了《青海省职业教育省级示范专业及示范学校建设实施方案》，围绕全省经济社会发展和产业结构优化升级需要，提升优势特色专业建设，投入2亿元，重点扶持服务于现代农牧业、高新技术产业、战略性新兴产业、现代服务业及重点工程等领域的职业院校，建设30个省级优势特色专业和60个实训基地。

（四）提升教育质量

制定印发了《青海省高等职业院校内部质量保证体系诊断与改进实施方案(试行)》和《青海省中等职业学校教学工作诊断与改进实施方案（试行）》，成立了青海省高职院校内部质量保证体系诊断与改进专家委员会。省级教育行政部门在学校自主诊改基础上，建立了每3年进行抽样复核的质量保证体系诊改制度。

四、发展趋势预测

一是随着中等职业教育与高等职业教育衔接政策的不断优化，进一步打通职业教育"立交桥"，升入高一级学校的学生人数会逐年增加。

二是伴随我省产业结构调整，中等职业教育专业分布和设置更趋于合理。第二产业和第三产业将继续是毕业生就业的主要去向。

三是继续围绕我省东部城市群建设、"一区三园"建设，中等职业教育对接产业，不断深化职教人才培养模式改革，大力推进集团化办学，形成校企深度合作，学校推荐仍将是就业主渠道。

四是专业优化，新能源、新材料、中藏药、特色果品、旅游、生态保护等产业开设专业走俏，就业率和对口就业率将继续保持较高水平。

宁夏回族自治区中等职业学校毕业生就业状况

2016年，宁夏回族自治区共有独立设置的中等职业学校25所，具备中等职业教育办学层次的高等职业院校9所。2016年，全区中等职业学校毕业生总数为23 117人，就业学生总数为22 412人，就业率为96.95%，对口就业率为81.96%（见表2-30-1）。

表2-30-1 宁夏回族自治区中等职业学校毕业生就业总体状况

项目	2015年	2016年
毕业生总数/人	38 452	23 117
就业学生总数/人	37 298	22 412
就业率/%	97.00	96.95

一、总体状况

（一）就业去向

宁夏回族自治区普通中专、职业中专（高中）22 412名就业学生中，到国家机关和企事业单位的有9 781人，占就业学生总数的43.64%；合法从事个体经营的有3 079人，占13.74%；以其他方式（包括应征入伍等）就业的有2 528人，占11.28%；升入高一级学校就读的有7 024人，占31.34%（见图2-30-1）。

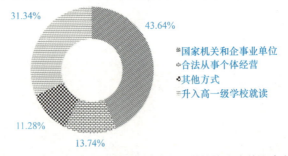

图2-30-1 宁夏回族自治区中等职业学校毕业生就业去向

（二）产业分布

从事第一产业的毕业生人数为1 901人，占直接就业学生的12.35%；从事第二产业

的为4 395人，占28.56%；从事第三产业的为9 092人，占59.09%（见表2-30-2）。

表2-30-2　宁夏回族自治区中等职业学校毕业生就业产业分布

产业分布	2015年		2016年	
	就业人数/人	占直接就业人数比例/%	就业人数/人	占直接就业人数比例/%
第一产业	10 125	30.10	1 901	12.35
第二产业	10 281	30.56	4 395	28.56
第三产业	13 237	39.34	9 092	59.09

（三）就业地域

就业地域分为本地、异地和境外。本地就业的毕业生人数为11 514人，占直接就业人数的74.82%；异地就业的为3 833人，占24.91%；境外就业的为41人，占0.27%（见表2-30-3）。

表2-30-3　宁夏回族自治区中等职业学校毕业生就业地域

就业地域	2015年		2016年	
	就业人数/人	占直接就业人数比例/%	就业人数/人	占直接就业人数比例/%
本地	23 642	70.27	11 514	74.82
异地	10 001	29.73	3 833	24.91
境外	0	0.00	41	0.27

（四）就业渠道

通过学校推荐就业的毕业生人数为12 773人，占直接就业人数的83.00%；通过中介介绍就业的为618人，占4.02%；通过其他渠道就业的为1 997人，占12.98%（见图2-30-2）。

与2015年相比，2016年宁夏回族自治区中等职业学校毕业生就业呈现出以下特点：

一是就业比例相对稳定。从近3年我区中等职业学校毕业生的就业率看，2014年为96.90%，2015年为97.00%，2016年为96.95%，连续3年一直较稳定地保持在97%左右，表明全区职业院校毕业生就业已进入一个相对稳定的时期。如何积极调动各种积极因素，有针对性地开展就业质量研究，提高并维持好毕业生就业质量将成为今后就业工作的重点。

二是就业产业分组结构趋于合理。中等职业教育肩负着培养多样化人才、传承技术技能、促进就业创业的重任，在服务经济社会发展中占有重要地位。2016年，到第一、

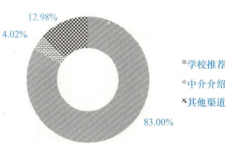

图2-30-2　宁夏回族自治区中等职业学校毕业生就业渠道

第二产业就业的毕业生有所减少,分别占直接就业学生的12.35%、28.56%;到第三产业(教育、医药卫生、交通运输、信息技术服务、农林牧渔服务业、加工制造业等)就业的学生明显增加,占直接就业学生的59.09%。到技术技能要求较高的行业就业人数增加幅度大,第三产业就业的学生比重较大,更加适应了我区经济转型升级发展的需求。

三是对口就业人数比例增加。通过对各职业院校招生工作的宏观调控,特别是对对护理、学前教育等国控专业,土木水利、交通运输、财经商贸、旅游服务等社会热门专业的统筹计划、规模控制,从源头上防止了部分专业的学生盲目拥挤,避免了个别专业的毕业生相对饱和,有效保证了毕业生的对口就业率。近几年,我区职业院校毕业生对口就业人数逐年增加,2016年对口就业率为81.96%,比2015年的79.00%提高近3%,这反映出我区职业院校专业布局结构趋于合理,学生就业岗位与所学专业进一步吻合。

四是升入高一级学校的毕业生比例增加。积极构建现代职业教育体系和技术技能人才培养"立交桥",提高高素质技术技能人才培养水平和竞争力。自治区教育厅先后印发了《宁夏回族自治区深化考试招生制度改革实施方案》《宁夏回族自治区高职院校分类考试招生改革实施方案(试行)》等文件,较好地解决了中高职衔接问题,为部分想升学深造的中职学生提供了条件。2016年,在全区开展分类考试招生试点工作,通过对口单独招生考试录取4 947人,升入高职院校的学生共有7 024名,较往年明显增加。

二、各专业大类就业状况

根据《中等职业学校专业目录》确定的19个专业类别,其就业状况如图2-30-3、图2-30-4、图2-30-5、图2-30-6和表2-30-4所示。

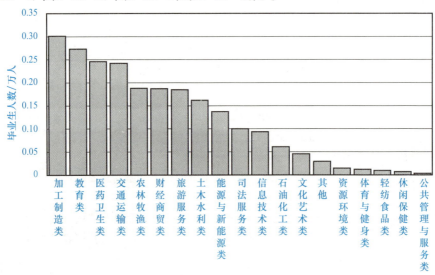

图2-30-3　宁夏回族自治区中等职业学校各专业大类毕业生人数

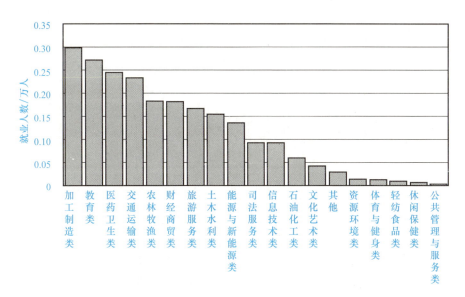

图2-30-4 宁夏回族自治区中等职业学校各专业大类毕业生就业人数

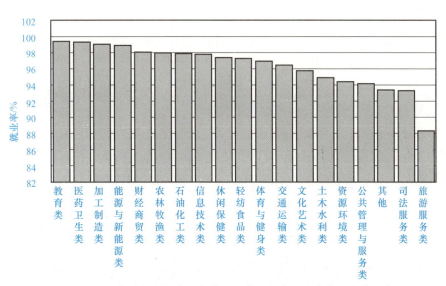

图2-30-5 宁夏回族自治区中等职业学校各专业大类毕业生就业率

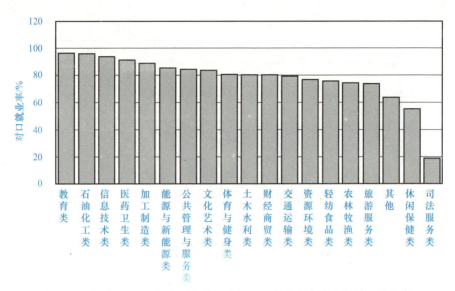

图2-30-6 宁夏回族自治区中等职业学校各专业大类毕业生对口就业率

从毕业生人数看，加工制造类专业毕业生人数最多，为3 012人，占毕业生总数的13.03%；其次是教育类专业，为2 732人，占11.82%；医药卫生类专业有毕业生2 471人，占10.69%；交通运输类专业有毕业生2 426人，占10.49%。

从就业人数看，就业人数最多的是加工制造类、教育类、医药卫生类、交通运输类4个专业。就业人数最少的为公共管理与服务类专业，为48人，占就业学生总数的0.21%。

从专业分类看，对口就业状况最好的是教育类专业，对口就业率为96.71%；其次为石油化工类专业，对口就业率为96.12%；位居第三的是信息技术类专业，为94.40%。

表2-30-4 宁夏回族自治区中等职业学校各专业大类毕业生状况

专业类别	毕业生人数/人	就业人数/人	就业率/%	对口就业人数/人	对口就业率/%
教育类	2 732	2 716	99.41	2 642	96.71
医药卫生类	2 471	2 453	99.27	2 267	91.74
加工制造类	3 012	2 984	99.07	2 681	89.01
能源与新能源类	1 378	1 363	98.91	1 182	85.78
财经商贸类	1 849	1 812	98.00	1 484	80.26
农林牧渔类	1 872	1 834	97.97	1 396	74.57
石油化工类	618	605	97.90	594	96.12
信息技术类	946	925	97.78	893	94.40
休闲保健类	76	74	97.37	42	55.26

续表

专业类别	毕业生人数/人	就业人数/人	就业率/%	对口就业人数/人	对口就业率/%
轻纺食品类	109	106	97.25	83	76.15
体育与健身类	130	126	96.92	105	80.77
交通运输类	2 426	2 339	96.41	1 934	79.72
文化艺术类	451	432	95.79	379	84.04
土木水利类	1 629	1 546	94.90	1 313	80.60
资源环境类	162	153	94.44	125	77.16
公共管理与服务类	51	48	94.12	43	84.31
其他	316	295	93.35	201	63.61
司法服务类	998	931	93.29	186	18.64
旅游服务类	1 891	1 670	88.31	1 396	73.82

三、工作举措

(一) 完善实习就业管理政策，构建就业指导服务体系

1. 构建全员参与就业工作长效机制

目前，我区大部分职业院校已建立了学生就业工作的考核评价制度，招生、就业、培养的联动机制，毕业生就业工作考评办法及毕业生就业追踪评估办法。全员参与、全程跟踪、全时监管，有效推动了就业工作长效机制的建设和完善。

2. 提升就业服务与就业指导质量，有效引领毕业生实现充分就业

做好毕业生就业跟踪辅导工作，带班教师到企业对学生的工作和生活面对面指导，做到学生和就业单位满意。积极与实习实训的学生和家长沟通交流，及时为学生、家长提供就业信息，一对一地做好学生与家长的思想工作。加大开展职业生涯规划教育的力度，帮助学生制定适合自己的事业规划，把职业生涯规划教育融入日常工作生活，消除学生就业的茫然心态。注重对学生工作态度、敬业精神、团队精神、事业心及责任感的教育与培养，让学生正确认识自己、准确定位，避免眼高手低。

3. 积极调动社会力量，搭建就业互动平台

加大实习实训基地建设力度，推动职业院校教育教学改革，不断提高学生就业竞争力。充分运用校内实训车间，邀请企业相关专业技术人员为学生做技术指导，并充分利用毕业生到企业实习时机，开展好实地就业指导，引导学生熟悉了解企业工作状况、转变就业观念，从而实现成功就业。企业在学生实习实践中考核选拔优秀人才，既节省了学生适应单位环境的时间成本，又减少了用人单位在就业市场选人、用人的经济成本，实现用人单位、学生双方共赢。

（二）增强人才培养与就业市场的适配度

深入研究我区经济社会发展与产业结构调整转型的需要，推动职业教育教学改革。结合社会需求和专业特点，创新人才培养模式，大力培养应用型人才。全面加强实习、就业基地的建设，适当延长及科学安排专业见习、顶岗实习时间，强化就业技能培训，提高学生实践操作能力。结合专业特点，以各种竞赛为载体，建设优质的学生实践活动平台，在推动学生专业学习的同时，全面提升学生综合素质。

（三）推进办学体制改革，促进职业教育就业工作

完善"政府主导、行业指导、企业参与"的职业教育办学机制，将中等职业教育和职业培训纳入基本公共服务范围。统筹规划各类职业教育发展，强化市级政府在职业教育发展中的区域协调作用。支持学校制订与产业发展对接的教育教学同步培养计划。鼓励企事业单位投资建设生产车间、技术研发和服务中心，创新建立行业、企业和社会各方分担职业教育基础能力建设和转移实训成本的产教融合机制。规模以上企业要对接职业院校，设立学生实习和教师实践岗位。企业举办的职业院校与公办职业院校具有同等法律地位，依法享受相关教育、财税、土地、金融等政策。

（四）奠定良好基础，积极推进职业教育内涵式发展

以提高质量为核心，以增强特色为重点，优化职业教育布局，促进教学管理、教育质量上水平、上台阶。建立完善高职学院招收中等职业学校毕业生的人才培养方案和课程体系，扩大高职学院招收中职毕业生和初中后五年制学生的比例，预计2017年达到40%，2020年达到50%，推进中高等职业教育有机衔接。建立中高等职业教育协调发展的教学联盟，共享教育教学资源。

（五）推动集团化办学制度

推动自治区教育、农业、水利、交通、能源化工、现代服务、建筑等行业企业与学校组建职业教育集团和专业教学联盟，完善集团化（联盟）办学的体制机制，积极推进多元投资主体共建职业教育集团的改革试点，实现教育与产业的紧密衔接，促进职业教育链和区域产业链有机融合。推进职业教育现代学校制度建设，建立政府、高校、行业、企业、科研机构、社会组织等参与的职业院校理事会或董事会的决策议事机制，支持学校自主办学，深化人事、分配制度改革，调动教职员工积极性。

在今后的工作中，将加大招生及就业工作统筹指导力度，认真摸清底数、查找不足，进一步分析研究我区职业院校毕业生就业特点，组织职业院校开展好毕业生就业工作，努力提升学生就业质量，使就业工作更有成效。

新疆维吾尔自治区中等职业学校毕业生就业状况

2016年，新疆维吾尔自治区中等职业学校毕业生总数为49 092人，就业学生总数为42 867人，就业率为87.32%。与2015年相比，2016年毕业生总数有较大数量的减少，就业率略有上升（见表2-31-1）。

表2-31-1　新疆维吾尔自治区中等职业学校毕业生就业总体状况

项目	2015年	2016年
毕业生总数/人	67 536	49 092
就业学生总数/人	58 081	42 867
就业率/%	86.00	87.32

一、总体状况

（一）就业去向

新疆维吾尔自治区42 867名就业学生中，到国家机关和企事业单位的有12 903人，占就业学生总数的30.10%；合法从事个体经营的有9 738人，占22.72%；以其他方式就业的有11 393人，占26.58%；升入高一级学校就读的有8 833人，占20.60%（见图2-31-1）。

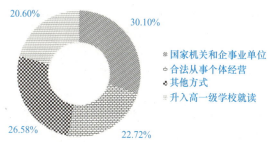

图2-31-1　新疆维吾尔自治区中等职业学校毕业生就业去向

（二）产业分布

从事第一产业的毕业生人数为2 168人，占直接就业学生的6.37%；从事第二产业

的为7 328人，占21.53%；从事第三产业的为24 538人，占72.10%。与2015年相比，2016年从事第一产业的毕业生人数的比例降低了17.93%，从事第二产业和第三产业的毕业生人数的比例分别上升了5.91%和12.02%（见表2-31-2）。

表2-31-2　新疆维吾尔自治区中等职业学校毕业生就业产业分布

产业分布	2015年		2016年	
	就业人数/人	占直接就业人数比例/%	就业人数/人	占直接就业人数比例/%
第一产业	11 223	24.30	2 168	6.37
第二产业	7 212	15.62	7 328	21.53
第三产业	27 746	60.08	24 538	72.10

（三）就业地域

就业地域分为本地、异地和境外。本地就业的毕业生人数为29 001人，占直接就业人数的85.21%；异地就业的为5 030人，占14.78%；境外就业的为3人，占0.01%。与2015年相比，2016年本地就业比例略有下降，异地就业比例略有上升（见表2-31-3）。

表2-31-3　新疆维吾尔自治区中等职业学校毕业生就业地域

就业地域	2015年		2016年	
	就业人数/人	占直接就业人数比例/%	就业人数/人	占直接就业人数比例/%
本地	41 339	89.52	29 001	85.21
异地	4 833	10.46	5 030	14.78
境外	9	0.02	3	0.01

（四）就业渠道

通过学校推荐就业的毕业生人数为20 835人，占直接就业学生人数的61.22%；通过中介介绍就业的为2 985人，占8.77%；通过其他渠道就业的为10 214人，占30.01%（见图2-31-2）。

图2-31-2　新疆维吾尔自治区中等职业学校毕业生就业渠道

与2015年相比，2016年新疆维吾尔自治区中等职业学校毕业生就业呈现出以下特点：

一是毕业生总数明显减少，就业率有所上升；到国家机关和企事业单位的比例有所上升，到各类合法个体经营及其他就业去向的比例有所下降。

二是从事第三产业的毕业生所占比例继续上升，第三产业依然是中职毕业生直接就业的主要领域；同时，从事第二产业的毕业生比例也有所增加。

三是异地就业的比例有所上升。2016年本地就业毕业生比例比2015年下降了4.31%，而异地就业比例上升了4.32%，总体上就业地选择变化不大。

二、各专业大类就业状况

根据《中等职业学校专业目录》确定的19个专业类别，其就业状况如图2-31-3、图2-31-4、图2-31-5、图2-31-6和表2-31-4所示。

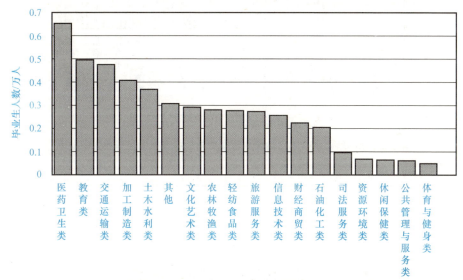

图2-31-3　新疆维吾尔自治区中等职业学校各专业大类毕业生人数

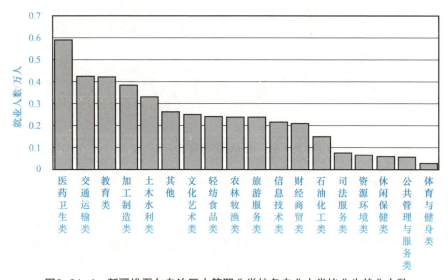

图2-31-4　新疆维吾尔自治区中等职业学校各专业大类毕业生就业人数

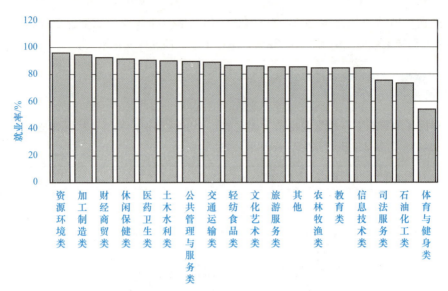

图2-31-5 新疆维吾尔自治区中等职业学校各专业大类毕业生就业率

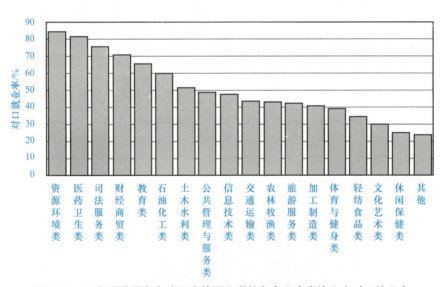

图2-31-6 新疆维吾尔自治区中等职业学校各专业大类毕业生对口就业率

从毕业生人数看，医药卫生类专业毕业生人数最多，为6 540人，占毕业生总数的13.32%；其次是教育类专业，毕业生人数为4 969人，占10.12%。

从就业人数看，医药卫生类专业就业人数最多，为5 928人，占就业学生总数的13.83%；其次是交通运输类专业，就业人数为4 245人，占9.90%。体育与健身类专业就业人数最少，为277人，占就业学生总数的0.65%。

从专业分类看，就业状况较好的是资源环境类专业，就业率为96.10%；其次是加工制造类专业，就业率为94.81%。财经商贸类、休闲保健类、医药卫生类、土木水利类、公共管理与服务类、交通运输类专业的就业率均处于平均水平以上；体育与健身类专业就业率最低，为54.31%。

表2-31-4　新疆维吾尔自治区中等职业学校各专业大类毕业生状况

专业类别	毕业生人数/人	就业人数/人	就业率/%	对口就业人数/人	对口就业率/%
资源环境类	693	666	96.10	586	84.56
加工制造类	4 069	3 858	94.81	1 654	40.65
财经商贸类	2 252	2 085	92.58	1 590	70.60
休闲保健类	649	596	91.83	162	24.96
医药卫生类	6 540	5 928	90.47	5 342	81.68
土木水利类	3 688	3 321	90.05	1 897	51.44
公共管理与服务类	632	565	89.40	308	48.73
交通运输类	4 758	4 245	89.22	2 058	43.25
轻纺食品类	2 787	2 410	86.47	957	34.34
文化艺术类	2 925	2 513	85.91	871	29.78
旅游服务类	2 759	2 366	85.76	1 160	42.04
其他	3 062	2 625	85.73	725	23.68
农林牧渔类	2 797	2 367	84.63	1 208	43.19
教育类	4 969	4 205	84.62	3 251	65.43
信息技术类	2 558	2 163	84.56	1 209	47.26
司法服务类	976	736	75.41	736	75.41
石油化工类	2 046	1 502	73.41	1 222	59.73
体育与健身类	510	277	54.31	198	38.82

三、工作举措

（一）领导高度重视，落实就业工作责任制

把毕业生就业工作作为一切工作的重中之重，实施就业工作"一把手工程"，形成了由教育厅、教育局到学校，党政领导总负责、分管领导亲自抓，层层落实的工作责任体系。各学校成立了就业工作领导小组，建立和完善了就业工作的各项规章制度，建立健全了就业部门和教、研、德育等各部门的目标责任制，加强人员配备和条件保障，重视顶岗实习期信息跟踪反馈，加强就业后续服务管理，开拓学生就业市场，构建多元

化的就业推荐网络，做到深入宣传发动，群策群力，调动一切积极因素，切实形成全方位、全员参与就业工作的良好局面。

（二）做好职业指导教育工作，渗透人才培养全过程

中等职业学校职业指导教育工作，是帮助学生实现就业创业的重要手段，也是德育工作的重要途径。我区以就业与创业教育为重点，开展层层递进的职业生涯规划教育和职业指导，实现"四步走"：第一步，融职业指导于校内课堂中，要求行政部门、学校相关领导负责人走进课堂、走近学生，在毕业生中进行就业形势、政策和程序的指导；第二步，将岗位培训设在见习与就业前和企业真实环境中；第三步，邀请职业生涯指导专家、企事业单位领导、心理学者走进校园，开展就业专题讲座，为毕业生进行职业生涯发展规划辅导，引导中职学生树立正确的职业观和职业理想，养成良好的职业道德行为，提高综合职业素质和能力，提高就业创业能力；第四步，全程进行就业指导咨询与网络指导，帮助毕业生积极做好就业前的思想准备和心理准备。

（三）搭建就业信息服务平台，完善信息主渠道建设

（1）加强校际沟通联系，建立就业信息共享机制。
（2）拓展就业基地，建立就业"绿色通道"。
（3）充分发挥网络媒体作用，拓宽信息渠道。

（四）落实就业政策，千方百计促就业

（1）把握服务发展、促进就业的办学方向，积极开展毕业生就业优质服务活动。落实就业政策，千方百计促就业。要更好地抓好今后学生的就业安置工作，就要协助做好实习生的管理工作，及时解决学生在顶岗实习中出现的问题。
（2）加强就业政策宣传，通过新闻媒体、网络和宣传材料及时宣传就业新政策、新热点，营造良好的就业氛围。
（3）组织毕业生积极参加人力资源市场召开的季综合、月专场、周六集市招聘活动。
（4）拓展技能人才输出业务，加强与各级人才机构的沟通联系，把蓝领人才输出做实做细，拓宽中职毕业生就业渠道。

四、发展趋势预测

一是从总体状况看，毕业生规模将比2016年有所上升。

二是升学比例将上升。从就业方式看，新疆维吾尔自治区中高职衔接进一步健全拓宽了中职学生成长渠道，预计2017年升入高一级学校学生的比例将增加。

三是从产业分布上看，第三产业仍将是中职毕业生的主要领域。第一产业对于中职

学生的吸引力下降。医药卫生类、教育类专业学生比例持续上升,"南疆"地区缺医少师的问题也将得到进一步缓解。

四是从就业地域看,本地就业仍是中职毕业生的主流选择。中职毕业生成为推动自治区社会经济发展的重要力量。

五是从就业渠道看,学校推荐仍将是就业主渠道,但通过其他渠道就业的人数及比例在逐渐增加,中职毕业生的就业渠道进一步拓宽。

总体来讲,中职毕业生的未来就业形势是好的,但是就业稳定性和就业质量需要进一步提高。

新疆生产建设兵团中等职业学校毕业生就业状况

2016年,新疆生产建设兵团中等职业学校毕业生总数为9 102人,就业学生总数为8 833人,就业率为97.04%;对口就业人数为7 680人,对口就业率为84.38%。与2015年相比,2016年毕业生总数明显减少,就业率比上一年略有下降,就业形势总体良好(见表2-32-1)。

表2-32-1 新疆生产建设兵团中等职业学校毕业生就业总体状况

项目	2015年	2016年
毕业生总数/人	10 877	9 102
就业学生总数/人	10 716	8 833
就业率/%	98.52	97.04

一、总体状况

(一)就业去向

新疆生产建设兵团中等职业学校8 833名已就业学生中,到国家机关和企事业单位就业的有4 230人,占就业学生总数的47.89%;合法从事个体经营的有837人,占就业学生总数的9.48%;以其他方式就业的为2 583人,占就业学生总数的29.24%;升入高一级学校就读的为1 183人,占就业学生总数的13.39%。其中,到国家机关和企事业单位就业及升入高一级学校的比例较2015年有所上升,特别是到国家机关和企事业单位就业的比例明显上升(见图2-32-1)。

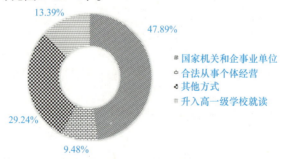

图2-32-1 新疆生产建设兵团中等职业学校毕业生就业去向

(二) 产业分布

从事第一产业的毕业生人数为2 588人,占直接就业人数的33.83%;从事第二产业的毕业生人数为1 910人,占直接就业人数的24.97%;从事第三产业的毕业生人数为3 152人,占直接就业人数的41.20%。与2015年度相比,2016年从事第一产业和第二产业的毕业生人数的比例有所下降,从事第三产业的毕业生人数的比例明显增加(见表2-32-2)。

表2-32-2 新疆生产建设兵团中等职业学校毕业生就业产业分布

产业分布	2015年		2016年	
	就业人数/人	占直接就业人数比例/%	就业人数/人	占直接就业人数比例/%
第一产业	4 464	45.58	2 588	33.83
第二产业	2 632	26.88	1 910	24.97
第三产业	2 697	27.54	3 152	41.20

(三) 就业地域

就业地域分为本地、异地和境外。本地就业的毕业生人数为6 914人,占直接就业人数的90.38%;异地就业的为736人,占直接就业人数的9.62%;境外就业人数为0。与2015年相比,2016年本地就业人数比例有所下降,异地就业人数比例有所上升,无境外就业人员(见表2-32-3)。

表2-32-3 新疆生产建设兵团中等职业学校毕业生就业地域

就业地域	2015年		2016年	
	就业人数/人	占直接就业人数比例/%	就业人数/人	占直接就业人数比例/%
本地	9 252	94.48	6 914	90.38
异地	541	5.52	736	9.62
境外	0	0.00	0	0.00

(四) 就业渠道

通过学校推荐就业的毕业生为4 826人,占直接就业人数的63.08%;通过中介介绍就业的毕业生为14人,占直接就业人数的0.18%;通过其他渠道就业的为2 810人,占直接就业人数的36.74%(见图2-32-2)。

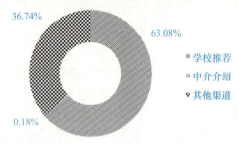

图2-32-2　新疆生产建设兵团中等职业学校毕业生就业渠道

与2015年相比，2016年新疆生产建设兵团中等职业学校毕业生就业呈现出以下特点：

一是毕业生总人数明显减少。2016年中职毕业生总数为9 102人，与2015年的10 877人相比，约减少16.32%。

二是就业分布随产业结构调整变化明显。随着现代服务业的大力发展，2016年到第一产业和第二产业就业的毕业生比例分别下降了11.75%和1.91%，到第三产业就业的毕业生比例提高了13.66%。

三是选择继续深造的毕业生比例提高。社会发展对学历水平的要求越来越高，中高职贯通衔接也为中职毕业生继续深造创造了更加有利的条件，因此2016年有1 183名中职毕业生选择继续深造，比2015年多出了28.17%。

二、各专业大类就业状况

根据《中等职业学校专业目录》确定的19个专业类别，其就业状况如图2-32-3、图2-32-4、图2-32-5、图2-32-6和表2-32-4所示。

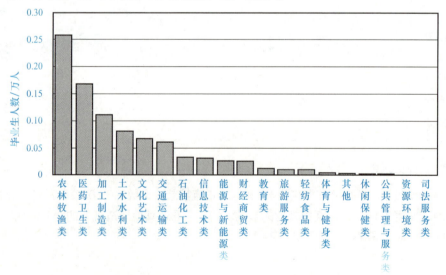

图2-32-3　新疆生产建设兵团中等职业学校各专业大类毕业生人数

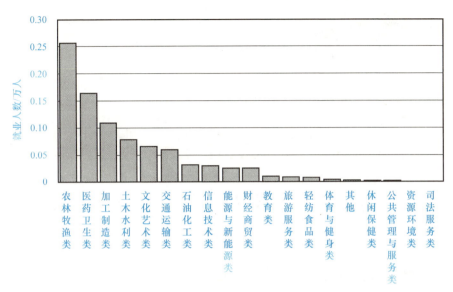

图2-32-4　新疆生产建设兵团中等职业学校各专业大类毕业生就业人数

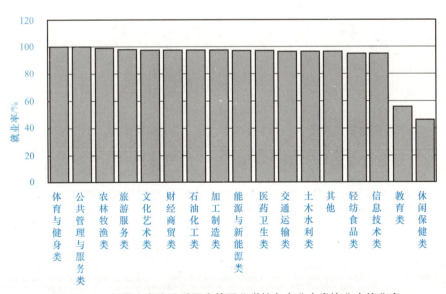

图2-32-5　新疆生产建设兵团中等职业学校各专业大类毕业生就业率

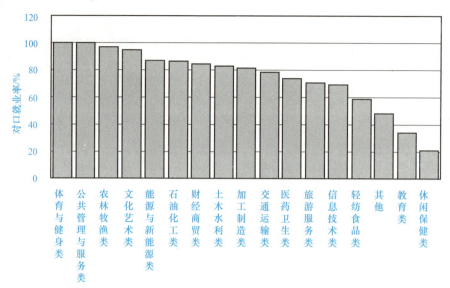

图2-32-6 新疆生产建设兵团中等职业学校各专业大类毕业生对口就业率

从毕业生人数看，农林牧渔类专业毕业生人数最多，为2 585人，占毕业生总数的28.40%；其次是医药卫生类专业，为1 686人，占毕业生总数的18.52%。毕业生人数最少的为公共管理与服务类专业，为3人，占毕业生总数的0.03%；其次是休闲保健类专业，为24人，占0.26%；资源环境类、司法服务类专业2016年无毕业生。

从就业人数看，农林牧渔类专业就业人数最多，为2 568人，占就业学生总数的29.07%；其次是医药卫生类专业，为1 641人，占18.58%。就业学生人数最少的是公共管理类与服务专业，为3人，占就业学生总数的0.03%；其次是休闲保健类专业，为11人，占0.12%；资源环境类、司法服务类专业2016年无毕业生。

从专业分类看，就业状况最好的专业分别是体育与健身类和公共管理与服务类专业，就业率均为100.00%；农林牧渔类、旅游服务类、文化艺术类、财经商贸类、石油化工类、加工制造类、能源与新能源类、医药卫生类专业就业率处于平均水平以上；交通运输类、土木水利类、其他、轻纺食品类、信息技术类、教育类、休闲与保健类专业就业率均低于平均水平。

从对口就业率看，体育与健身类和公共管理与服务类专业的对口就业率最高，为100.00%；农林牧渔类、文化艺术类、能源与新能源类、石油化工类、财经商贸类专业对口就业率都在平均水平以上；休闲保健类专业对口就业率最低，仅为20.83%。

表2-32-4 新疆生产建设兵团中等职业学校各专业大类毕业生状况

专业类别	毕业生人数/人	就业人数/人	就业率/%	对口就业人数/人	对口就业率/%
体育与健身类	37	37	100.00	37	100.00
公共管理与服务类	3	3	100.00	3	100.00

续表

专业类别	毕业生人数/人	就业人数/人	就业率/%	对口就业人数/人	对口就业率/%
农林牧渔类	2 585	2 568	99.34	2 519	97.45
旅游服务类	106	104	98.11	75	70.75
文化艺术类	674	659	97.77	641	95.10
财经商贸类	256	250	97.66	217	84.77
石油化工类	333	325	97.60	288	86.49
加工制造类	1 112	1 085	97.57	908	81.65
能源与新能源类	266	259	97.37	231	86.84
医药卫生类	1 686	1 641	97.33	1 248	74.02
交通运输类	615	595	96.75	484	78.70
土木水利类	814	787	96.68	678	83.29
其他	29	28	96.55	14	48.28
轻纺食品类	102	97	95.10	60	58.82
信息技术类	325	309	95.08	226	69.54
教育类	135	75	55.56	46	34.07
休闲保健类	24	11	45.83	5	20.83
资源环境类	0	0	—	0	—
司法服务类	0	0	—	0	—

三、工作举措

（一）高度重视，重点部署，大力推进中职学生就业工作

一是纳入规划，进行重点部署。兵团教育局高度重视中职学生就业工作，将促进学生就业作为重要内容纳入《兵团关于加快发展现代职业教育的实施意见》（新兵发〔2015〕71号）、兵团教育局等五部门联系印发的《兵团现代职业教育体系建设规划（2015—2020年）》（兵教发〔2015〕107号）和《兵团职业院校管理水平提升行动计划（2016—2018年）实施方案》（兵教办发〔2016〕3号）等重要文件，并在2016年3月召开的兵团职业教育工作会议和2016兵团职业教育工作座谈会上进行重点部署。

二是建设管理平台。根据《兵团职业教育信息化推进计划（2016—2020年）》（兵教办发〔2016〕14号）精神，投入资金400万元建设兵团级职业教育管理与资源服务平台，支持职业院校校企合作信息发布、项目管理、顶岗实习管理、人力资源信息管理、就业信息的分析等，为学生就业牵线搭桥。

三是推动学校落实。指导兵团职业院校认真落实会议及相关文件精神,明确责任分工,狠抓工作落实,切实推进学生就业工作。

(二)就业导向,服务需求,着力提高专业建设水平

一是进一步优化专业结构。对接中国制造2025,紧贴兵团产业结构转型升级对技能人才的需求调整专业布局,新增制造业和现代服务业等8个专业,重点培养紧缺人才。同时,及时调整专业方向或取消就业状况不好的专业。

二是加强专业建设。实施《支持兵团职业院校提升专业服务产业发展能力建设规划》,3年来已支持第十三师职业技术学校机电技术应用等8个紧贴产业发展需求、校企深度融合、社会认可度高就业好的专业进行重点建设。

三是推动校企深度融合。组织第三师图木舒克职业技术学校等3所学校实施产教融合工程,支持第一师阿拉尔职业技术学校等9所职业院校纺织技术及营销等12个专业实施现代学徒制试点项目,推动学校进一步加强校企合作,深化产教融合,完善校企合作育人机制,增强人才培养的针对性和实用性。

(三)提升素养,夯实基础,帮助学生强化发展能力

一是提升文化素养。除原有的兵团精神教育、"文明风采"竞赛等品牌活动外,自2015年起,兵团教育局组织开展兵团职业院校传承中华优秀传统文化活动,举办传承中华优秀传统文化素养大赛,引导兵团职业院校师生深入挖掘优秀传统文化思想价值,领悟优秀传统文化精髓、感受优秀传统文化魅力,自觉传承和弘扬中华优秀传统文化,提升德育的实效性。

二是夯实文化和技能基础。兵团教育局分别于2015年和2016年起组织兵团中等职业学校开展公共基础课教学质量测试和专业技能抽测,引导学校深化课程改革,规范教学管理,全面提高中等职业教育教学质量,促使学生在校期间扎实学好文化基础和专业技能课程,为直接就业和继续升学同时打下坚实基础。

三是强化就业、创业能力。组织兵团中等职业学校学生积极参加"挑战杯—彩虹人生"全国职业学校创新、创效、创业大赛,两年来在全国决赛中共获得各类奖项十余个。

(四)营造氛围,牵线搭桥,为中职学生顺利就业搭建平台

一是加大宣传力度。兵团职业教育工作会议、职业教育活动周以及全民终身学习活动周期间,我局组织兵团25所职业院校开展了形式多样的宣传活动,引导社会各界人士走近职业教育,了解职业教育,消除成见和误解,为职业教育的发展和职业院校招生及毕业生顺利就业营造良好的社会氛围。

二是充分发挥职教集团的作用。石河子工程技术职业教育集团等3个职教集团共组织集团内企业到校召开招聘会18次,提供岗位6 000余个,与3 000余名学生在招聘会上

达成初步签订意向。

三是拓宽中职学生就业和升学通道。除了健全就业推荐机制外，学校还推行多种方式的就业，例如鼓励学生参军入伍，报考高等职业院校深造等。2017年，兵团中等职业学校与石河子职业技术学院、克拉玛依职业技术学校等兵团和地方优质高等职业院校联合办学的五年一贯制和三二分段制升学、单招、直升专、三校生高考、成人高考等方式，也为有深造意愿的中职毕业生提供了更加多元的选择。共有1 183名中职毕业生通过以上方式升入高一级院校继续深造。

（五）强化指导，跟踪服务，提高就业质量和稳定率

一是强化就业指导。第二师华山职业技术学校等中职学校入学即带领学生深入企业了解工作环境、企业文化、就业岗位等相关状况，在校期间组织学生访问就业创业的先进典型，并邀请优秀毕业生回校作报告，帮助毕业生树立正确的就业观，并将就业教育和职业指导贯穿始终。

二是及时解决上岗后的问题。毕业生上岗后，石河子工程技术学校等通过前期建立的QQ群和微信群跟踪了解学生的思想动态、工作表现、工作态度和能力、遇到的问题与困难等状况，帮助他们疏导情绪，适应环境，解决困难，避免频繁跳槽，实现稳定就业。

三是了解用人单位的评价。兵团中等职业学校通过就业跟踪服务，准确掌握企业对毕业生的评价，并在教学中扬长避短，培养出更贴合企业需求的人才，在双向选择中掌握主动权。在学校回访中，新疆天业集团、梅花氨基酸有限责任公司等多家用人单位反映，在兵团中等职业学校的毕业生身上体现出独具特色的兵团精神，在吃苦耐劳、无私奉献方面明显优于其他学生，同时与实习企业签订就业协议意向较强，与岗位需求专业匹配程度较高，大部分在较短时期内便成了企业的技术骨干。因此，兵团中等职业学校的毕业生广泛受到用人单位的欢迎。

四、发展趋势预测

一是目前国家和兵团都出台了许多政策，重点培育的现代服务业、制造业和战略性新兴产业等发展迅速；对技术技能型人才的需求量比较大，中等职业院校的毕业生总体供不应求，就业水平将处于较高的稳定状态。

二是随着经济的发展，就业岗位对毕业生素质和技能的要求不断提高，尤其是对中高端技术技能型人才的需求量将不断扩大，升学渠道也越来越多，导致选择继续就读高职院校的人数将持续增加。

大连市中等职业学校毕业生就业状况

2016年，大连市中等职业学校毕业学生总数为15 223人，就业学生人数为14 567人，升学3 073人，就业率为95.69%，对口就业率为77.00%。与2015年相比，2016年毕业生总数小幅上涨，增加454人；升学人数略有上升，增加179人；就业率下降（见表2-33-1）。

表2-33-1　大连市中等职业学校毕业生就业总体状况

项目	2015年	2016年
毕业生总数/人	14 769	15 223
就业学生总数/人	14 566	14 567
就业率/%	98.63	95.69

一、总体状况

（一）就业去向

大连市14 567名就业学生中，到国家机关和企事业单位的有9 576人，占就业学生总数的65.74%；合法从事个体经营的有970人，占6.66%；以其他方式就业的有948人，占6.51%；升入高一级学校就读的有3 073人，占21.09%（见图2-33-1）。

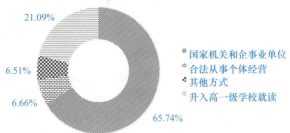

图2-33-1　大连市中等职业学校毕业生就业去向

（二）产业分布

从事第一产业的毕业生人数为237人，占直接就业人数的2.08%；从事第二产业的为2 782人，占24.42%；从事第三产业的为8 375人，占73.50%。与2015年相比，2016

年从事第一产业的毕业生人数的比例进一步下降，从事第二产业的毕业生人数的比例下降34.22%（见表2-33-2）。

表2-33-2　大连市中等职业学校毕业生就业产业分布

产业分布	2015年		2016年	
	就业人数/人	占直接就业人数比例/%	就业人数/人	占直接就业人数比例/%
第一产业	492	4.22	237	2.08
第二产业	6 844	58.64	2 782	24.42
第三产业	4 336	37.14	8 375	73.50

（三）就业地域

按就业地域分本地、异地、境外。本地就业的毕业生人数为9 870人，占直接就业人数的86.63%；异地就业的为1 487人，占13.05%；境外就业的为37人，占0.32%。与2015年相比，2016年本地就业比例略有下降，异地就业比例小幅上升，境外就业比例小幅上升（见表2-33-3）。

表2-33-3　大连市中等职业学校毕业生就业地域

就业地域	2015年		2016年	
	就业人数/人	占直接就业人数比例/%	就业人数/人	占直接就业人数比例/%
本地	10 316	88.38	9 870	86.63
异地	1 325	11.35	1 487	13.05
境外	31	0.27	37	0.32

（四）就业渠道

通过学校推荐就业的毕业生人数为9 487人，占直接就业人数的83%；通过中介介绍就业的为47人，占1%；通过其他渠道就业的为1 860人，占16%。与2015年相比，2016年通过学校推荐就业学生的比例略有下降，通过中介介绍就业学生的比例大幅下降，通过其他渠道就业学生的比例上升明显（见图2-33-2）。

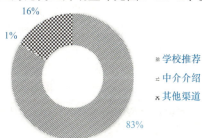

图2-33-2　大连市中等职业学校毕业生就业渠道

与2015年相比，2016年大连市中等职业学校毕业生就业呈现出以下特点：

一是中职毕业生总数小幅回升，进入国家机关和企事业单位仍是毕业生主要就业方向，从事个体经营人数大幅下降，升学人数比例继续上升。2016年大连地区毕业生总数为15 223人，较2015年的14 769人增长454人，连续两年出现人数小幅增长，预计今后毕业生总数将继续逐年小幅回升。2016年，进入国家机关和企事业单位学生占就业学生总数的65.74%，比2015年的62.08%上升3.66%，升学人数上升1.23%，个体经营人数下降10.72%，下降幅度较大。

二是从事第一产业的毕业生人数的比例下降明显，从事第二、第三产业的毕业生人数的比例与2015年发生较大改变，第二产业毕业学生人数比例下降34.22%，第三产业毕业生人数比例上升36.35%，第三产业就业人数再次超过第二产业就业人数。

三是本地仍是中职学校毕业生就业首选，异地就业人数小幅上升，境外就业人数与2015年大体相当。但2016年选择在本地就业的毕业生比例下降，较2015年下降了1.75%，占直接就业人数的86.63%；异地就业比例上升1.70%，境外就业比例上升0.05%，分别为13.05%和0.32%。

二、各专业大类就业状况

根据《中等职业学校专业目录》确定的19个专业类别，其就业状况如图2-33-3、图2-33-4、图2-33-5、图2-33-6和表2-33-4所示。

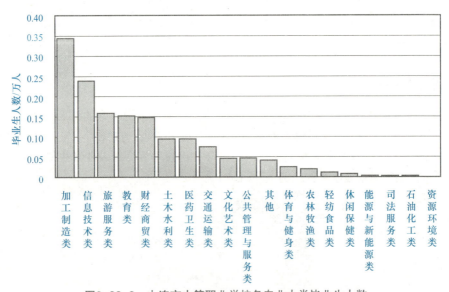

图2-33-3　大连市中等职业学校各专业大类毕业生人数

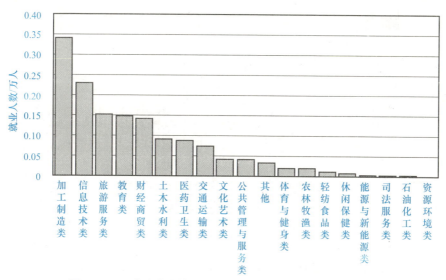

图2-33-4 大连市中等职业学校各专业大类毕业生就业人数

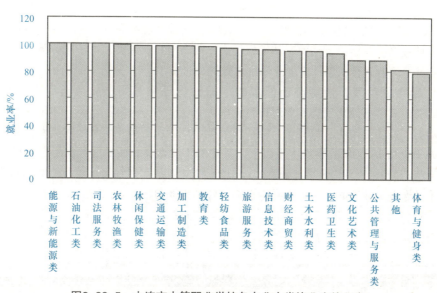

图2-33-5 大连市中等职业学校各专业大类毕业生就业率

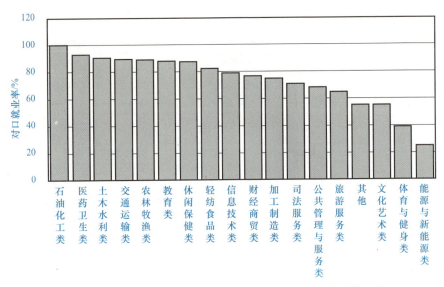

图2-33-6 大连市中等职业学校各专业大类毕业生对口就业率

从毕业生人数看，加工制造类专业毕业生人数最多，为3 450人，毕业生总数的22.66%；其次是信息技术类专业，占15.66%；资源环境类专业无毕业生；休闲保健类、能源与新能源类、司法服务类、石油化工类专业毕业生人数较少，分别为89人、40人、31人、28人，累计占毕业生总数的1.23%。

从就业人数看，加工制造类专业毕业生就业人数最多，占就业学生总数的23.40%；其次是信息技术类专业，占15.73%；资源环境类专业无毕业生；体育与健身类、农林牧渔类、轻纺食品类、休闲保健类、能源与新能源类、司法服务类、石油化工类专业就业人数较少，累计占就业学生总数的4.81%。

从专业分类看，能源与新能源类、石油化工类和司法服务类专业就业率达100.00%，其中石油化工类专业对口就业率达100.00%。农林牧渔类、休闲保健类、交通运输类、加工制造类、教育类、轻纺食品类、旅游服务类、信息技术类专业就业率较高，处于全市96.00%的平均水平以上，其中加工制造类和旅游服务类专业对口就业率低于全市77.00%的平均水平，分别为75.01%和64.75%。财经商贸类、土木水利类和医药卫生类专业就业率略低于全市平均水平，分别为95.31%、95.06%和93.45%，对口就业率分别为77.00%、90.54%和93.14%。体育与健身类专业就业率最低，为79.15%。能源与新能源类专业对口就业率最低，为25.00%。

表2-33-4 大连市中等职业学校各专业大类毕业生状况

专业类别	毕业生人数/人	就业人数/人	就业率/%	对口就业人数/人	对口就业率/%
能源与新能源类	40	40	100.00	10	25.00
石油化工类	28	28	100.00	28	100.00

续表

专业类别	毕业生人数/人	就业人数/人	就业率/%	对口就业人数/人	对口就业率/%
司法服务类	31	31	100.00	22	70.97
农林牧渔类	198	197	99.49	176	88.89
休闲保健类	89	88	98.88	78	87.64
交通运输类	756	747	98.81	678	89.68
加工制造类	3 450	3 408	98.78	2 588	75.01
教育类	1 521	1 492	98.09	1 337	87.90
轻纺食品类	115	112	97.39	95	82.61
旅游服务类	1 583	1 526	96.40	1 025	64.75
信息技术类	2 384	2 292	96.14	1 888	79.19
财经商贸类	1 491	1 421	95.31	1 148	77.00
土木水利类	951	904	95.06	861	90.54
医药卫生类	947	885	93.45	882	93.14
文化艺术类	480	425	88.54	264	55.00
公共管理与服务类	478	423	88.49	326	68.20
其他	422	343	81.28	233	55.21
体育与健身类	259	205	79.15	101	39.00
资源环境类	0	0	—	0	—

三、工作举措

（一）加强就业监督指导，提升就业服务力，完善就业保障措施

一是按照《教育部等五部门关于印发〈职业学校学生实习管理规定〉的通知》(教职成〔2016〕3号)精神，从实习组织、实习管理、实习考核和安全职责等方面向全市中职学校提出了明确具体的要求，并且依照《职业学校学生实习管理规定》内容，统一编制了"大连市中等职业学校学生实习协议书""大连市中等职业学校学生实习企业备案表""大连市中等职业学校实习学生个人信息备案表"等，建立健全了就业管理制度。

二是设立了职业道德与职业指导、职业生涯规划、职业道德与法律等专门课程，成立了由主管校领导牵头的专门的就业指导部门和教师队伍对学生进行岗前培训，循序渐进、由浅入深地引导学生树立职业理想，规划职业生涯。

三是聘请来自行业、企业的能工巧匠、职业典范、创业能手作为德技辅导员，深入

学校，走进班级，以专题讲座和结对帮教的形式，结合自己的成长经历，向学生进行以职业道德、法律常识等为主要内容的德育宣讲和就业指导，引导学生树立法制观念和职业意识。

四是以"校园文化月""校园文化节"等活动为载体，结合各校自身专业分布及文化传统，寓就业指导于活动之中，不断加深学生对专业知识、就业前景、行业动态的了解，进一步明确就业方向。

五是通过企业专家讲坛、优秀毕业生报告、企业实地参观等各种形式，进行全新职业教育引导，帮助其了解、分析中职学生的就业形势，明确学生在校期间自我培养和学习目标，使其全身心地投入到学习中去。

六是搭建信息平台，在校园网内设置"就业咨询""招聘信息"等专版，利用互联网，实时更新企业用工信息，构筑企业与学校、企业与学生、学校与学生及学生与学生间的交流平台。另外，大连市出台了"中职落户"和"中职免费"两大优惠政策，为中职生顺利就业铺平了道路。

（二）坚持"立德树人"，以赛促教，创新人才培养模式，提升毕业生就业竞争力

围绕立德树人根本任务，积极开展社会主义核心价值观教育，提出德技并重、品能兼修的培养目标，积极推进"产业文化进教育、工业文化进校园、企业文化进课堂"，注重将城市文化和城市精神融入学校文化建设，形成了"一校一品"的学校文化品牌，为学生营造了良好的德育氛围。另外，立足服务区域经济社会发展，积极创新由职教集团和行业协会牵头组织实施，企业积极参与的职业院校市级大赛办赛机制，覆盖全市70%以上的职业院校在校生和80%以上的职业院校，以赛促教，有效推动了产教结合，深化了校企合作，促进了人才培养模式的创新。全市毕业生的就业竞争力不断提高，就业率连续多年保持在96.00%以上。

（三）深化校企合作，开创就业新天地

鼓励各校通过"校企合作开展订单培养、校企互惠创建校内人才培养基地、校企牵手共建校外实训基地、校企互助建立校内项目工作室、校企联姻组建生产性实训基地、校企一体打造特色专业"等多种形式，构建教室、车间一体化，教学、生产一体化，教师、工程师一体化，学生、员工一体化的教学模式，建立"理论学习—社会实践—见习—顶岗实习—就业"的"一条龙"服务体系，为学生就业创业搭建了直通平台。

（四）做好升学服务，不断满足毕业生多样化发展需求

随着中职学生发展需求的上移，升学学生人数逐年增加，并已经成为衡量地区就业质量高低的重要指标。为满足快速增长的升学需求，各校设置专门升学辅导班，单独制订升学班教学计划，配备优秀教师担任升学辅导教师，加强备考和教学过程管理，并

开展多种形式的竞赛、助学、促学活动，不断提高升学服务工作水平，使就读中职学校的学生也能够顺利实现升学的梦想。另外，依托已成立的职教集团内各级职业院校，搭建中高职衔接平台，通过3+2、保送、设置单独招生计划等方式，建立大连职业技术学院、辽宁轻工学院、大连科技学院等一批高职学校对口电子、轻工、女子等中职学校的一体化培养平台。

四、发展趋势预测

（一）中等职业学校毕业生仍将供不应求

大连作为东北亚区域中心城市，其独特的产业、资源、环境、政策及区位等方面的优势，将吸引大批企业进驻，对一线技能型人才需求旺盛，必将为全市中职毕业生提供广阔的就业平台。与此同时，受人口自然出生率下降等因素影响，大连经济社会的快速发展和不断减少的劳动力之间的矛盾，必将导致未来大连中等职业学校毕业生出现供不应求的局面。

（二）中等职业学校毕业生升学比例将进一步扩大

近几年，各级教育行政部门致力于构建中高职一体直通车，为中等职业学校毕业生继续深造敞开了方便之门。同时，大量的新技术、新工艺不断应用到生产实践中，对一线技能人才提出了更高的要求，部分岗位中等职业学校毕业生已无法胜任，升入高等学府继续深造的需求水涨船高。2016年，大连市中等职业学校毕业生升学3 073人，占就业学生总数的21.09%，较2015年增加179人，升学比例连续上升。未来，中等职业学校毕业生升学比例必将进一步提升。

青岛市中等职业学校毕业生就业状况

2016年，青岛市中等职业学校毕业生总数为24 859人，就业学生总数为24 547人，就业率为98.74%，对口就业率为90.08%（见表2-34-1）。

表2-34-1　青岛市中等职业学校毕业生就业总体状况

项目	2015年	2016年
毕业生总数/人	24 556	24 859
就业学生总数/人	24 304	24 547
就业率/%	98.97	98.74

一、总体状况

（一）就业去向

青岛市24 547名就业学生中，到国家机关和企事业单位的有8 229人，占就业学生总数的33.52%；合法从事个体经营的有1 344人，占5.48%；以其他方式（包括应征入伍等）就业的有1 913人，占7.79%；升入高一级学校就读的有13 061人，占53.21%（见图2-34-1）。

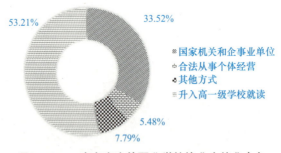

图2-34-1　青岛市中等职业学校毕业生就业去向

（二）产业分布

从事第一产业的毕业生人数为297人，占直接就业学生的2.59%，从事第二产业的为3 750人，占32.65%；从事第三产业的为7 439人，占64.76%（见表2-34-2）。

表2-34-2　青岛市中等职业学校毕业生就业产业分布

产业分布	2015年		2016年	
	就业人数/人	占直接就业人数比例/%	就业人数/人	占直接就业人数比例/%
第一产业	412	3.07	297	2.59
第二产业	4 159	31.00	3 750	32.65
第三产业	8 845	65.93	7 439	64.76

（三）就业地域

就业地域分为本地、异地和境外。本地就业的毕业生人数为10 451人，占直接就业学生的90.99%；异地就业的为890人，占7.75%；境外就业的为145人，占1.26%（见表2-34-3）。

表2-34-3　青岛市中等职业学校毕业生就业地域

就业地域	2015年		2016年	
	就业人数/人	占直接就业人数比例/%	就业人数/人	占直接就业人数比例/%
本地	17 337	93.58	10 451	90.99
异地	1 143	6.17	890	7.75
境外	47	0.25	145	1.26

（四）就业渠道

通过学校推荐就业的毕业生人数为9 377人，占直接就业学生的81.64%；通过中介介绍就业的为88人，占0.77%；通过其他渠道就业的为2 021人，占17.59%（见图2-34-2）。

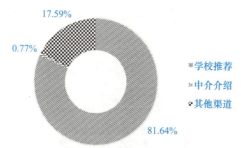

图2-34-2　青岛市中等职业学校毕业生就业渠道

与2015年相比，2016年青岛市中等职业学校毕业生就业呈现出以下特点：

一是就业率和对口就业率较高且稳定。通过数据分析，发现近几年我市中职毕业生有较高的就业率和对口就业率，2015年度就业率达到98.97%，对口就业率达到

85.47%，2016年就业率达到98.47%，对口就业率达到90.08%，这体现出我市中职学校各专业毕业生继续保持供不应求局面，毕业生就业质量有明显提高，对我市经济发展提供了重要的技术人才支撑。

二是对口就业人数比例增加。2015年我市对口就业率为86.35%，比2014年提高近0.40%，而2016年对口就业率达到90.08%，比2015提高近3.73%。对口就业率的提升体现了学生就业岗位与所学专业基本吻合，对专业知识的掌握水平不断提升，具备了社会就业适应能力；体现出社会对中职技能型人才的较大需求。

三是取得职业资格证书比例稳定。我市一直执行"双证书"毕业制度，2014年学生职业证书的取得率达到96.54%，2015年为96.81%，2016年为96.16%，其中部分专业的学生还考取了两个以上的技能证书。除部分专业无法考取外，其他专业考核技能证书的比例达到100.00%。技能证书的考取体现出学生专业技能的职业素养较高，对学生求职和就业有助推作用。

四是升入高一级学校的毕业生比例增加。我市近几年非常重视中高职衔接工作，对此工作进行了充分的调研，同时积极争取省教育厅和有关高校的支持，为部分想升学深造的中职学生提供了条件，2015年升学比例为44.34%，2016年升学人数为13 061人，占53.21%。

二、各专业大类就业状况

根据《中等职业学校专业目录》确定的19个专业类别，其就业状况如图2-34-3、图2-34-4、图2-34-5、图2-34-6和表2-34-4所示。

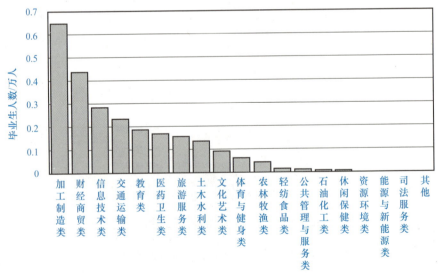

图2-34-3　青岛市中等职业学校各专业大类毕业生人数

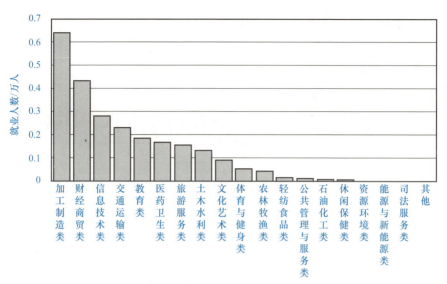

图2-34-4 青岛市中等职业学校各专业大类毕业生就业人数

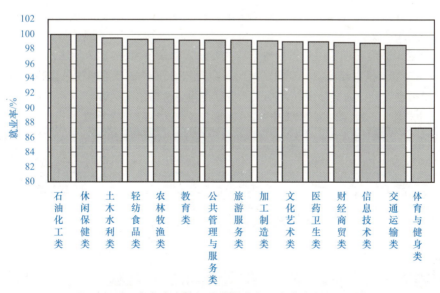

图2-34-5 青岛市中等职业学校各专业大类毕业生就业率

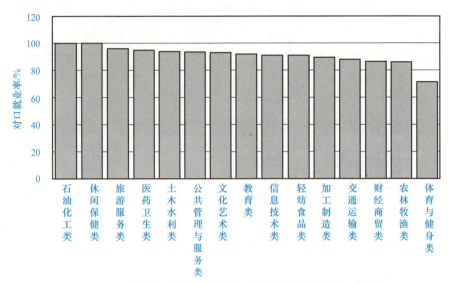

图2-34-6 青岛市中等职业学校各专业大类毕业生对口就业率

从专业分类看，对口就业状况最好的是石油化工类和休闲保健类专业，就业率为100.00%。旅游服务类专业就业率为99.17%，医药卫生类专业就业率为98.99%，土木水利类专业就业率为99.48%。

从毕业生人数看，加工制造类专业毕业生人数最多，为6 469人，占毕业生总数的26.02%；其次是财经商贸类专业，毕业生人数为4 382人，占17.63%；信息技术类专业毕业生人数为2 836，占11.41%，资源环境类、能源与新能源类、司法服务类和其他专业均无毕业学生。

从就业人数看，加工制造类专业毕业生就业人数最多为6 411人，占就业学生总数的26.12%；其次是财经商贸类专业，就业人数为4 335人，占就业学生总数的17.66%；休闲保健类专业就业人数最少，为60人，占就业学生总数的0.24%。

表2-34-4 青岛市中等职业学校各专业大类毕业生状况

专业类别	毕业生人数/人	就业人数/人	就业率/%	对口就业人数/人	对口就业率/%
石油化工类	65	65	100.00	65	100.00
休闲保健类	60	60	100.00	60	100.00
土木水利类	1 347	1 340	99.48	1 267	94.06
轻纺食品类	147	146	99.32	134	91.16
农林牧渔类	436	433	99.31	376	86.24
教育类	1 866	1 852	99.25	1 718	92.07
公共管理与服务类	127	126	99.21	119	93.70
旅游服务类	1 567	1 554	99.17	1 505	96.04

续表

专业类别	毕业生人数/人	就业人数/人	就业率/%	对口就业人数/人	对口就业率/%
加工制造类	6 469	6 411	99.10	5 807	89.77
文化艺术类	920	911	99.02	855	92.93
医药卫生类	1 689	1 672	98.99	1 606	95.09
财经商贸类	4 382	4 335	98.93	3 796	86.63
信息技术类	2 836	2 804	98.87	2 591	91.36
交通运输类	2 338	2 305	98.59	2 060	88.11
体育与健身类	610	533	87.38	435	71.31
资源环境类	0	0	—	0	—
能源与新能源类	0	0	—	0	—
司法服务类	0	0	—	0	—
其他	0	0	—	0	—

三、工作举措

（一）推进现代职教体系建设，搭建人才成长"立交桥"

我市在大力发展中等职业教育的同时，加快推进中职与高职一体化"五年制高等职业教育"建设，并适当扩大了中职与本科"3+4"对口贯通分段培养试点学校和专业。2016年中职毕业生中，53.21%的毕业生升入高职或普通高校进行深造。我市在部分学校开展了职业教育与普通高中学分互认、学籍互转试点，初步构建起了上下贯通、左右融通的现代职教体系和"人才培养立交桥"。同时，在全市开展了中高职专业联盟建设，进行现代学徒制试点，推进中高职一体化发展，在落实教育部中等职业学校实习管理规定的基础上，加强我市实习安全管理和"八不准"要求等。

（二）加强重点职业学校和骨干专业建设，提升人才培养质量

继续全面实施以名牌学校、名牌专业为主要内容的"双名牌工程"，根据《山东省教育厅山东省财政厅关于继续实施山东省中等职业学校品牌专业建设计划的通知》要求，加强青岛市中职学校品牌建设工作；根据青岛市产业发展实际，按照专业对接产业的原则，提升中职学校内涵发展水平。青岛市继续实施对获得多个技能证书学生的奖励政策，不仅减轻了学生和家庭的经济压力，也为学生专业技能的提升提供了有利条件。青岛市教育局的"现代学徒制区域性统筹实施的研究"获得全国教育科学规划重点课题立项，青岛电子学校"'3+4'对口贯通分段培养职业教育模式的构建研究"获得全国

教育科学规划课题立项。

(三) 完善实习就业管理政策，构建就业指导服务体系

（1）完善实习就业管理政策，重点加强实习期间的安全教育和落实管理规定的"八不准"工作。根据教育部出台的《中等职业学校实习管理规定》，结合我市2014修订的《青岛市中等职业学校学生实习管理办法》，对实习安全工作进行严格落实，对管理办法中部分规定实行底线管理，以维护学生的合法权益，为中职学生的实习就业打下扎实基础。

（2）提升职业指导水平，提高就业管理能力。我市非常重视学校就业管理人员的培训工作。2016年6月，由教育部职业教育中心研究所牵头，在杭州职业技术学院举办了为期9天的全市分管招生、实习、就业工作的校长和主任参加的青岛市招生实习就业工作培训会，期间邀请教育部及国内职教名家对参训学员进行系统的学习培训，参观考察当地有关企业和职业院校，共同研究职业学校招生实习就业相关问题，完善职业指导与就业服务工作体系。我市还结合"三创"教育活动，开展创新创客教育，在部分中职学校进行"三创"试点工作，在《职业生涯规划》《创业教育》的基础上，加强对中职学生的创业能力和职业素养的培养。

（3）开展现代学徒制试点，继续完善校园招聘专场制度，助推学生优质就业。2015年，我市被教育部列为首批现代学徒制试点地区，特别是教育部重点课题的立项实施。我市教育局、财政局、经信委联合印发了《青岛市现代学徒制试点工作实施方案》，现在已经遴选出了部分优秀企业和职业学校成为现代学徒制试点单位。要加强与试点单位的联系沟通，特别是探索现代学徒制人才培养评价体系建设，提升人才培养质量。继续举办校园专场招聘会，为学生实习就业、为企事业单位的用工需求搭建服务平台。专场招聘会一直深受家长和社会的欢迎。

（4）"发扬工匠精神"，继续开展"职教义工志愿服务"活动。青岛市在中职学校开展"工匠精神"主题活动，将工匠对所从事工作追求卓越的创造精神、精益求精的品质精神、用户至上的服务精神融入学生的日常学习，以提升学生对专业的热爱和职业素养。同时，为发挥职业教育的办学特色和专业特长，提高职业教育服务社会的能力，2017年我市继续开展"职教义工进社区"和职业体验活动，加大职业学校服务社区、服务居民的能力，通过让居民走进职业学校、送课到社区活动，提升职业教育的社会影响力。

四、发展趋势预测

(一) 社会发展需要综合素养高的人才，职业教育吸引力增强

按照习近平总书记提出的"发扬工匠精神"和李克强总理提出的"实现职业教育跨

越式发展"要求，随着社会经济和产业调整，用工企业对技术技能型人才需求会持续增加，对职业素养和职业能力水平有较高的认可度。要培养综合素养高的中职人才，还需要有关中职学校对专业认真定位，对人才培养目标进行合理实施，对中职学生的职业素养提升进行扎实推进，这也将是中职学校吸引更多学生、被社会认可的重要衡量指标。

（二）毕业学生需求会继续走高，需要关注中职毕业学生的职业生涯发展

中职毕业生就业一直受到社会的关注，中职学校培养的学生能否满足社会和经济发展的需要，将会是各中职学校最关注和重视的。现在大多数企业存在用工短缺问题，所以在短时间内社会对中职学生的就业需求会继续走高，但是社会和企业将会更加注重学生综合能力水平。中职毕业生职业素养的提高至关重要，中职学生要明确就业不仅是要获得一份工作，而且是要获得一个充分发挥其技能特长并获得尊重的职位，也是个人职业生涯的重要起点。

宁波市中等职业学校毕业生就业状况

2016年，宁波市中等职业学校毕业生总数为21 053人，就业学生总数为20 897人，就业率为99.26%。与2015年相比，2016年毕业生总数、就业人数有所减少，就业率略微上升（见表2-35-1）。

表2-35-1 宁波市中等职业学校毕业生就业总体状况

项目	2015年	2016年
毕业生总数/人	21 359	21 053
就业学生总数/人	21 173	20 897
就业率/%	99.13	99.26

一、总体状况

（一）就业去向

2016年宁波市20 897名就业学生中，到国家机关和企事业单位工作的有6 265人，占就业学生总数的29.98%；合法从事个体经营的有1 376人，占6.58%；以其他方式就业的有2 543人，占12.17%；升入高一级学校就读的有10 713人，占51.27%（见图2-35-1）。

图2-35-1 宁波市中等职业学校毕业生就业去向

（二）产业分布

2016年从事第一产业的毕业生人数为400人，占直接就业人数的3.93%；从事第二产业的为2 252人，占22.11%；从事第三产业的为7 532人，占73.96%。与2015年相比，2016年从事第一产业的毕业生比例有所增加、从事第二产业的毕业生比例有较明显的下降，从事第三产业的毕业生比例有明显的上升（见表2-35-2）。

表2-35-2　宁波市中等职业学校毕业生就业产业分布

产业分布	2015年		2016年	
	就业人数/人	占直接就业人数比例/%	就业人数/人	占直接就业人数比例/%
第一产业	271	2.48	400	3.93
第二产业	3 342	30.58	2 252	22.11
第三产业	7 314	66.94	7 532	73.96

（三）就业地域

就业地域分为本地、异地和境外。2016年本地就业的毕业生人数为9 037人，占直接就业人数的88.74%；异地就业的为1 094人，占10.74%；境外就业的为53人，占0.52%，本地就业率第一次低于90.00%。与2015年相比，2016年异地和境外就业比例有所上升（见表2-35-3）。

表2-35-3　宁波市中等职业学校毕业生就业地域

就业地域	2015年		2016年	
	就业人数/人	占直接就业人数比例/%	就业人数/人	占直接就业人数比例/%
本地	9 988	91.40	9 037	88.74
异地	923	8.45	1 094	10.74
境外	16	0.15	53	0.52

（四）就业渠道

2016年通过学校推荐就业的毕业生人数为5 853人，占直接就业人数的57.47%；通过中介介绍就业的为269人，占2.64%；通过其他渠道就业的为4 062人，占39.89%（见图2-35-2）。

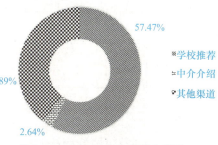

图2-35-2　宁波市中等职业学校毕业生就业渠道

与2015年相比，2016年宁波市中等职业学校毕业生就业呈现出以下特点：

一是进入企事业单位仍然是中职学生的主要就业方向，从事个体经营比例持续下降。宁波市自2012年起推行中高职一体化人才培养；2014年起稳定职业学校3+2和五年一贯制招生规模。2016年，宁波市中等职业学校毕业生中，51.27%的学生升入高职学校继续深造，升学比例实现稳定上升；进入企事业单位的毕业生占就业学生总数的29.98%，比2015年略有上升；合法从事个体经营的比例为6.58%，较2015年有明显下降。

二是就业于各产业的比例稳定。第二、第三产业仍为宁波市中职学生就业的主要领域。2016年，宁波市中职就业毕业生中，第一产业占比3.93%，第二产业占比22.11%，第三产业占比73.96%。第三产业就业比例较2015年提高了7.02%，第一产业提高了1.45%，第二产业就业比例下降明显。

三是本地为中职学生就业的主要选择地域。本地就业毕业生人数占就业学生总数的88.74%，比2015年略有下降。

二、各专业大类就业状况

根据《中等职业学校专业目录》确定的19个专业类别，其就业状况如图2-35-3、图2-35-4、图2-35-5、图2-35-6和表2-35-4所示。

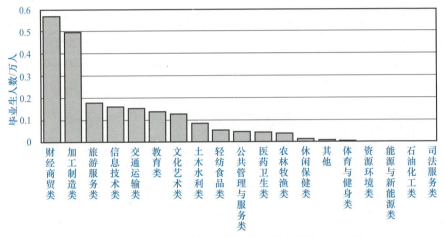

图2-35-3　宁波市中等职业学校各专业大类毕业生人数

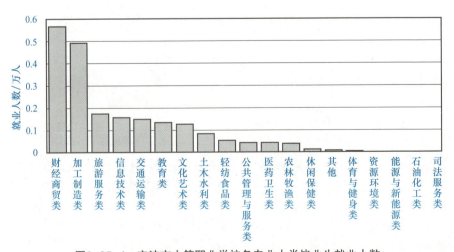

图2-35-4　宁波市中等职业学校各专业大类毕业生就业人数

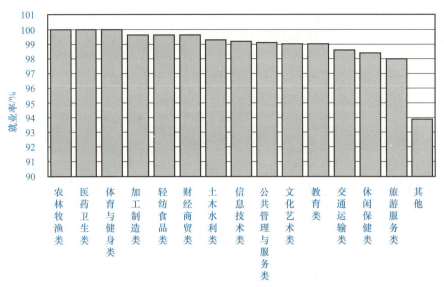

图2-35-5　宁波市中等职业学校各专业大类毕业生就业率

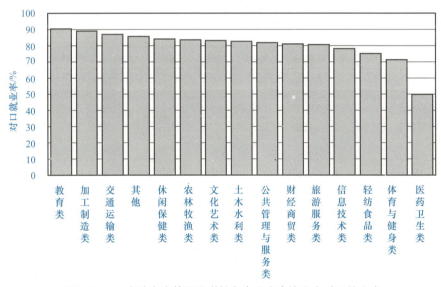

图2-35-6　宁波市中等职业学校各专业大类毕业生对口就业率

从毕业生人数看，财经商贸类专业毕业生人数最多，为5 703人，占毕业生总数的27.09%；其次是加工制造类专业，毕业生人数为4 951人，占23.52%。资源环境类、能源与新能源类、石油化工类、司法服务类专业无毕业生；农林牧渔类专业毕业生人数为392人，占毕业生总数的1.86%；休闲保健类专业毕业生人数为128人，占0.61%。

从就业学生人数看，财经商贸类专业毕业生就业人数最多，为5 682人，占就业学生总数的27.19%；其次是加工制造类专业，就业人数为4 932人，占23.60%。资源环境类、能源与新能源类、石油化工类、司法服务类专业无就业学生；农林牧渔类专业的就业人数为392人，占就业学生总数的1.88%；休闲保健类专业的就业人数为126人，占0.60%。

从专业分类看，就业状况最好的是农林牧渔类、医院卫生类和体育与健身类专业，就业率为100.00%。教育类专业对口就业率最高，为90.50%。

表2-35-4　宁波市中等职业学校各专业大类毕业生状况

专业类别	毕业生人数/人	就业人数/人	就业率/%	对口就业率/%
农林牧渔类	392	392	100.00	83.70
医药卫生类	438	438	100.00	49.80
体育与健身类	28	28	100.00	71.40
加工制造类	4 951	4 932	99.60	88.90
轻纺食品类	527	525	99.60	75.00
财经商贸类	5 703	5 682	99.60	81.20
土木水利类	833	827	99.30	82.80
信息技术类	1 592	1 580	99.20	77.90
公共管理与服务类	444	440	99.10	82.00
文化艺术类	1 278	1 265	99.00	83.20
教育类	1 357	1 343	99.00	90.50
交通运输类	1 518	1 496	98.60	86.80
休闲保健类	128	126	98.40	84.10
旅游服务类	1 782	1 746	98.00	80.40
其他	82	77	93.90	85.70
资源环境类	0	0	—	—
能源与新能源类	0	0	—	—
石油化工类	0	0	—	—
司法服务类	0	0	—	—

三、工作举措

（一）多途径拓宽就业渠道，提供更广泛的服务与支持

1．积极利用网络平台，加快信息的互动

我市中职学校积极参与宁波市教育局校企通平台建设，通过校企通平台收集大量专

业对口的企业需求信息，放入学校网站，让学生自己去点击查看，或者指导学生直接登录校企通网站查询就业信息，通过网络搭建学生和企业直接交流的平台，拓宽学生就业选择的渠道。

2. 充分发挥学校外联就业部门的作用，为学生就业提供有效支持

我市各中职学校均建有专门负责学生就业服务的处室部门，配有专职师资力量。中职学校的外联就业处，积极参加所在乡镇的企业招聘会，向社会收集就业信息，开拓就业市场，关注社会各领域对人才的需求状况，及时反馈给学校的班主任和学生，使学生就业路子不断增多，就业信息广泛。

3. 积极发挥职教集团内企业合作优势，依托校企合作平台，推进中职学生就业服务工作

一方面，校企双方积极合作，加强对实习生的指导与管理，校企合作单位每年都为我市中职学校学生提供稳定的实习就业岗位，提高了实习生就业率；另一方面，各中职学校采用外出走访、打电话等方式，积极联系专业对口的用人单位来校选拔优秀毕业生，开展各种形式的就业指导服务活动，提高了学生就业质量。

（二）立足"三满意"目标，为学生成才搭建更大舞台

1. 举行"三会三统一"招聘会

"三会三统一"是我市中职学校开展毕业生就业服务的一大亮点。"三会"：学生座谈会，了解学生的需求岗位、希望的工资待遇；各校企合作单位、职教集团理事单位研讨会，学校对各单位提出管理要求和学生希望的工资待遇；实习学生家长会，听取家长对孩子工作的期望，给孩子做好参考。"三统一"：学校统一走访用人单位（便于学生、家长了解单位的地理位置、星级、规模、住宿条件等）；统一巡视，跟踪考核（掌握学生的就业状况）；统一标准推荐，加强管理，公开、公平、公正地推荐学生就业。这种做法，把家长、学生和企业的需求进行了统一协调，提高了中职学校学生就业服务工作的效益。

2. 就业指导专业化

我市中职学校都非常重视对在校生开展就业指导教育。如邀请专家来校给毕业生开设专题讲座，内容包括职业素养提升、面试技巧、职业生涯规划、劳动合同签订等。通过就业指导，引导毕业生树立正确的择业观和成才观，做好就业前的思想准备和心理准备，鼓励毕业生"先就业，后择业，再创业"，增强中职学生职业选择的市场意识、法制意识和竞争意识。

3. 为学生的继续学习提供信息服务

我市中职学校与宁波大学、宁波城市职业技术学院、宁波工程学院、宁波教育学院、宁波电大等高校保持紧密联系，及时将高等院校的各类继续教育信息反馈给学生，供有需要的学生选择。许多学生在就业后，还利用节假日参加高等学历继续教育，积极"充电"，不断提高自身素养，同时也提升了自身的就业竞争力。

四、发展趋势预测

（一）就业率趋于稳定，就业质量持续提升

我市中职学校毕业生就业率连续多年保持在95.00%以上，从一个角度反映出我市中职学校专业结构和布局与区域产业结构紧密契合。在高就业率的同时继续保持就业稳定性和提高就业质量是我市中职学校下一阶段就业工作的重要着力点。

（二）就业结构呈稳步调整趋势，专业结构调整与就业结构变化基本保持一致

随着我市产业结构的转型升级，传统类行业就业人群比例相对会略有下降，而新兴行业、政策重点扶持行业就业人数则相应增加。

（三）中高职协调发展推进力度加大，升学人数将进一步适当增加

我市中职学校"3+2"、五年一贯制、TAFE等招生人数将稳步增加，就业去向中以第三产业统计的比例将会进一步增大。

（四）就业影响因素中学生主体意识的作用将会进一步凸显

人才培养质量除客观条件影响外，学生主体意识的影响更为重要。我市中职学校在学生就业指导中，更加关注学生的职业目标定位和职业生涯规划，在抓就业率的同时强化学生专业认同感，切实提高就业的专业对口性和可持续发展性。

厦门市中等职业学校毕业生就业状况

2016年度，厦门市中等职业学校（包括普通中专、职业高中，下同）毕业生总数为8 151人，就业学生总数为8 006人，就业率为98.22%（以下数据取至小数点后两位）。与2015年相比，2016年厦门市中等职业学校毕业生总数减少2 567人，就业率增加0.48%（见表2-36-1）。

表2-36-1　厦门市中等职业学校毕业生就业总体状况

项目	2015年	2016年
毕业生总数/人	10 718	8 151
就业学生总数/人	10 476	8 006
就业率/%	97.74	98.22

一、总体状况

（一）就业去向

厦门市中等职业学校8 006名就业学生中，到国家机关和企事业单位的毕业生人数为4 026人，占就业学生总数的50.29%；合法从事个体经营的毕业生人数为522人，占就业学生总数的6.52%；以其他方式就业的毕业生人数为822人，占就业学生总数的10.26%；升入高一级学校就读的毕业生人数为2 636人，占就业学生总数的32.93%。扣除升入高一级学校的毕业生后，直接就业的人数为5 370人（见图2-36-1）。

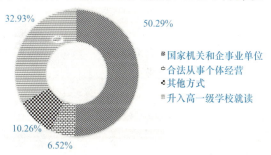

图2-36-1　厦门市中等职业学校毕业生就业去向

(二)产业分布

从事第一产业的毕业生人数为136人,占直接就业学生人数的2.53%;从事第二产业的毕业生人数为1 236人,占直接就业人数的23.02%;从事第三产业的毕业生人数为3 998人,占直接就业人数的74.45%。与2015年相比,2016年第三产业的毕业生人数的比例有所提升,第一、第二产业的毕业生人数的比例都有所下降。

表2-36-2　厦门市中等职业学校毕业生就业产业分布

产业分布	2015年		2016年	
	就业人数/人	占直接就业人数比例/%	就业人数/人	占直接就业人数比例/%
第一产业	369	4.77	136	2.53
第二产业	2 861	36.99	1 236	23.02
第三产业	4 505	58.24	3 998	74.45

(三)就业地域

就业地域分为本地、异地和境外。本地就业的毕业生人数为4 438人,占直接就业人数的82.64%;异地就业的毕业生人数为911人,占直接就业人数的16.96%;境外就业的毕业生人数为21人,占直接就业人数的0.40%。与2015相比,2016年异地和境外就业人数占直接就业人数的比例有所上升,本地就业的比例有所下降(见表2-36-3)。

表2-36-3　厦门市中等职业学校毕业生就业地域

就业地域	2015年		2016年	
	就业人数/人	占直接就业人数比例/%	就业人数/人	占直接就业人数比例/%
本地	6 476	83.72	4 438	82.64
异地	1 236	15.98	911	16.96
境外	23	0.30	21	0.40

(四)就业渠道

通过学校推荐就业的毕业生人数为3 997人,占直接就业人数的74.43%;通过中介介绍就业的毕业生人数为57人,占直接就业人数的1.06%;通过其他渠道就业的毕业生人数为1 316人,占直接就业人数的24.51%(见图2-36-2)。与2015年相比,2016年通过学校推荐和其他渠道就业的毕业生人数占直接就业人数的比例有所上升,通过中介介绍就业的毕业生人数占直接就业人数的比例有所下降。

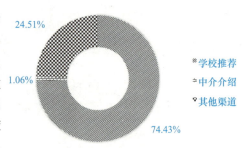

图2-36-2　厦门市中等职业学校毕业生就业渠道

与2015年相比,2016年厦门市中等职业学校毕业生就业呈现出以下特点:

一是"专业三强"没变,财经商贸类专业仍保持第一。2016年,毕业生人数位居前三位的仍是财经商贸类、信息技术类、加工制造类专业。财经商贸类专业毕业生人数依旧最多,为2 255人,占毕业生总数的27.67%。

二是分布合理,第三产业居首。伴随产业结构调整,中职毕业生就业的产业分布趋于合理。从事第一产业的中职毕业生有136人,占直接就业人数的2.53%;从事第二产业的有1 236人,占直接就业人数的23.02%;从事第三产业的有3 998人,占直接就业人数的74.45%。与2015年相比,2016年从事第三产业的毕业生人数的比例有所提升,从事第一、第二产业的毕业生人数的比例都有所下降。

三是渠道多样,学校推荐为主。2016年,在本地就业的中职毕业生人数为4 438人,占直接就业人数的82.64%;异地就业的毕业生人数为911人,占直接就业人数的16.96%;境外就业的毕业生人数为21人,占直接就业人数的0.40%。通过学校推荐就业的毕业生人数为3 997人,占直接就业人数的74.43%;通过中介介绍就业的毕业生人数为57人,占直接就业人数的1.06%;通过其他渠道就业的毕业生人数为1 316人,占直接就业人数的24.51%。学校推介仍是就业主要渠道,但2016年通过其他渠道就业的毕业生人数占比相对2015年增加了1.83%,毕业生就业渠道有所拓宽。

二、各专业大类就业状况

根据《中等职业学校专业目录》确定的19个专业类别,其就业状况如图2-36-3、图2-36-4、图2-36-5、图2-36-6和表2-36-4所示。

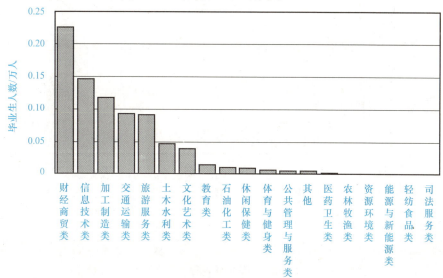

图2-36-3 厦门市中等职业学校各专业大类毕业生人数

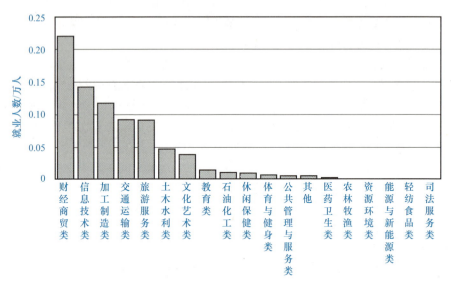

图2-36-4 厦门市中等职业学校各专业大类毕业生就业人数

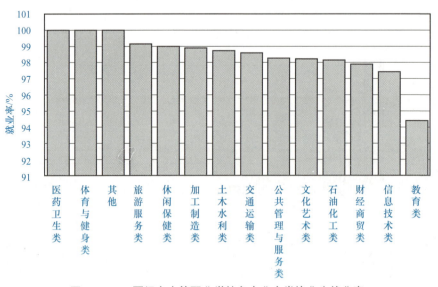

图2-36-5 厦门市中等职业学校各专业大类毕业生就业率

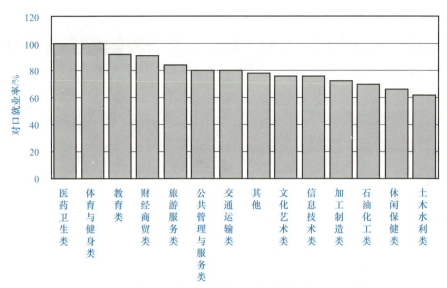

图2-36-6　厦门市中等职业学校各专业大类毕业生对口就业率

从毕业生人数看，财经商贸类专业毕业生人数最多，为2 255人，占毕业生总数的27.67%；其次是信息技术类专业，毕业生人数为1 463人，占毕业生总人数的17.95%；毕业生数最少的是医药卫生类专业，为25人，占毕业生总数的0.31%。

从就业人数看，财经商贸类专业毕业生就业人数最多，为2 207人，占就业学生总数的27.57%；其次是信息技术类专业，毕业生就业人数为1 425人，占就业学生总数的17.80%；毕业生就业人数最少的是医药卫生类专业，为25人，占就业学生总数的0.31%。

从专业分类看，就业状况最好的是医药卫生类、体育与健身类、其他专业，就业率高达100.00%；其次是旅游服务类专业，就业率为99.13%；休闲保健类、加工制造类、土木水利类、交通运输类、公共管理与服务类专业处于就业率的平均水平以上；文化艺术类、石油化工类、财经商贸类、信息技术类、教育类专业就业率均在90.00%以上。

表2-36-4　厦门市中等职业学校各专业大类毕业生状况

专业类别	毕业生人数/人	就业人数/人	就业率/%	对口就业人数/人	对口就业率/%
医药卫生类	25	25	100.00	25	100.00
体育与健身类	67	67	100.00	67	100.00
其他	50	50	100.00	39	78.00
旅游服务类	920	912	99.13	775	84.24
休闲保健类	98	97	98.98	65	66.33
加工制造类	1 182	1 169	98.90	858	72.59
土木水利类	467	461	98.72	289	61.88

续表

专业类别	毕业生人数/人	就业人数/人	就业率/%	对口就业人数/人	对口就业率/%
交通运输类	927	914	98.60	745	80.37
公共管理与服务类	57	56	98.25	46	80.70
文化艺术类	390	383	98.21	297	76.15
石油化工类	107	105	98.13	75	70.09
财经商贸类	2 255	2 207	97.87	2 051	90.95
信息技术类	1 463	1 425	97.40	1 112	76.01
教育类	143	135	94.41	132	92.31
农林牧渔类	0	0	—	0	—
资源环境类	0	0	—	0	—
能源与新能源类	0	0	—	0	—
轻纺食品类	0	0	—	0	—
司法服务类	0	0	—	0	—

三、工作举措

（一）提前规划，全员参与

厦门市各中职院校都将毕业生就业工作纳入学校重要议事日程，成立专门的部门和领导小组指导就业工作，定期召开专题会议研究毕业生就业规划，不断适应市场需求。各校的毕业生就业工作基本形成了全员参与的形势，由就业指导部门牵头，教务处、学生处、各教研室全体动员，共同为本校就业工作建言献策。

（二）贴近市场，顺应潮流

由于厦门市地处海西经济建设的重要前沿，同时具有与闽台交流合作的得天独厚的优势，因此厦门市中职学校的毕业生在就业方面既面临着机遇，又面临着挑战。说机遇，是因为特区经济的发展以及闽台交流合作给厦门市提供了更多的就业机会，在就业领域上拓宽了不少；说挑战，是因为越来越多的人才涌入厦门，就业的竞争和压力也随之增加。

当面临这样的机遇和挑战时，厦门的中职院校及时调整就业方向和就业指导策略，各专业教学结合社会需求和专业特点，下大力气培养适销对路的应用型人才，不断增强毕业生的就业竞争力。

(三) 加强指导，提升毕业生就业质量

毕业生就业工作是一项长期规划，学校从学生入学开始就开展适当的就业教育，引导学生进行职业生涯规划，了解自己的兴趣和需求，以便在今后的就业中，找到更适合自己、更顺应市场的就业岗位。同时，学校通过校企合作、工学交替、"订单式培养"等方式，提前让学生了解就业市场、了解工作内容，从而为企业培养了大批"适销对路"的就业人员。

(四) 就业方向多元化，鼓励创业

从就业方向来看，厦门市中职校毕业生并非集中于某一领域或某几个领域，而是呈现出"全面开花"的局面。与2014年相比，除了较为热门的财经商贸类、加工制造类外、信息技术类专业外，新涉及了公共管理与服务类、休闲保健类等各方面，从各专业就业人数来看，与厦门市中职校整体专业设置相匹配，结构较为合理。

此外，为了更好地鼓励优秀人才的创新，学校也十分鼓励学生毕业后创业，并在学生创业方面给予指导和支持。

(五) 搭建平台，促进就业

厦门市中职院校探索"走出去，请进来"的就业工作方法。各校广泛联系用人单位，参加校企合作洽谈会，邀请著名校友回校开展关于就业方面的讲座，组织大型校园供需见面会，建设实习基地等，努力开拓就业市场。

四、发展趋势预测

(一) 第三产业相关专业热度不减

从2016年的毕业生人数和就业人数看，第三产业相关专业的毕业生人数居首，其中财经商贸类专业毕业生人数最多，为2 255人，占毕业生总数的27.67%。这一现象与当今社会财经商贸需要量增加有很大关系，学生在专业选择上热衷于报考时下最热门、最容易就业的专业。这一点从长远看，仍会是中职院校的就业趋势，即第三产业，尤其是财经商贸类专业的毕业生人数和就业人数在所有专业大类中将居于前列。

(二) 传统行业相关专业有待创新

从2016年的就业形势来看，医药卫生类、体育与健身类等专业的毕业生人数、就业人数都处于末位，这主要受目前市场环境及政策影响。第一产业等传统行业的就业不景气、工资待遇较低、社会认可度不高等，使各中职院校在这些专业上的投入和关注有

所减少。因此，在传统专业的建设上，只有有所创新突破，才能改变现状。

（三）专业分布更加合理，市场导向愈加明显

虽然目前呈现出不同产业、不同专业的毕业、就业形势差异较大的现象，但从专业分布看，我市中职校的专业设置和就业状况还是比较合理的，虽然某些传统行业毕业生人数和就业人数都较少，但就业率仍有保证。今后在专业设置和就业指导上，我市会坚持市场导向的原则，及时跟进市场变化，调整专业设置，并对毕业生进行有效的就业指导。

深圳市中等职业学校毕业生就业状况

2016年，深圳市中等职业学校毕业生总数为18 880人，就业学生总数为18 589人，其中升入高一级学校的有6 075人，直接就业的有12 514人，就业率为98.46%，对口就业率为80.94%（见表2-37-1）。

表2-37-1　深圳市中等职业学校毕业生就业总体状况

项目	2015年	2016年
毕业生总数/人	17 179	18 880
就业学生总数/人	16 932	18 589
就业率/%	98.56	98.46

一、总体状况

（一）就业去向

2016年深圳市中等职业学校就业的18 589名学生中，到国家机关和企事业单位就业的有7 784人，占就业学生总数的42%；合法从事个体经营的有2 225人，占12%；通过其他方式就业的有2 505人，占13%；升入高一级学校就读的有6 075人，占33%（见图2-37-1）。

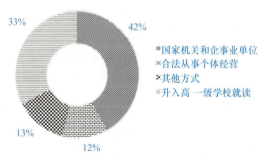

图2-37-1　深圳市中等职业学校毕业生就业去向

（二）产业分布

在直接就业的毕业生中，从事第一产业的有424人，占直接就业人数的3.39%；从事第二产业的有1 490人，占直接就业人数的11.91%；从事第三产业的有10 600人，占直接就业人数的84.70%（见表2-37-2）。

表2-37-2　深圳市中等职业学校毕业生就业产业分布

产业分布	2015年		2016年	
	就业人数/人	占直接就业人数比例/%	就业人数/人	占直接就业人数比例/%
第一产业	1 082	9.04	424	3.39
第二产业	2 246	18.77	1 490	11.91
第三产业	8 636	72.19	10 600	84.70

（三）就业地域

就业地域分为本地、异地和境外。在直接就业的毕业生中，在深圳本地就业的有10 628人，占直接就业人数的84.93%；在异地就业的有1 852人，占直接就业人数的14.80%；在境外就业的有34人，占直接就业人数的0.27%（见表2-37-3）。

表2-37-3　深圳市中等职业学校毕业生就业地域

就业地域	2015年		2016年	
	就业人数/人	占直接就业人数比例/%	就业人数/人	占直接就业人数比例/%
本地	11 124	92.98	10 628	84.93
异地	822	6.87	1 852	14.80
境外	18	0.15	34	0.27

（四）就业渠道

通过学校推荐就业的有8 176人，占直接就业人数的65.33%；通过中介介绍就业的有493人，占直接就业人数的3.94%；通过其他渠道就业的有3 845人，占直接就业人数的30.73%（见图2-37-2）。

图2-37-2　深圳市中等职业学校毕业生就业渠道

与2015年相比，2016年深圳市中等职业学校毕业生就业呈现出以下特点：

一是毕业生就业总数及对口就业率稳步上升。毕业生总数增加1 701人，其中升入高一级学校人数增加1 107人，就业人数增加1 657人，直接就业人数增加550人，对口就业率上升0.57%。

二是就业去向稍有变化。到国家机关和企事业单位就业的人数增加171人，占就业学生总数的比例下降1.43%；合法从事个体经营的人数增加760人，占就业学生总数的比例上升5.33%；通过其他方式就业的人数减少381人，占就业学生总数的比例下降4.10%。

三是第三产业吸引力增强。从事第一产业的人数减少658人，占直接就业人数的比例下降5.65%；从事第二产业的人数减少756人，占直接就业人数的比例下降6.86%；从事第三产业的人数增加1 964人，占直接就业人数的比例上升12.51%。

四是异地就业人数增幅较大。在本地就业人数减少496人，占直接就业人数比例下降8.05%；在异地就业人数增加1 030人，占直接就业人数比例上升7.93%；在境外就业人数增加16人，占直接就业人数比例上升0.12%。

五是就业地点人数有所变化。在城区就业人数增加605人，占直接就业人数比例上升1.08%；在镇区就业人数减少130人，占直接就业人数比例下降1.58%；在乡村就业人数增加75人，占直接就业人数比例上升0.49%。

六是不同就业渠道人数变化较大。通过学校推荐就业的人数减少271人，占直接就业人数比例下降5.27%；通过中介介绍就业的人数减少706人，占直接就业人数比例下降6.08%；通过其他渠道就业的增加1 527人，占直接就业人数比例上升11.36%。

二、各专业大类就业状况

根据《中等职业学校专业目录》确定的19个专业类别，其就业状况如图2-37-3、图2-37-4、图2-37-5、图2-37-6和表2-37-4所示。

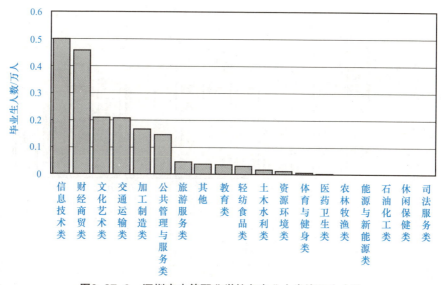

图2-37-3　深圳市中等职业学校各专业大类毕业生人数

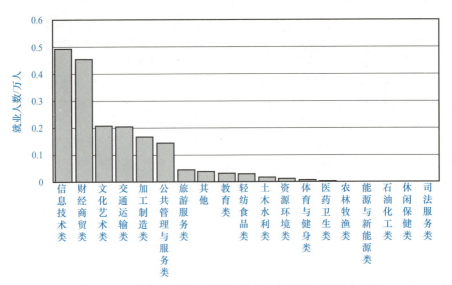

图2-37-4 深圳市中等职业学校各专业大类毕业生就业人数

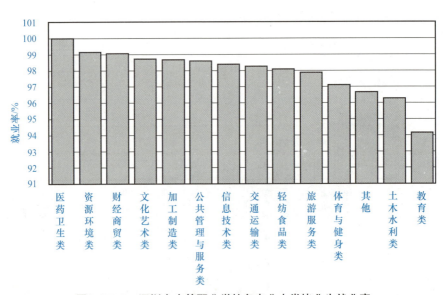

图2-37-5 深圳市中等职业学校各专业大类毕业生就业率

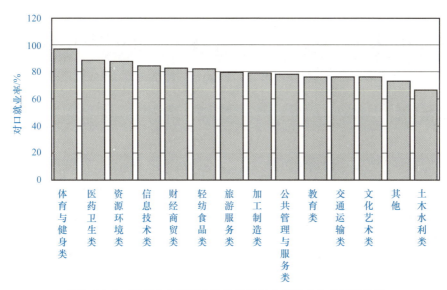

图2-37-6 深圳市中等职业学校各专业大类毕业生对口就业率

从毕业人数和就业人数看,毕业生人数和就业人数最多的是信息技术类和财经商贸类专业,人数均达4 000人以上;毕业生人数和就业人数较多的是文化艺术类、交通运输类、加工制造类和公共管理与服务类专业,人数均达1 400人以上;毕业生人数和就业人数较少的是资源环境类和土木水利类专业,人数均不足200人;毕业生人数和就业人数最少的是医药卫生类和体育与健身类专业,人数均不足100人。

从就业率与对口就业率看,就业率最高的是医疗卫生类专业,达100.00%;就业率较高的是资源环境类和财经商贸类专业,均达99.00%以上;就业率最低的是教育类专业,只有94.17%。对口就业率最高的是体育与健身类专业,达97.10%;对口就业率较高的是医疗卫生类和资源环境类专业,达87.00%以上;对口就业率较低的是其他专业,不足75.00%;对口就业率最低的是土木水利类专业,只有67.02%。

表2-37-4 深圳市中等职业学校各专业大类毕业生状况

专业类别	毕业生人数/人	就业人数/人	就业率/%	对口就业人数/人	对口就业率/%
医药卫生类	37	37	100.00	33	89.19
资源环境类	117	116	99.15	103	88.03
财经商贸类	4 592	4 548	99.04	3 823	83.25
文化艺术类	2 110	2 083	98.72	1 609	76.26
加工制造类	1 682	1 660	98.69	1 337	79.49
公共管理与服务类	1 476	1 455	98.58	1 155	78.25
信息技术类	5 016	4 934	98.37	4 251	84.75

续表

专业类别	毕业生人数/人	就业人数/人	就业率/%	对口就业人数/人	对口就业率/%
交通运输类	2 077	2 041	98.27	1 592	76.65
轻纺食品类	315	309	98.10	260	82.54
旅游服务类	468	458	97.86	375	80.13
体育与健身类	69	67	97.10	67	97.10
其他	390	377	96.67	287	73.59
土木水利类	188	181	96.28	126	67.02
教育类	343	323	94.17	263	76.68
农林牧渔类	0	0	—	0	—
能源与新能源类	0	0	—	0	—
石油化工类	0	0	—	0	—
休闲保健类	0	0	—	0	—
司法服务类	0	0	—	0	—

三、工作举措

(一) 多措并举，支持学生就业创业

为推动全社会形成大众创业、万众创新的浓厚氛围，打造经济发展的新引擎，支持毕业生创业创新，我市采取如下举措：

一是承办全国创新创业"双创"活动周总开幕式，积极组织职业院校参与"双创"活动周和国际创客周等相关活动。

二是对毕业2年以内的大中专院校及技校毕业生自主创业并按规定缴纳社会保险费的，给予3年社会保险补贴。

三是开展现代学徒制试点，加大专项资金支持，建立校企协同育人机制，促进产教深度融合，提高人才培养质量，提升学生就业竞争力。

四是建立长效机制，促进校企合作，推进实习补贴政策，对校外实习实训基地所在企业，根据接收实习实训学生实际人数按每人每月300元的标准给予补贴，对参加实习的学生按每人每月650元的标准给予补贴。经认定的职业教育校外公共实训基地，以基地一次性容纳实习实训的学生数量为基数，按生均1万元的标准给予建设经费支持。2016年，我市财政投入专项资金2 320万元，新建市级职业教育校外公共实训基地30个，提供优质实习岗位2 300多个，实现学生"学习—实训—实习—就业"零距离对接。

（二）加强职业素养教育，提供就业指导精准服务

把职业素养培养纳入人才培养全过程，将职业素养培养作为评价职业院校教育质量和学生发展的重要指标，把社会主义核心价值观融入职业教育全过程，培育敬业守信、精益求精、勤勉尽责的"工匠精神"。政、校、行、企合作组建创业导师服务团队，提供创业指导和精准服务，着力培养学生的创业意识和创业能力，引导其树立正确的人生观、择业观和就业观，举办"职业生涯规划大赛"，开展实习就业咨询服务。

（三）举办职业教育活动周，营造社会新风尚

以"弘扬工匠精神，打造技能强国"为主题，举办形式多样、内容丰富的职业教育活动周系列活动，包括职业教育与产业对话（政企通）活动、活动周启动仪式、校企合作签约仪式、校外公共实训基地授牌仪式、技能大赛颁奖仪式、职业院校招生宣传活动、职业院校开放日活动、企业开放日活动、职业院校为民服务活动等。这些活动扩大了职业教育影响，增强了职业教育吸引力，搭建了校企合作平台，促进了校企深度融合，提高了学生就业创业能力，拓宽了学生就业渠道，营造了尊重技术技能人才的社会氛围，形成了"崇尚一技之长、不唯学历凭能力""劳动光荣、技能宝贵、创造伟大"的时代新风尚。

四、发展趋势预测

从我市2016年中等职业院校毕业生升学就业状况看，取得职业资格证书毕业生人数明显增加，升入高一级学校人数不断增加。毕业生就业月平均起薪点变化不大，但月薪3 000元以上人数不断增加。享有三险和五险的人数增加，享有三险一金和五险一金的人数减少。对就业满意和非常满意的人数大幅增加。由此可知，我市中等职业院校毕业生人数增长速度将呈放缓趋势，毕业生就业率仍会相对稳定，就业环境不断改善，就业质量不断提高，购买保险意识不断增强。但随着产业转型升级和房价不断高涨，中等职业院校毕业生就业压力将越来越大，升学愿望将越来越强，异地就业人数将不断增加。

后　记

　　本报告作为中等职业学校的职业指导丛书之一，客观分析了2016年中等职业学校毕业生就业状况，报告的编撰得到了各地教育行政部门的积极配合和有力支持，再次对所有参与编写工作人员表示感谢。

　　参加编写工作的除编者外还有以下人员（按姓氏笔画排序）：

王小玲　王昌辉　王泗卷　王春惠　邓世民　旦　珍　田　磊
曲雄鹰　任全春　任晓光　刘克勇　安顺英　巫梅琳　李运顺
李丽雯　杨皓天　杨尊东　吴力智　张　峰　张建萍　张敏伟
阿依仙木古丽　林福利　周锦瑶　胡　芳　胡永红　胡全胜
饶庆眉　袁向军　贾严鹏　夏　岩　郭风波　郭荣学　浦艳吉
蔡俊华　樊　园　樊旭彪